QUE ÇA RESTE ENTRE NOUS

FRANCIS VEBER

QUE ÇA RESTE ENTRE NOUS

ROBERT LAFFONT

ISBN 978-2-221-11444-5

Je suis né à Neuilly, d'un père juif et d'une mère arménienne. Deux génocides, deux murs des lamentations dans le sang, tout pour faire un comique.

Mon grand-père, Pierre Veber, était issu d'une famille de catholiques alsaciens. C'est par sa femme, Marguerite Bernard, la sœur de Tristan, que mon père était juif. Quant à moi, je suis orthodoxe. Ma mère, qui s'appelait Agadjanian de son nom de jeune fille, m'a fait baptiser dans le rite arméno-grégorien.

J'ai été baptisé deux fois. La première à l'église russe de la rue Daru, la seconde à l'église arménienne de la rue Jean-Goujon. Une stratégie de mon grand-père qui avait fui la Russie en 1917 avec un diplôme de psychiatre et espérait séduire à la fois la clientèle russe et la clientèle arménienne.

Ce méli-mélo confessionnel n'aurait pas grand intérêt s'il n'avait permis à mon père d'échapper aux camps de la mort. Mon frère, ma sœur et moi ayant été baptisés avant la guerre, il s'en était tiré de justesse avec les Allemands et passa les quatre années d'Occupation terré en pyjama au fond de l'appartement, attendant désespérément la Libération.

Mon père et ma mère étaient écrivains. Mon grand-père, mon grand-oncle et mon oncle aussi. Si je fais le compte, j'arrive à une bonne douzaine d'auteurs dans la famille, mais je ne parlerai que de ceux que j'ai connus, à commencer par mon grand-père, Pierre Veber.

Je n'ai fait que l'entrevoir quand j'étais enfant. Lui ne m'a pas vu, il était aveugle à cause du diabète. J'ai su qu'il avait été très beau et, pour le malheur de ma grand-mère, très coureur. Plusieurs années après sa mort, j'ai rencontré une vieille dame qui avait tenu longtemps son secrétariat et qui me confia qu'il mettait un peu de parfum sur sa moustache avant de sortir, disant : « Un baiser est si vite arrivé. » Quelques gouttes de parfum et des litres de larmes, voilà l'histoire de son mariage avec Marguerite Bernard, la sœur de Tristan. Elle l'attendait des nuits entières, sur le balcon, et pleurait à en inonder la rue. Un jour, il n'est pas rentré, il s'est installé avec une maîtresse et lui a fait deux enfants, que mon père appelait dédaigneusement « les bâtards ».

Journaliste, romancier, et surtout auteur d'une cinquantaine de vaudevilles qui en faisaient un rival de Feydeau, il oubliait ses succès pour dire de lui-même : « Personne n'est plus sûr que moi de n'avoir pas de talent. » Cette réflexion, rapportée par Jules Renard dans son *Journal*, me paraît être un magnifique exemple d'autodérision. Un autre trait de son caractère, le courage physique. Il se battait tout le temps. En duel. Plusieurs siècles après que Richelieu l'eut interdit, Pierre Veber continuait à échanger des baffes avec ses contemporains et à les retrouver le lendemain à l'aube, sur le pré.

Son plus célèbre adversaire fut Léon Blum. Pierre, qui dirigeait l'édition française du *Herald Tribune*, avait écrit dans une chronique : « À défaut de mieux, M. Blum trahissait son émotion. » Blum n'avait pas aimé, il envoya ses témoins à mon grand-père, et l'affaire se régla à l'épée, un petit matin, au bois de Boulogne.

Le duel a été filmé par les actualités de l'époque, et j'ai du mal à croire, en voyant ces deux hommes en chemise blanche ferrailler furieusement, que l'un était le père du Front populaire et l'autre, mon grand-père à moi.

Sur le film, on peut voir un troisième homme, sans doute le plus important de la rencontre : le directeur de combat. Il s'appelait Jean Joseph-Renaud et il avait arbitré toutes les grandes affaires d'honneur de l'époque. C'était un géant de près de deux mètres qui portait une perruque rousse, si éloignée d'une vraie chevelure qu'on pouvait se demander ce qu'il avait sur la tête. Mais, quand il était sur le terrain, on ne le trouvait plus ridicule du tout. Ancien champion du monde d'escrime, il surveillait les épées des combattants et quand elles devenaient trop dangereuses, il les arrêtait d'un coup de canne.

Léon Blum était bon épéiste, Pierre Veber aussi, mais il serait sans doute mort sans l'intervention de Jean Joseph-Renaud, qui dévia la lame de Blum, limitant les dégâts à une blessure dans la région du foie.

Pierre Veber se remit difficilement, ce qui ne l'empêcha pas, une fois sur pied, de reprendre ses échanges de baffes. Il rencontra entre autres de Flers et Caillavet, des collègues à lui. J'ignore qui avait offensé qui, mais je me souviens qu'enfant je croyais qu'il les avait affrontés tous les deux ensemble, comme Errol Flynn dans les films de cape et d'épée.

Le souvenir que j'ai de mon grand-oncle, Tristan Bernard, est horizontal. Chaque fois qu'on m'amenait chez lui, sa hernie s'étranglait. Je ne sais pas s'il y avait un rapport de cause à effet, mais dès qu'il me voyait, il s'allongeait sur un canapé, le visage douloureux, la barbe en éventail, et se pressait l'aine à deux mains, tentant de remettre les choses en place et n'accordant que peu d'attention à cet enfant qui le dévorait des yeux.

Tristan s'était installé avec sa compagne, Mamita, dans un bel appartement du Champ-de-Mars où elle tenait salon une fois par semaine. J'étais trop jeune pour me rappeler les gens connus que j'ai pu croiser là-bas, sauf un, Léon Blum, l'homme qui avait embroché mon grand-père mais qui était resté un grand ami de la famille. Il m'apparaissait comme un vieillard très gentil qui nous embrassait quand nous arrivions, mon frère et moi, en nous bavant sur les joues. Voilà tout ce que j'ai gardé d'un géant de la politique et d'un humoriste légendaire : des baisers mouillés et une hernie qui s'étranglait.

Heureusement, mon frère aîné m'accompagnait et il a pu me raconter que j'avais eu un échange avec Tristan. Je lui aurais demandé :

— Dis-moi, oncle Tristan, c'est vrai que t'es célèbre ?

— Eh oui, je suis célèbre, mon petit, aurait répondu Tristan. Aussi célèbre que Victor Hugo, qui est né comme moi à Besançon.

Le silence se serait fait dans le salon, les invités attendant la suite avec gourmandise. Et Tristan de conclure :

— Sur la maison de Victor Hugo, il y a une plaque : *Ici est né Victor Hugo* et sur ma maison, il y a une plaque aussi : *Chirurgien dentiste au troisième.*

Tristan eut trois fils et l'un d'entre eux, Jean-Jacques Bernard, devint écrivain lui aussi. C'était un homme austère qui n'avait pas hérité la fantaisie de son père. Auteur dramatique, il avait adhéré à une forme de spectacle baptisée « le théâtre du silence », des œuvres où il y avait le moins de dialogues possible, et que Tristan définissait ainsi : « Nous avons beaucoup de choses à ne pas nous dire. »

Jean-Jacques Bernard tenta une fois d'écrire une pièce moins muette et se lança dans un drame historique où des Alsaciens assiégeaient un château fort aux cris de « Baissez le pont-levis ». Les acteurs voulant prendre l'accent alsacien criaient : « Baisez le bont-levis ! », ce qui fit dire à Tristan à la fin de la représentation :

— J'ai trouvé la pièce très réussie, mais pourquoi tous ces Alsaciens veulent-ils à tout prix sodomiser un Juif ?

Quand la guerre éclata, mon père était au top de sa carrière. Directeur littéraire du *Matin*, le plus important des quotidiens français, scénariste, romancier, il était l'image même de la réussite.

J'ai vu des photos de lui à cette époque, et je ne crois pas avoir jamais rencontré quelqu'un affichant une telle autosatisfaction. Il pose, assis dans un fauteuil, les jambes croisées, chaussures de croco bien en évidence et costume prince-de-galles, un peu téméraire pour son surpoids. Il tient un fume-cigarette en ambre entre deux doigts manucurés et sourit à l'objectif avec un air conquérant qu'il allait définitivement perdre à cause de Hitler.

Du temps de sa splendeur, mon père était un gros homme élégant et suffisant. Il avait commencé très jeune à accumuler les kilos, comme les enfants actuels, et ses parents avaient engagé ce qu'on appelle aujourd'hui un coach pour l'obliger à faire de l'exercice. Mais il avouait sans honte qu'il avait soudoyé le coach et que, sitôt passé en petites foulées le coin de la rue, ils s'arrêtaient tous les deux dans une pâtisserie pour se gaver de glaces et de gâteaux.

Pendant la guerre, qu'il vécut donc en pyjama, il fut obligé de remiser sa coquetterie dans des placards. Je revois les dizaines de costumes de grand faiseur, se démodant peu à peu sur leurs cintres, les manteaux en cachemire, les pelisses aux fourrures improbables et les chaussures sur mesure qu'il faisait briller tous les soirs, avec l'application d'un cireur professionnel, lui qui ne quittait plus ses pantoufles.

Comme il doit être difficile, quand on aime tellement paraître, d'être obligé de disparaître à cause d'un mauvais coup de l'histoire.

Les rares fois où il sortait, la taille trop cintrée dans ses beaux costumes, il ressemblait étrangement à une grosse dame très soignée qui aurait tenté de se déguiser en homme. Une ambiguïté aggravée par le fait qu'il se poudrait, pour dissimuler l'ombre de sa barbe.

C'est là l'homme avec qui j'ai vécu, pendant des années, dans un appartement délabré du XVIe arrondissement. Je ne cache pas que j'avais du mal à le supporter. Et puis, avec le temps, j'ai tout simplement compris qu'on s'était connus à un mauvais moment. Nous sommes quasiment arrivés ensemble dans sa vie, les Allemands et moi. C'était trop pour lui. Les Allemands ne s'en sont pas rendu compte, moi si. Emprisonné dans sa chambre, il avait des réactions violentes de taulard et l'enfant que j'étais en souffrait. Il m'a fallu longtemps pour cesser de le détester et commencer à le plaindre.

Aujourd'hui, j'ai dans mon bureau la photo d'un pilote qui pose en uniforme devant son avion de chasse. C'est mon père à quarante ans. Son courage lui a valu la médaille militaire et la croix de guerre, et je suis fier de lui. Il appartenait à cette génération d'hommes à la vie amputée par deux guerres mondiales dont on peut dire que nous avons été, ma famille et moi, des victimes collatérales.

Katia, ma mère, était née à Saint-Pétersbourg, quelques années avant la Révolution de 1917. Son père était originaire de Tiflis, en Géorgie, et sa mère d'Armavir, une petite ville du Caucase. Toute la famille avait fui le communisme et s'était installée en France.

Ma mère était une jolie femme. Elle avait des yeux superbes et un peu trop de nez, mais elle disait elle-même que les Arméniennes avaient les yeux qui lançaient des éclairs et le nez qui servait de paratonnerre.

Elle s'était mariée une première fois, très jeune, avec un homme qui avait un nom d'oiseau. Moineau était un petit homme blond, exagérément athlétique.

J'ai vu des photos de lui au bord d'une piscine, assis, debout, ou couché, il s'appliquait à mettre en valeur chacun de ses muscles. Ma mère l'a quitté au bout de quelques mois, prétextant qu'il était impuissant. Elle précisait même, sans doute pour embellir l'histoire, qu'il n'avait qu'une couille.

C'était là un des aspects les plus notables du caractère de ma mère, son goût pour l'affabulation. On ne savait jamais quelle était la part de l'imaginaire et celle du réel, ce qui l'amènerait plus tard à écrire plusieurs romans et deux pièces de théâtre. Et l'amènerait aussi à rencontrer mon père.

Elle l'appela au journal, lui dit qu'elle était jeune et qu'elle voulait faire carrière dans les lettres. Elle avait une jolie voix, il était cavaleur, il la reçut dans son bureau et elle lui plut.

Il avait déjà été marié lui aussi, avec la fille d'un auteur dramatique, Henry Kistemaeckers. Elle s'appelait Raymonde et elle le trompait. Tout ça n'a rien d'original, ni le prénom ni l'adultère, c'est l'amant qui est intéressant : Raymonde couchait avec un fils... Feydeau.

Que le fils d'un vaudevilliste célèbre se retrouve en caleçon dans le placard du fils d'un autre vaudevilliste célèbre, c'est à se demander si Dieu, en admettant qu'il existe, n'est pas un auteur de boulevard.

J'imagine que mon père fut séduit par ma mère parce qu'elle était différente des femmes qu'il avait l'habitude de fréquenter. Le genre Parisiennes sophistiquées qu'on rencontre dans les pièces de Guitry, mais s'il ressentit de l'attirance pour elle, je doute que ce fût réciproque. Le gros paon à plumage prince-de-galles n'était pas du tout son genre d'homme, je devais le comprendre par la suite en rencontrant quelques-uns de ses amants.

Car c'était là le second côté notable de son caractère, ma mère était une grande amoureuse. Quand elle se trouvait en présence d'un homme, elle me faisait penser à ces acteurs qui, à leur entrée en scène, paraissent s'éclairer de l'intérieur. Elle devenait femme jusqu'au bout des ongles, oubliant dans l'instant tout ce qui faisait que sa vie était si lourde à porter, ses trois enfants mis au monde trop vite, et le mari de dix-sept ans plus âgé qu'elle, à qui la guerre avait retiré tout attrait.

Je n'ai jamais senti une vraie tendresse entre eux. Je n'ose pas dire qu'elle l'avait épousé par intérêt, mais si c'était le cas, elle a eu la mauvaise surprise de voir son mariage de raison avec un homme à la situation florissante se transformer, lorsqu'il fut ruiné par les événements, en « mariage d'amour ».

Triste couple, mais je bénis le ciel, même si je n'ai pas eu une vie facile avec eux, de les avoir eus pour parents. Je pense que c'est grâce à ce mélange de légèreté boulevardière du côté paternel, et de tristesse et d'angoisse arménogrégorienne, que j'ai, éventuellement, un peu de talent.

Mon père, après quelques mois de guerre, était devenu dépressif et colérique, il hurlait sans arrêt et ma mère l'injuriait entre ses dents, en russe. Ces violentes scènes de ménage, ponctuées par les explosions des bombes anglaises lâchées sur les usines Renault de Billancourt, voilà les deux musiques qui ont bercé mon enfance. Il faudra vite en ajouter une troisième, le crépitement de la machine à écrire de ma mère.

Elle avait écrit un premier roman qui s'appelait *Fantôme* et où elle avait mis tous ses espoirs. Ils furent déçus, le livre ne se vendit pas. Et comme il n'y avait plus d'argent à la maison, elle abandonna ses ambitions littéraires et, pour nous nourrir, décida de se lancer dans la littérature alimentaire.

Elle demanda conseil à Jean Joseph-Renaud, qui l'avait précédée dans ce domaine. Les duels se faisant de plus en plus rare, l'homme d'épée était devenu un homme de plume. Il pondait à la chaîne des romans de gare, vite écrits et mal payés. Ma mère n'en demandait pas plus, il la recommanda à son éditeur, et elle devint à son tour un forçat de l'écriture.

J'avais huit ans quand j'ai connu Jean Joseph-Renaud. J'étais tout petit, il mesurait toujours deux mètres, mais il était très vieux et squelettique. Il était surtout très seul. Il venait à la maison chercher un peu de chaleur, mais n'en trouvait pas beaucoup entre ma mère vissée à sa machine à écrire, et mon père, prisonnier de son pyjama. C'étaient donc mon frère et moi qui le recevions, avec la joie des enfants à qui on offre un dessin animé. Sa redingote noire qui verdissait, ses cheveux rouges de clown qui se désolidarisaient de plus en plus de son crâne, et sa taille d'extraterrestre nous ravissaient, et pendant qu'il nous racontait d'une voix cassée sa grande époque des duels, mon frère et moi nous glissions derrière lui pour tenter de déséquilibrer un peu plus sa perruque.

Nous ne savions pas, à ce moment-là, que nous étions ses derniers amis, et il eut un jour un geste dont nous ne comprîmes pas la portée : il nous fit cadeau de tous ses trophées d'escrime, médailles, coupes, statuettes en argent, des récompenses gagnées à la pointe de l'épée, qui étaient la fierté de sa vie et ne voulaient pas dire grand-chose pour nous.

Au point que nous avons fait, mon frère et moi, une chose dont j'ai encore honte aujourd'hui : nous sommes allés vendre les trophées au marché aux puces, préférant des bonbons et du chocolat à cette quincaillerie si abstraite.

Ma mère publia, sous le pseudonyme de Georgette Paul, une centaine de romans, des histoires sentimentales pour vieilles filles romantiques, qu'elle écrivait à toute vitesse, presque un bouquin par mois dans les bonnes années. Elle n'avait pas le temps de changer de sujet. La trame des livres était toujours la même. Une très belle jeune fille, très pure, était engagée comme gouvernante dans le château battu par les vents d'une lande tourmentée. Le propriétaire des lieux, un jeune châtelain très beau, était veuf et devait élever seul un petit garçon, très beau lui aussi. La jeune fille tombait immédiatement amoureuse du châtelain, qui était aussi tourmenté que la lande, et qu'elle voyait partir tous les matins au galop sur son cheval alezan, sa chemise de soie blanche s'ouvrant sur un torse magnifique.

Seulement voilà, il y avait une intrigante dans le coup. Une femme sombre à la beauté funeste, qui voulait mettre la main sur la fortune du beau châtelain. Mais Dieu merci, après de nombreuses péripéties, la pure jeune fille finissait par triompher.

Pour masquer le fait qu'elle racontait toujours la même histoire, ma mère la situait dans des décors différents. Et comme elle ne savait rien des pays qu'elle décrivait, et qu'elle n'avait pas le temps de se documenter, elle cherchait de l'aide auprès de mon père. Il était toujours prostré au fond de l'appartement et elle criait d'un bout du couloir à l'autre :

— Gilles ?

— Quoi ?

— Est-ce qu'il y a des crocodiles dans le Mississippi ?

Il répondait invariablement :

— Tu m'emmerdes.

Et elle mettait des crocodiles dans le Mississippi. Une chance sur deux. Elle avait d'autant moins le loisir de vérifier qu'on la harcelait à l'heure des repas ou des devoirs, et qu'elle devait abandonner sa machine à écrire pour un surmenage supplémentaire.

Personne dans la famille ne lisait ses romans, elle n'y tenait pas. C'est par hasard que j'ai pu constater un jour la légèreté de sa documentation. J'avais commencé des études de médecine, j'étais en stage de chirurgie et le manuscrit de son dernier livre était posé sur une table près du téléphone. J'attendais un coup de fil et je jetai un coup d'œil distrait sur un chapitre. J'eus alors la surprise de tomber sur une opération chirurgicale.

Le héros, cette fois, n'était donc plus un châtelain, mais un chirurgien, très beau bien sûr, et la pure jeune fille, une infirmière. L'opération qui les réunissait était incroyablement sanglante. Le beau chirurgien avait largement ouvert le ventre du patient et il plongeait ses mains dedans avec une énergie incroyable. Il tailladait, arrachait des morceaux, fouillait de plus en plus profond dans les entrailles, le sang giclait de tous les côtés et ma mère terminait le chapitre par : « Enfin, il atteignit le péritoine. »

J'étais au tout début de mes études, mais je savais quand même que le péritoine, c'est juste sous la peau. Je suis donc allé voir ma mère et je lui ai demandé par où était passé son chirurgien, pour arriver aussi laborieusement à la couche la plus superficielle du ventre.

Elle a tourné vers moi un regard fatigué, le surmenage l'avait beaucoup vieillie, ma pauvre maman, dont le nez servait toujours de paratonnerre, mais dont les yeux ne lançaient plus d'éclairs. J'ai insisté : « Le péritoine, c'est juste en dessous, maman. » Elle a répondu d'une voix lasse : « On s'en fout. » Et elle avait raison, ses lectrices ne se préoccupaient pas de la place du péritoine, seule leur importait celle du cœur.

J'ai l'air de me moquer de ces romans, évidemment bâclés. Il n'en est rien. Ils nous ont permis de survivre pendant des années et je plains ma mère qui devait à la fois torcher trois enfants et ses romans à la guimauve.

Il m'arrivait de porter sur les bras la trace de son surmenage. Quand elle m'aidait à faire mes devoirs, elle s'énervait et me griffait jusqu'au sang. Je ne lui en veux pas, j'étais un petit cancre qui ne comprenait rien à rien et je conçois que passer d'une overdose de machine à écrire à un problème de robinet avait de quoi lui faire perdre ses nerfs.

Si j'étais un cancre, c'est parce que je vivais la plupart du temps dans un monde imaginaire, un monde qui se passait très bien de la scolarité. J'avais construit autour de moi des murs épais qui feutraient le vacarme de ma famille et celui de la guerre. Mais ils feutraient aussi la voix des enseignants qui me parlaient grammaire ou arithmétique. Bref, j'étais absent en classe, même quand j'étais présent. Mais si distrait que j'aie pu être, je n'ai pas pu éviter d'apprendre à l'école deux matières qui n'étaient pas au programme : la bêtise et la méchanceté.

J'avais trois ans, ma mère m'avait mis prématurément à la maternelle pour alléger un peu sa vie et j'ai fait la connaissance de Mlle Durandet. Elle était institutrice, et très moche. Je m'étonne d'avoir des souvenirs qui remontent si loin, mais celui-là est vraiment précis. Mlle Durandet était courte sur pattes, elle avait un nez en patate, un visage suiffeux et des cheveux crépus.

Un jour, j'ai éternué. Un éternuement de bébé qui m'a couvert de morve. L'incident a plongé Mlle Durandet dans une colère démesurée. Elle m'a tordu les bras dans le dos pour m'amener dans une classe voisine inoccupée, elle a déniché de la ficelle je ne sais où, et elle m'a attaché sur une chaise. Attaché ! Un enfant de trois ans. Elle a quitté la classe, me laissant seul, et je m'entends appelant à intervalles réguliers : « Maman... maman... », et m'étonnant de la sonorité de ma voix dans cette grande pièce vide.

Je ne dus pas attendre longtemps ma deuxième leçon de bêtise et de méchanceté, grâce aux élèves du Sacré-Cœur.

Ma mère, qui était très croyante, voulait m'inscrire dans une école religieuse, mais elle ne trouva aucune institution de confession orthodoxe pour m'accueillir. Elle m'inscrivit donc dans un collège catholique.

Les grands, dans la cour, me repérèrent très vite. Ce petit garçon au nez un peu suspect et qui s'appelait Veber ne pouvait être que juif. Ils me pourchassaient donc à chaque récréation, me tordaient eux aussi les bras dans le dos – j'avais des petits bras maigres, faciles à tordre – et rameutaient leurs copains en criant : « Hé, venez voir le petit youpin ! »

Moi, baptisé deux fois orthodoxe et dont le nom alsacien était du plus pur catholicisme, j'étais devenu le youtre de tous ces bâtards et j'avais droit régulièrement à un pogrom individuel.

La guerre, dans ma mémoire, est beaucoup moins violente que le souvenir de la mésentente de mes parents.

Un petit enfant a plus peur d'une fessée que d'un bombardement. Les sirènes lugubres qui annonçaient une alerte sonnaient, quand elles nous surprenaient à l'école, comme le début d'une récréation. On nous mettait à l'abri dans les couloirs du métro, et je descendais sur les rails pour jouer au train avec les copains. Il n'y avait rien de dramatique non plus à se réfugier dans la cave avec les habitants de l'immeuble. Je ne comprenais pas la tension, la peur des adultes qui nous entouraient, et nous avions, mon frère, ma sœur et moi, autant de plaisir à être enterrés dans l'obscurité percée par la lumière des lampes électriques qu'à jouer dans le bac à sable d'un jardin public.

Je n'ai pas souffert non plus du fait que nous n'avions rien à manger. J'étais trop petit avant le début des hostilités pour avoir goûté aux bonnes choses, et je ne connaissais rien d'autre que les rutabagas, le potiron, la citrouille et les vieilles patates farineuses. Je ne pouvais donc pas avoir de regrets. Je n'avais pas non plus beaucoup d'appétit pour cette cuisine de restrictions, mais ça ne me rendait pas malheureux. J'étais un enfant maigre qui devait découvrir sa première orange, son premier blanc de poulet, son premier morceau de chocolat à l'âge de sept ans. C'est alors que j'ai compris à quel point ce que j'avais mangé avant était misérable.

Je n'étais pas seulement maigre, j'avais aussi les dents abîmées. Ma génération a traversé la guerre comme les marins d'antan, les océans. Sans vitamines.

Nous avions pourtant un dentiste, un vieux dentiste russe d'une grande générosité qui a soigné gratuitement toute la famille pendant des années. Mais quand il nous mettait sa roulette dans la bouche, c'était vraiment une roulette russe.

Il avait une façon expéditive de soigner les dents : sitôt qu'elles posaient un problème, il tuait le nerf. Ça leur permettait de se gâter tranquillement dans leur coin sans embêter personne. C'était le silence des chicots et ses collègues, qui m'ont pris en main par la suite, ont eu bien du mal à réparer les dégâts.

Le docteur Kasas exerçait dans un vieil appartement où il avait en permanence table ouverte. Un grand buffet où s'étalaient piroshkis, koulibiacs, dolmas, soupières de bortsch. Des gens venaient chez lui à tout moment de la journée manger un morceau. Des émigrés qui étaient passés pour la plupart de la Russie impériale aux taxis G7. Je me souviens du goût de ses doigts quand il les mettait dans ma bouche. Il arrivait directement du buffet sans se laver les mains et je savais s'il venait de manger du chou, de l'anguille fumée ou des cornichons. Nous n'avions pas les moyens de nous payer un dentiste plus sophistiqué, mais je suis sûr qu'aucun d'entre eux ne nous aurait massacré les dents avec tant de gentillesse et de chaleur humaine.

Tous les Russes qui gravitaient autour de ma mère avaient les mêmes qualités que le docteur Kasas. Ils étaient tendres et désintéressés. Mais pour mon père, né dans le pays de Descartes, ils avaient un gros défaut : leur mépris du rationnel. Une absence de logique, qui est peut-être la définition du charme slave, mais qui déconcerte les Français. L'histoire du prince Youssoupov et de son chauffeur en est une bonne illustration.

Le prince Youssoupov, l'homme qui avait tué Raspoutine, venait de temps en temps dîner à la maison, avant la guerre. Le prince, qui était homosexuel, arrivait chez nous avec son factotum et amant, un homme d'une cinquantaine d'années, très impressionnant dans sa grande tenue de chauffeur de maître.

Un soir où elle recevait ce personnage illustre qui n'était rien moins que le cousin du tsar, ma mère s'était aperçue qu'elle risquait de manquer de pain. Elle avait dit alors : « Monseigneur, pouvez-vous demander à votre chauffeur de faire un saut dans une boulangerie ? » Et Youssoupov avait répondu avec un naturel confondant : « Mais je n'ai pas de voiture. »

L'image de ces deux hommes, le prince et le chauffeur en grande tenue, roulant ensemble dans le métro me permet de mieux comprendre la « folie » de ma famille maternelle.

Celui qui souffrit le plus des privations de la guerre fut celui auquel elles firent le plus de bien : mon père, qui pour la première fois de sa vie perdit du poids. Lui qui mettait son embonpoint sur le compte d'un dérèglement hormonal n'avait, comme par miracle, plus aucun problème de ce côté-là.

Aujourd'hui, la mode est au régime « personnalisé », mon père avait trouvé le sien : une guerre mondiale.

Il parlait comme d'un paradis perdu du pain blanc, du beurre qu'on pouvait tartiner sans retenue, du café qui n'était pas un ersatz, du sucre qui était du vrai sucre. Il salivait à l'idée de retrouver toutes ces bonnes choses à la Libération, sans se douter que les médecins se montreraient aussi cruels avec lui que les Allemands, le remettant au pain noir, à la margarine et au faux sucre pour ménager ses artères.

J'ai précédemment comparé mon père, pendant ses années de guerre, à un taulard. C'est une mauvaise comparaison. Un taulard connaît la durée de sa peine. Celle de mon père pouvait s'arrêter le lendemain, comme dix ans, vingt ans plus tard. Personne ne pouvait prévoir quand on lui ouvrirait les portes de sa prison.

Il se morfondait interminablement dans sa chambre, ne trouvant dans sa journée trop longue que deux occasions de sortir de lui-même : Radio Londres et les voisins du dessus.

Radio Londres, c'était l'espoir. Mon père, l'oreille collée à la vieille TSF crachotante, écoutait avec recueillement les voix parasitées des résistants, qui égrenaient des phrases codées. C'étaient les rares moments, mystérieux pour moi, où il semblait revivre.

Les voisins du dessus, c'était le cauchemar. Une famille qui comptait cinq enfants. Des enfants du temps de la pénurie, donc des galoches qui couraient frénétiquement sur le parquet d'un couloir sans tapis. Mon père, qui avait le sommeil matinal des dépressifs, était éjecté du lit par le départ à l'école des dix galoches et ça le rendait fou. On le voyait sortir de sa chambre, le derrière nu – il ne gardait que sa veste de pyjama pour dormir –, entrer dans la salle de bains et se mettre à taper de toutes ses forces avec un balai sur le plafond, hurlant d'une voix qui partait dans les aigus : « Vous avez fini, là-haut ! » Ses glapissements n'avaient aucun effet. Les cinq nains du dessus cavalaient pendant de longues minutes, amenant mon père à l'extinction de voix. Il quittait alors la salle de bains, épuisé, et nous regardions son derrière étrange disparaître dans sa chambre. Un long derrière d'éléphant, tombant et plissé.

Les parents devraient faire attention au regard des petits enfants. Ils voient tout. Mon père, qui ne se méfiait pas, nous laissait entrer dans la salle de bains quand il était nu, et je me souviens de son sexe qui semblait vouloir se replier à l'intérieur, comme un escargot dans sa coquille. Je me rappelle aussi ses couilles trop haut perchées dans des bourses flasques. À l'époque, je ne savais pas grand-chose de l'anatomie, mais celle de mon père, sans que je puisse expliquer pourquoi, me surprenait.

Ma mère non plus ne se gênait pas pour nous, et bien que n'ayant aucune référence, je voyais que son corps était joli. Un jour où, toute nue, elle se baissait pour ramasser quelque chose, je découvris l'étonnante complexité du sexe des femmes. Je devais peut-être avoir quatre ans, mais je ressentis un trouble dont je me souviens encore.

J'ai tout de même vu une fois mon père habillé. C'était tout de suite après la guerre. Il pouvait donc désormais sortir mais il restait terré en pyjama. Ma mère a fini par réagir. Elle a abandonné un instant sa machine à écrire et elle est allée lui dire que c'était honteux de s'occuper aussi peu de ses enfants. Il n'était jamais sorti avec nous depuis notre naissance et il n'avait plus aucune excuse maintenant que les Allemands étaient partis. Et là, mon père a étonné tout le monde. Il s'est arraché de son fauteuil comme un gros animal qui quitte un marécage et il a dit :

— Bon, je vais les emmener au Jardin des Plantes.

C'était pour mon frère, ma sœur et moi, un événement extraordinaire que de voir mon père quitter l'appartement et marcher avec nous à l'air libre. Je me souviens que nous passions devant les cages des animaux sans les regarder. Mon père mobilisait toute notre attention. Il avait exhumé de ses placards ses superbes vêtements d'avant-guerre. Ça valait le spectacle.

Nous étions en hiver et il portait une pelisse au large col de castor, ses mains étaient gantées de pécari d'un jaune un peu agressif, et il marchait majestueusement dans d'éblouissantes chaussures en croco. Il était de surcroît coiffé d'un petit chapeau vert, de style tyrolien, orné d'une garniture qui ressemblait à un blaireau.

Le blaireau, le pécari, le crocodile, le castor, mon père portait sur lui presque plus d'animaux qu'il n'y en avait dans le jardin. Nous l'observions, fascinés. En plus, il soufflait comme un phoque, et je ne me rappelle pas avoir jamais vu une créature aussi étrange, sauf peut-être dans *Jurassic Park*.

Il s'est arrêté pour acheter des croûtons de pain et nous a amenés devant la mare aux canards. Il a retiré ses gants de pécari, me les a tendus, et il s'est mis d'un geste large à jeter les croûtons au-dessus de la petite grille qui protégeait la mare. J'étais tellement impressionné que, machinalement, je l'ai imité. Du même geste large, j'ai jeté les gants dans la mare. Sa voix est repartie dans les aigus pour crier :

– Mais qu'est-ce que tu fais, Bon Dieu !

J'étais trop pétrifié pour répondre. Il s'est alors penché pour tenter de repêcher ses gants et il s'est enfoncé un des coins de la grille dans l'aine. La promenade s'est arrêtée là. Mon père est revenu à la maison avec une hernie. Le coin de la grille lui ayant, disait-il, perforé l'aine. Il n'est jamais plus ressorti avec nous.

J'avais sept ans à la Libération, quand ma mère rencontra Franck. Il était pilote dans l'armée américaine et il fut sûrement l'homme qu'elle a le plus aimé.

Franck était beau comme les châtelains et les chirurgiens de ses romans et s'il l'a aidée à grappiller quelques moments de bonheur dans une vie ratée, je lui en suis reconnaissant.

Franck était mon copain. Il me parlait une langue que je ne comprenais pas, mais il me parlait gentiment. Il m'avait donné, en plus de son insigne de pilote, une broche avec deux ailes en argent, et il y a peu de cadeaux qui m'aient fait autant plaisir.

J'avais une deuxième raison, plus sérieuse, d'aimer Franck. Il avait sauvé la vie de ma sœur, qui souffrait de rhumatismes articulaires. La maladie de Bouillaud, qu'on soigne aujourd'hui avec des antibiotiques, mais qui pouvait, à l'époque, entraîner la mort d'un enfant. Impossible de trouver des antibiotiques à Paris, ma sœur allait de plus en plus mal. Franck est alors allé, de nuit, cambrioler l'infirmerie du Shape, sa base américaine. Il a forcé des serrures et volé de la pénicilline afin de sauver une petite fille française, par amour pour sa mère.

Un jour, il a dû repartir dans son pays et nous avons été très tristes, ma mère et moi. Elle l'aimait tellement que, dans tous les romans qu'elle écrivit par la suite, le héros s'appelait Franck. La description qu'elle en donnait ne variait pas : il avait des hanches étroites, des épaules larges et une nuque de coquette. « La nuque de coquette » me surprenait un peu, mais chacun ses goûts.

Je me suis souvent demandé ce que mon père savait de la vie privée de ma mère. Apparemment, ça n'avait pas l'air de lui poser de problèmes, sa grande préoccupation à cette époque était son avenir professionnel.

Il n'avait pas retrouvé de travail après la guerre, il n'était pourtant pas vieux, quarante-huit ans, mais il n'était plus dans le coup. Le monde avait changé, les grouillots d'hier étaient devenus les patrons d'aujourd'hui, et ils n'avaient rien à faire d'un presque quinquagénaire qui s'imaginait naïvement qu'on avait encore besoin de lui.

J'ai sauté une classe, la sixième, en passant du Sacré-Cœur au lycée Claude-Bernard. Je n'ai toujours pas compris pourquoi j'ai dû faire cette acrobatie, alors que j'étais déjà nul dans ma scolarité normale. Le résultat, c'est qu'en arrivant en cinquième j'étais en avance pour mon âge et en retard pour tout le reste.

Heureusement, mes condisciples, bien que tous plus âgés que moi, étaient aussi des enfants de la guerre, autrement dit on avait le même handicap, et j'ai pu aller cahin-caha jusqu'au bac sans trop attirer l'attention.

Pour tout arranger, j'ai failli mourir en cours d'année scolaire. Mon frère s'était fait opérer de l'appendicite et il avait bénéficié d'un traitement de faveur à sa sortie de l'hôpital, quelques cadeaux venus de part et d'autre de la famille. Jaloux, je m'inventai des douleurs au côté droit, ma mère consulta le premier chirurgien disponible et tomba immédiatement amoureuse de lui.

Il était beau comme dans ses romans et elle ne se préoccupa pas de savoir s'il était bon sur le plan professionnel. Elle lui offrit d'abord son corps, puis le mien, mais sous anesthésie. Je ne sais pas s'il avait une nuque de coquette, mais je suis sûr qu'il avait des mains de boucher. Il me découvrit une hernie, en plus de mon appendicite imaginaire, et me charcuta de telle manière que je restai pendant deux mois entre la vie et la mort.

La cicatrice s'était infectée, j'étais une sorte de pionnier de la maladie nosocomiale, et l'autre bellâtre venait tous les jours m'injecter des antibiotiques dans la plaie. En général, j'étais plutôt indulgent avec les hommes que choisissait ma mère, mais pas avec celui-là.

Je me souviens qu'au milieu de cette souffrance j'ai vécu un épisode apparemment insignifiant, et dont je m'étonne qu'il soit resté en moi avec autant de netteté. Immobilisé dans mon lit par la douleur, je ne pouvais pas me lever pour aller faire pipi et j'étais obligé d'appeler ma mère à l'aide. Une nuit, elle arriva avec l'urinal et quand elle voulut prendre mon sexe, elle s'aperçut qu'il était en érection. J'avais dix ans, et je ne savais pas du tout ce qui m'arrivait. Ma mère tenta de plier le petit membre pour le placer dans l'urinal et me demanda pensivement :

— Ça t'arrive souvent ?

Je ne sus sans doute pas quoi lui répondre et je crois que ce qui m'a frappé dans ce non-événement, c'est le côté songeur de ma mère découvrant la virilité débutante d'un petit homme.

Si, dans tous les villages, il y a un idiot, dans toutes les classes de lycée il y a un gringalet. Le nôtre, en cinquième, s'appelait Perneau. Il n'était ni gentil, ni méchant, simplement malingre. Il me faisait penser à un spermatozoïde. Une grosse tête sur un corps pas plus épais qu'un filament.

Nous avions l'habitude, en le croisant, de lui donner distraitement un coup de poing sur le crâne. On faisait ça sans méchanceté, mécaniquement, comme on s'essuie les pieds avant d'entrer.

Quand je suis revenu au lycée, j'avais perdu beaucoup de poids et j'étais quasiment transparent. Perneau m'a vu arriver de loin et une formidable expression de bonheur a éclairé son visage. Il a couru vers moi et m'a donné un grand coup de poing sur la tête. J'étais devenu le gringalet de la classe et je suis sûr que ce coup de poing a évité à Perneau des années de psychanalyse et l'a peut-être même empêché de devenir un serial killer.

L'année d'après mon opération, il m'est arrivé un autre accident, mais cette fois beaucoup moins grave : j'ai été premier en mathématiques.

Depuis des générations, ma famille d'écrivains considérait les maths comme une langue qui lui resterait à jamais étrangère. C'était la seule matière où le zéro était une note normale et j'allais devoir annoncer à mes parents que j'avais un vingt sur vingt.

Pour comprendre comment je m'étais mis dans une situation pareille, il faut savoir que j'étais un élève très craintif. À l'époque, on avait encore peur des professeurs et, pour me protéger, j'apprenais tout par cœur. Je ne cherchais pas trop à comprendre ce que j'apprenais, l'important c'était de l'apprendre. Je ne crois pas que cette méthode m'enrichissait beaucoup intellectuellement, mais elle m'amena à développer une faculté dont j'ignorais qu'elle me serait aussi utile aujourd'hui : la mémoire.

Parmi mes livres de classe, le plus beau, le plus neuf, était mon manuel de géométrie, que je n'ouvrais jamais. Et puis un jour, allez savoir pourquoi, j'ai mis le nez dedans et, emporté par l'habitude, j'ai appris par cœur un chapitre entier, sans rien comprendre bien entendu. Et c'est sur ce chapitre qu'a porté la composition hebdomadaire. Quand je suis rentré à la maison et que j'ai annoncé à mes parents : « Papa, maman, je suis premier en mathématiques ! », j'ai eu l'impression de leur avouer : « Papa, maman, je me drogue. »

Heureusement, il y avait là mon oncle Nicolas, le frère aîné de ma mère. Nicolas était médecin généraliste et il passait de temps en temps à la maison pour examiner mon père. Les deux hommes étaient aussi gros l'un que l'autre, mais Nicolas, qui voulait garder un ascendant sur son beau-frère, disait régulièrement : « Je ne peux pas l'ausculter parce que son cœur est enrobé de graisse. » Et quand il était parti, mon père décrétait : « Ce gros con n'y connaît rien. »

Mais, ce jour-là, il y avait un problème plus important que le cœur de mon père : mon classement en mathématiques. Nicolas, qui n'était pas un Veber, et qui comprenait et aimait les maths, m'a regardé avec fierté et a dit en roulant les *r*, parce qu'il avait gardé un fort accent russe : « Cet enfant serrra polytechnicien. »

À l'expression de mon père, j'ai senti qu'il allait demander à ma mère si j'étais vraiment de lui. Un Veber polytechnicien, c'était une telle anomalie génétique que ça sentait l'adultère à plein nez. Nicolas s'est mis à broder sur la brillante carrière qui m'attendait et toute la famille le regardait avec une antipathie palpable.

Quand l'oncle Nicolas ne faisait pas des pronostics absurdes sur mon avenir, il était médecin de quartier dans le XVe arrondissement. Je ne sais pas ce que valaient ses diagnostics, mais on l'aimait bien parce qu'il avait un côté rassurant. Quand il arrivait dans la chambre d'un malade à l'agonie, c'était une rondeur qui entrait dans la tragédie.

Tout était rond en lui, son ventre, son visage, ses lunettes, son chapeau. Il faisait deux, trois plaisanteries insignifiantes, mais que son accent rendait un peu plus drôles, l'agonisant souriait, la mort marquait une pause, et Nicolas en profitait pour orienter le patient vers un spécialiste, dernière étape avant les pompes funèbres.

Après le départ de Nicolas, mon père m'a regardé en silence un petit instant. Je voyais dans son œil comme un reproche. Il m'a demandé d'une voix blanche :

— Pourquoi tu as fait ça ?

Je n'ai eu aucun mal à lui jurer que je ne serais plus jamais premier en mathématiques.

En fait, si j'apprenais tout par cœur, ce n'était pas seulement par peur des professeurs, mais parce que je n'aimais pas apprendre. Mémoriser, c'est juste un exercice. Ça ressemble à mâcher du chewing-gum, les mâchoires travaillent, mais on n'avale rien. S'instruire, c'est avoir à assimiler. Ça demande un effort de digestion qui, très vite, pour moi, se transformait en gavage. Trop de nourriture peut donner des aigreurs d'estomac, trop d'enseignement me donnait des aigreurs de cerveau.

Les seules matières qui m'intéressaient étaient les langues, l'anglais et l'allemand, qui, par rapport au reste, avaient l'avantage d'être vivantes. Elles m'ont permis de passer le premier bac de justesse, pour ne pas dire par miracle. Je me demande en revanche comment j'ai réussi le deuxième, la philo. J'avais choisi comme sujet : « Pensez-vous que la tragédie classique soit barbare ? » Je répondis avec toute la pertinence dont j'étais capable, mais au lieu d'employer le mot « barbarie », j'utilisai par erreur, tout au long de la dissertation, celui de « barbarisme ». Je me rendis compte de ma faute à la sortie de la salle d'examen et fus tout surpris de ne pas avoir été recalé. Le correcteur devait être très indulgent ou très distrait.

En me penchant sur cette période de ma vie, je me rends compte à quel point je l'ai peu aimée. Les colères de mon père avaient fait de mon enfance un terrain miné. À chaque pas, je craignais une explosion. Et mon adolescence n'a pas été plus réussie. La puberté avec ses conséquences inévitables, découverte de la masturbation, premières amours, ne m'a rien laissé de mémorable. Cette période me fait penser à ces films pour jeunes où des demeurés à la voix qui mue percent un trou dans le mur de leur vestiaire pour lorgner dans celui des filles. Et ce n'est pas le cinéma que je préfère.

La « cancritude » est-elle héréditaire? Je me le demande, au vu de la scolarité de Gilles, mon fils cadet. Nous avons fait sensiblement les mêmes études, lui et moi. Distraites. Il a seulement été plus nomade que moi. Après s'être promené dans quelques institutions, il a fini par atterrir dans un cours privé, le genre d'endroit où les notes des élèves sont très basses et les factures de l'établissement très élevées. Mais, même là, il a réussi à dépasser les autres, vers le bas, s'entend. Au point que le directeur m'a convoqué pour me proposer une stratégie : on ne préviendrait pas Gilles de notre alliance et quand il entrerait dans le bureau, il se trouverait brusquement face aux deux représentants les plus marquants de l'autorité, son père et son directeur d'école. Le choc ne pouvait être que salutaire.

Gilles a surgi dans la pièce comme un valet de comédie, apparemment ratatiné de timidité et de respect, mais avec une tête de faux derche qui remettait les pendules à l'heure. Le directeur a rugi d'une voix d'ogre : « Veber! » et Gilles et moi avons sursauté et répondu ensemble, du même ton terrorisé : « Oui? »

J'avais eu aussi peur que mon petit garçon en entendant ce type hurler mon nom. Et, un court instant, j'ai craint qu'il ne sorte deux bonnets d'âne pour nous les coller sur la tête.

Ce qui est troublant chez des élèves comme Gilles, c'est qu'ils arrivent tout de même à avoir un bagage à la fin de leurs études. On a l'impression qu'ils s'instruisent comme on vole dans les supermarchés, à l'insu des vigiles que sont les professeurs. Ce sont les pickpockets du savoir et Gilles, qui est aujourd'hui romancier, me paraît être un bel exemple de ces élèves qui se sont éduqués en douce.

À dix-sept ans, je me suis sauvé de la maison et suis allé me réfugier chez mes grands-parents Agadjanian.

Ils habitaient un vieil appartement invraisemblable, rue de Miromesnil. Le linoléum du couloir se détachait par plaques, le sol ressemblait à un eczéma géant, les meubles étaient hideux et il n'y avait pas l'eau chaude parce que mon grand-père avait décrété un jour que le chauffe-bain était dangereux. On mettait une bouilloire sur le gaz pour se doucher et on se rinçait comme on pouvait. Cet inconfort m'a valu de devenir gymnaste.

J'avais confié un jour à un copain que je rêvais d'une vraie douche. Il faisait des agrès dans une salle de sports et il m'a proposé de l'accompagner. Je l'ai suivi pour des raisons d'hygiène et je me suis retrouvé accroché à une barre fixe. J'étais en train de me diriger sur la pointe des pieds vers les vestiaires, quand l'entraîneur m'a repéré :

– Eh, toi, viens un peu par ici !

J'ai obéi, il a trouvé que j'étais plutôt doué et j'ai dû payer chacune de mes douches avec des exercices aux anneaux, aux barres parallèles, au sol ou au cheval d'arçons.

La gymnastique m'a fabriqué un corps qui a été le point de départ d'un malentendu avec les femmes. J'ai cru que, pour leur plaire, il fallait être magnifique physiquement, intellectuellement, sexuellement. C'était complètement idiot. Pour leur plaire, il faut les aimer, pas essayer de trouver dans leur regard des raisons de s'aimer soi-même.

Je travaillais mes muscles, j'affûtais mes mots d'esprit, et je tentais de laisser un souvenir impérissable au lit : voilà la définition d'un très mauvais amant. J'ai mis des années à comprendre que l'amour n'est pas un examen de passage où il faut arriver premier. Les femmes sont tellement indulgentes quand elles sentent qu'on les aime.

J'ai été heureux chez mes grands-parents. Mon grand-père était psychiatre et, pardon pour le cliché, complètement dingue. Nous nous rencontrions dans le couloir au linoléum pourri et la seule chose qu'il trouvait à me dire, c'était : « Il faut laver les mains. » Il disait, en fait, avec l'accent russe : « Il faut laver les maines. »

Pour lui faire plaisir, je me lavais les mains une bonne douzaine de fois par jour. J'avais du respect et de l'affection pour ce vieillard chenu à l'énorme nez arménien et au regard pénétrant. Et hormis quelques bizarreries, c'était un homme passionnant.

Il avait étudié la psychiatrie en Russie avec des maîtres comme Pavlov et Bechterev, puis il était allé se perfectionner en Allemagne auprès de professeurs tout aussi prestigieux et s'était spécialisé dans les phénomènes hallucinatoires et le traitement par l'hypnose. Une thérapie qu'il pratiqua à Paris sur des alcooliques et des drogués, avec, paraît-il, de bons résultats. Dans le même temps, il continuait ses recherches sur les hallucinogènes et, comme il avait besoin de cobayes, il jeta son dévolu sur Mlle Moulin.

Fonctionnaire au ministère de l'Agriculture, Mlle Moulin était une sainte femme, sorte de religieuse laïque dont la bonté était aussi ostentatoire qu'une auréole. Elle était venue consulter mon grand-père pour des troubles de la ménopause.

Mlle Moulin avait le visage de Pie XII, l'humanité en plus. Une tête de pape maigre, posée sur un corps robuste, tourmenté par le retour d'âge. Cette description est nécessaire pour comprendre la violence des scènes qui se déroulèrent par la suite.

Mon grand-père obtint son accord pour étudier sur elle les effets de la mescaline, un produit dérivé du peyotl mexicain, champignon hallucinogène grand organisateur de « voyages ». Il entraîna à son insu l'admirable vieille vierge, pétrie de bons sentiments, dans un délire précurseur des effets du LSD. Et Mlle Moulin devint brusquement une folle sexuelle.

Il faut avoir vu Pie XII poursuivre mon grand-père dans le couloir afin de lui arracher son pantalon, pour comprendre à quel point le psychiatre avait joué avec le feu. Elle tenta d'enfoncer la porte des toilettes où il s'était réfugié et je l'entendis de ma chambre, où je m'étais enfermé par prudence, donner des grands coups d'épaule dans le battant, en hurlant : « Karapet ! Karapet ! » (C'était le prénom de mon grand-père.)

Mlle Moulin finit par se calmer et redevint la sainte femme que nous connaissions. Mon grand-père cessa prudemment de jouer les docteurs Frankenstein et ne lui administra plus de mescaline. Et la vie reprit son cours, rue de Miromesnil, une vie heureuse ponctuée par le lavage des maines.

Ma grand-mère était mignonne comme un des nains de Blanche-Neige. Atchoum ou Simplet. J'ai une photo d'elle dans mon portefeuille et, quand je suis déprimé, je la regarde et je me sens tout de suite mieux.

Elle n'avait pas le type arménien. C'était une petite femme ronde, qui avait dû être pulpeuse, et dont le visage était ce qu'on pouvait faire de plus slave, des pommettes extralarges, un nez en patate et de jolis yeux où pouvaient passer sans transition toute la gaieté et toute la tristesse de son pays natal.

Elle m'appelait Francie. En roulant le *r*. De ses trois petits-enfants, j'étais celui qu'elle préférait. Quand elle venait à la maison, je me précipitais pour l'accueillir, et elle qui avait fui la révolution russe pour se retrouver à Paris en pleine guerre mondiale, elle qui avait été malmenée et durcie par la vie, fondait de bonheur devant ce petit Français qui l'appelait Mamie.

Elle était née dans une famille aisée. Son père tenait un négoce de tissus dans le Caucase et elle m'a raconté qu'enfant elle voyait arriver des Chinois qui avaient traversé la Sibérie pour vendre leur shantung, des Chinois d'avant Mao, avec la natte, la longue tunique en soie et les socques de bois.

Elle se maria très jeune avec mon grand-père et ils eurent deux garçons et une fille, Katia, qui allait devenir ma mère.

Quand ils quittèrent la Russie, ils ne purent sauver de leurs biens que quelques pièces d'or dissimulées dans une ceinture attachée autour de la taille de Katia qui avait alors quatre ans. Ils traversèrent, avec toutes les difficultés imaginables, la Pologne puis l'Allemagne et finirent par se poser à Paris, dans l'appartement de la rue de Miromesnil.

Comme toutes les jeunes filles russes d'un certain milieu, ma grand-mère se devait de posséder plusieurs langues. Elle en parlait cinq, le russe, bien sûr, et aussi le français, l'allemand, l'anglais et l'arménien. Le français, elle le parlait parfaitement, avec un léger accent plein de charme. Mais si elle pouvait communiquer sans difficulté, elle eut un certain mal à s'adapter à la France.

La première fois qu'elle prit le métro, me raconta ma mère, elle marchanda le ticket. C'était normal pour elle, tout se marchandait dans son pays. Elle se mit à discuter âprement avec l'employé de la RATP, comme son père avec les Chinois qui vendaient du shantung, et découvrit qu'on était plus souple en affaires dans le Caucase que dans le métropolitain.

En quittant mes parents pour aller chez ma grand-mère, je suis passé du tragique au comique. Chez mes parents, tout était intense, on ne parlait pas, on criait. Chez ma grand-mère, on riait.

Deux souvenirs qui illustrent bien la différence d'ambiance : quand j'habitais avec mon père, j'avais demandé la permission d'amener une copine de classe à la maison. Il avait refusé catégoriquement. Pas de filles chez lui. Mon premier flirt s'est passé sur le palier, on s'asseyait sur les marches, aussi intimidés l'un que l'autre, et la partie la plus physique de nos rapports était de remettre régulièrement la minuterie en marche.

Un an plus tard, chez ma grand-mère, il y avait deux filles nues qui se disputaient dans le couloir.

C'étaient les vacances et j'avais gagné un peu d'argent en faisant le guide pour touristes. Pour fêter ça, je m'étais offert un verre dans un bar près des Champs-Élysées, trop cher pour moi en temps normal.

Il y avait là deux prostituées chinoises qui s'ennuyaient avec deux michetons allemands, et en voyant entrer le tout jeune homme que j'étais, elles décidèrent de se payer un moment de récréation. Elles plantèrent là les Allemands et vinrent me demander si je me sentais assez fort pour coucher avec deux femmes.

J'avais déjà du mal avec une, mais elles étaient jolies et leur façon de gazouiller le français avec l'accent chinois rendait, je ne sais pourquoi, la perspective de les avoir ensemble dans mes bras moins redoutable.

Nous partîmes tous les trois chez ma grand-mère. Il était tard, et mon grand père, Dieu merci, dormait. Il aurait été capable de demander aux Chinoises de se laver les mains. Ma grand-mère dormait elle aussi et nous nous glissâmes, mes Chinoises et moi, dans ma chambre.

Je ne me souviens pas vraiment de mes performances amoureuses, mais c'était l'époque où j'étais incertain en face des femmes et de voir une délégation de l'Asie du Sud-Est atterrir sur ma pauvre petite bite ne pouvait en aucun cas me rassurer.

Tout ce dont je me souviens, c'est que les Chinoises se retrouvèrent à un moment donné toutes nues dans le couloir à s'engueuler en chinois. Sur ces entrefaites, ma grand-mère sortit de sa chambre pour aller faire pipi. En chemise de nuit, les cheveux nattés et le même gentil sourire sur son bon gros visage kalmouk. Elle passa entre les Chinoises sans aucun étonnement, leur dit aimablement « bonsoir » et disparut dans les toilettes.

Le lendemain matin, au petit déjeuner, j'attendis qu'elle fasse une réflexion. En vain. Elle ne me dit pas un mot de l'événement, comme si toute sa vie, en allant aux toilettes, elle avait croisé des Chinoises à poil en train de s'engueuler. C'était ça, ma grand-mère. Rien ne l'étonnait. Un cosaque à cheval aurait-il traversé sa chambre cette nuit-là, que ça l'aurait laissée indifférente. Elle aurait simplement pensé : « Pourvu qu'il ne réveille pas Francie. »

Mon meilleur ami, à l'époque, s'appelait Daniel. Il était corse et avait un physique de jeune bandit corse, très brun, mince, regard sombre dans un visage en lame de couteau.

Ma grand-mère le jugea d'emblée : « C'est un voleur. » J'eus beau lui dire que la famille de Daniel était très riche et qu'il n'avait aucune raison d'être malhonnête, elle n'en démordait pas : « C'est un voleur. »

Daniel avait de l'humour. Quand il apprit ce que ma grand-mère pensait de lui, il décida de jouer le jeu. Sur le buffet de la salle à manger, il y avait un bronze assez monstrueux. Une Diane chasseresse aux formes trop plantureuses, qui brandissait un arc, l'air absent. La statue mesurait pas loin d'un mètre et pesait un âne mort. Daniel la souleva avec peine et tenta de la dissimuler sous sa veste. Le résultat était absurde. La grosse Diane débordait de tous les côtés. Daniel s'éloigna dans le couloir en titubant sous le poids. Ma grand-mère surgit, et l'arrêta d'une voix froide : « Daniel ! » Il se retourna, étreignant toujours la statue qui s'échappait de plus en plus de sa veste, et dit poliment :

— Bonjour, madame.

— Qu'est-ce que vous avez dans votre veste ?

Daniel affecta de découvrir l'énorme objet qu'il serrait contre lui et fit comme s'il l'avait pris par étourderie. Il dit : « Oh pardon », et repartit, titubant, remettre la statue à sa place.

Ma grand-mère se tourna vers moi et me dit à voix basse : « Tu vois, c'est un voleur. »

Pendant toutes ces années que nous avons passées ensemble, je ne lui ai trouvé qu'un défaut : comme beaucoup de Russes, elle n'aimait pas les Juifs, et elle avait un mal fou à accepter le mariage de sa fille.

Un jour où je lui reprochais son antisémitisme, elle s'en défendit avec l'argument le plus antisémite que j'aie jamais entendu : « Chez nous, à Armavir, me dit-elle, la ville était interdite aux Juifs, comment aurais-je pu être antisémite ? »

Mon père, et c'est bien compréhensible, ne la supportait pas. Ils avaient sans arrêt des accrochages, qui se terminaient toujours de la même manière. Quand elle était à bout d'arguments, elle le traitait de sale Juif et, le sachant violent, prenait un départ de cent mètres dans le couloir. Je me souviens qu'un jour mon père, furieux, a attrapé un balai et l'a lancé comme un javelot sur sa belle-mère en pleine course, l'épinglant contre la porte d'entrée.

Je pourrais éventuellement trouver un autre reproche à faire à ma grand-mère, bien plus léger celui-là : sa cuisine. Pendant les quelques années que j'ai passées rue de Miromesnil, j'ai mangé la même chose tous les jours. Elle ne connaissait qu'une recette, la boulette de viande. Je ne sais pas si c'était du bœuf, du veau ou du cochon, c'était haché avec un peu d'oignon et quelques fines herbes, et elle me servait, pour terminer le repas, mon fromage quotidien : un petit saint-marcellin.

Je ne me suis jamais plaint de la monotonie de ce menu, je peux même dire que je me régalais, ma grand-mère n'avait pas besoin de passer par l'estomac pour trouver le chemin du cœur.

Après le bac, j'ai commencé ma médecine. L'idée venait de mon père qui voulait de toutes ses forces m'éviter une carrière littéraire. Il avait raté la sienne, et ma mère, la galérienne du roman de gare, parvenait à peine à boucler les fins de mois. Si je ne voulais pas connaître le même sort, je devais me diriger vers un métier « sérieux » ou, pour reprendre son expression, « un métier avec un fixe ». J'obéis et fis quatre années de médecine qui ne me menèrent nulle part.

Le PCB, propédeutique qui précédait la première année, se passait à Bercy, un grand bâtiment, démoli depuis, où on s'imprégnait de physique, de chimie, de biologie et d'amiante. À part l'amiante qu'on avalait sans effort, tout le reste me paraissait bien pénible. Je commençais déjà à avoir envie d'écrire et l'abstraction des matières enseignées me glaçait. Pour me réchauffer, je traversais la rue et allais me réfugier au Jardin des Plantes, le jardin de la hernie de mon père. Je m'y promenais aux petites heures du matin, trop tôt pour les visiteurs normaux, et j'y découvrais une clientèle étrange, des habitués peu nombreux, et qui paraissaient ne s'intéresser qu'à un animal en particulier. Et je m'aperçus très vite qu'ils ressemblaient à l'animal de leur choix.

Il y avait l'homme-vautour, planté devant la cage des grands oiseaux charognards. C'était un petit vieillard maigre, vêtu d'une pèlerine noire et coiffé d'un béret, et dont le cou décharné, le nez crochu et le regard aigu donnaient à penser qu'il était du mauvais côté de la cage. Je m'attendais toujours à le voir déployer les pans de sa pèlerine pour s'envoler et tourner en cercle au-dessus du jardin, à la recherche d'une proie agonisante.

Dans la fauverie, je retrouvais l'homme-lion. Un type puissant, vêtu d'un duffle-coat marron comme le pelage de ses animaux favoris, le crâne auréolé d'une crinière de cheveux fauves. Il était muni d'un carnet de croquis et d'un crayon, et il dessinait en grondant sourdement. Je jure que c'est la vérité. Il grondait comme le lion qui lui faisait face, et on pouvait imaginer que ces deux-là, séparés par les barreaux, vivaient une histoire d'amour.

Je me rappelle aussi le très vieil Arabe, dans le vivarium surchauffé à l'odeur de pourriture, chantant d'une voix sourde des airs de son pays aux serpents assoupis dans leurs cages vitrées...

Cet endroit m'inspirait beaucoup plus que la physique, la chimie et la biologie. Au point de m'amener à écrire ma première nouvelle, bien entendu à l'insu de mon père.

Il s'agissait d'un étudiant comme moi, se promenant dans le jardin, à l'heure des habitués bizarres, et croisant avec surprise des gens normaux, une maman et son petit garçon. L'étudiant continuait sa promenade et s'apercevait, au détour d'une allée, que l'enfant avait échappé à la surveillance de sa mère et trottinait tout seul entre les cages.

Un grognement sourd retentissait alors et l'homme-lion surgissait. L'étudiant se figeait, incrédule. Ça ne pouvait pas arriver, non, ça ne pouvait pas arriver. Eh bien si, ça arrivait. L'homme-lion bondissait en rugissant sur l'enfant et lui plantait les dents dans la gorge. L'étudiant levait alors les yeux au ciel et apercevait l'homme-vautour qui tournait en cercle au-dessus de la scène, attendant de pouvoir participer au festin.

On ne s'étonnera pas, en lisant ça, que je ne sois pas devenu un prix Nobel de médecine.

Je redoublai donc, et tentai de m'intéresser un peu plus au programme. Mais je trouvais ça dégoûtant. Je n'aimais déjà pas beaucoup les grenouilles vivantes, mais mortes et sous le scalpel, c'était pire. On m'a aussi obligé à disséquer le système nerveux de la langoustine et je ne me souviens pas si j'ai dû chercher les testicules de l'escargot qui est hermaphrodite, mais c'est bien possible.

Je réussis quand même à passer ma première année et ce grâce à un abus dangereux d'amphétamines. J'avais découvert qu'avec la carte d'étudiant en médecine, on pouvait se procurer n'importe quel médicament sans ordonnance. Un mois avant l'examen, je n'étais pas du tout prêt, et sur les conseils d'un copain je me lançai dans le dopage.

C'est une vraie saleté, mais ça vous permet d'ingurgiter une centaine de pages de cours dans la nuit. Vous les aurez oubliées la semaine suivante, mais si vous passez l'examen le lendemain, c'est bon. J'étais fébrile, je ne dormais plus et j'ingurgitais des montagnes de polycopiés sans effort. Si j'avais fait le Tour de France, je l'aurais sans doute gagné.

Je me suis effondré tout de suite après l'examen et j'ai attrapé une méningite.

Une méningite à liquide clair, dite méningite lymphocytaire. La moins sévère, celle qui, en principe, ne laisse pas de séquelles. J'ai tenté néanmoins de m'en servir quelques années plus tard, au moment du service militaire, pour me faire réformer.

Le médecin major qui m'examinait m'a demandé si j'avais eu des maladies graves dans le passé. J'ai répondu « méningite ». Ça n'a pas eu l'air de l'impressionner. J'ai répété d'un ton plus dramatique : « Méningite. » Même indifférence de sa part. Alors, pour mettre les choses au point, j'ai ajouté : « Ou on meurt ou on reste idiot. » Il m'a répondu : « Vous ferez un très bon sous-officier. »

Je sortais à peine de ma méningite, quand on vint nous annoncer la mort de mon frère.

Je l'avais déjà plus ou moins perdu une fois, au moment de l'adolescence. Il devenait un homme et j'étais encore un enfant. Les hormones l'entraînèrent sur des chemins dont je n'avais pas encore l'accès.

Il eut une puberté difficile. Il devint sombre, renfermé, et se découvrit une violente passion pour la philo. Il partait au bois de Boulogne, avec des bouquins ésotériques, Heidegger, Kierkegaard, Hegel. Il grimpait dans un arbre où il avait trouvé une branche confortable et, perché comme un corbeau, il dévorait ses livres dont je ne comprenais pas le moindre mot.

À cette époque, mon frère était petit et gros. Ma mère l'appelait « *tolstoï jop* », ce qui en russe signifie « gros cul ».

Je ne souhaite à personne une mère passionnelle. Elle adorait mon frère et le lui témoignait avec des mots trop tendres et des injures trop dures. Il tomba amoureux d'une fille qui avait un problème osseux et devait passer plusieurs heures par jour dans une coquille en plâtre. Quand il allait la retrouver, ma mère demandait : « Tu vas voir ta guenon bossue ? »

De ses trois enfants, c'est mon frère, son fils aîné, qui souffrit le plus de son amour. Je fus relativement préservé, étant l'enfant du milieu. Elle ne s'acharna pas sur moi comme elle le fit sur lui et j'ai horreur d'écrire ce qui va suivre, mais je crois que si mon frère est allé trouver la mort en Algérie, c'est en grande partie pour lui échapper.

Il aurait pu facilement obtenir un sursis. Il avait commencé une licence de philo et s'il avait fait les démarches nécessaires, il ne serait pas parti là-bas. Il a prétendu les avoir faites, et a reçu cette saloperie de convocation qui lui intimait de se rendre de l'autre côté de la Méditerranée, au camp de Bou-Saada, pour y faire ses classes.

L'adolescent courtaud à gros derrière avait changé. Grandi, minci, c'était un beau garçon qui était redevenu mon frère après le trou noir de la puberté. L'armée me l'a pris, pour une guerre inutile. Voilà un beau pléonasme, guerre inutile.

Après Bou-Saada, on l'a envoyé dans le bordj de l'Agha, un endroit désertique où, pour tromper l'ennui, il a demandé à être instituteur-soldat. Il m'a écrit la joie qu'il avait de faire la classe à ces petits enfants d'Algérie.

J'ai gardé une photo de lui, prise à ce moment de sa vie. Il avait troqué l'uniforme du bidasse contre une djellaba noire et une grande écharpe blanche de spahi. Les cheveux coupés court, le visage hâlé et émacié, il avait pour moi toute la séduction d'un Lawrence d'Arabie.

Un matin, un de ses amis, un lieutenant SAS (sections administratives spécialisées dans les affaires indigènes) est passé lui dire bonjour. Il allait inspecter un marché et mon frère a proposé de l'accompagner. Le lieutenant lui a conseillé de mettre un casque, il a refusé. Tout le monde dans le village le connaissait et l'aimait. Il ne se doutait pas que les tueurs venaient d'ailleurs.

J'imagine le marché, le soleil, l'odeur des épices, les femmes voilées, bref le parfait cliché d'une Algérie paisible. Les deux tueurs ont surgi. Ils visaient le lieutenant SAS qui, blessé à la hanche, échappa à la mort. Jean-Claude, mon frère, n'eut pas cette chance.

Un soldat qui avait assisté à son agonie vint nous la raconter. Il aurait mieux fait de s'abstenir. Les détails qu'il nous donna firent mourir mon frère une seconde fois. Il nous dit que son visage s'était déformé, un rictus dû aux dégâts faits dans le cerveau par la balle de 11.45. Ça s'appelle « avoir la pipe », en jargon médical. Je hais ce soldat plein de bonnes intentions qui nous a fait involontairement tant de mal avec son récit.

Mon frère est mort à vingt ans. J'en ai aujourd'hui cinquante de plus, mais lui n'a pas vieilli. Son visage est resté lisse, le mien s'est creusé, ridé. Jean-Claude revient souvent me voir dans mon sommeil, nous bavardons, nous rions ensemble, nous nous disputons parfois. Mais ce qui me frappe le plus, c'est d'avoir un frère aîné qui a trouvé le secret de l'éternelle jeunesse.

Je croyais que mon père ne nous aimait pas. Il a pleuré pendant des jours, des semaines, à sanglots atrocement bruyants. Des larmes qui transperçaient les murs de sa chambre et qui me disaient à quel point je me trompais.

Ma mère, minée par le chagrin, mourait d'anorexie quelques années plus tard.

J'aimerais passer à quelque chose de moins triste, mais l'épisode de ma vie qui va suivre est jonché de cadavres.

J'en avais terminé avec la Faculté des sciences de Bercy et commençai la vraie médecine, rue des Saints-Pères. Les vestiaires des étudiants de première année étaient au septième et dernier étage. Je découvris avec attendrissement qu'ils donnaient sur une cour d'école. En contrebas : des petits enfants en récréation, leur énergie, leurs cris de joie, leurs rires. Et puis, j'ai tourné la tête vers une autre fenêtre qui donnait, elle, sur une salle de dissection. Des rangées de tables avec leurs cadavres verdâtres sous la lumière violente des scialytiques.

En première année, on ne disséquait que les bras et les jambes. C'était seulement en deuxième année qu'on avait droit à un corps entier. Les cadavres étaient pour la plupart des gens retrouvés morts dans la rue, clochards, sans-abri, qui trempaient pendant des mois dans du formol avant de finir entre nos mains. J'appris qu'à l'époque les étudiants scandinaves venaient disséquer chez nous, parce que dans leurs pays il n'y avait personne d'assez misérable pour crever dans le caniveau.

Je ne sais pas comment j'ai pu, sans ressentir trop de dégoût, passer tant de temps à taillader la chair gluante de ces bras et de ces jambes. Je me souviens d'un détail, je fumais à l'époque, et il y avait des petits plateaux posés sur les tables pour recueillir les morceaux de viande qu'on découpait. Machinalement je posai ma cigarette sur le plateau et quand j'ai vu qu'elle s'imprégnait de graisse, j'ai compris que je fumais du cadavre.

Un de mes voisins de table (de dissection) était un type qui m'intriguait. Il portait une blouse blanche comme nous tous, mais il avait l'air déguisé. Il me faisait penser à un espion en planque dans une classe d'anatomie. Il paraissait aux aguets, jetait sans arrêt des coups d'œil inquiets alentour, un regard de pigeon qui traverse une rue. Moi, dont l'imagination ne demandait qu'à s'emballer, je m'inventais plein d'histoires sur son compte.

Je découvris son secret le jour où il m'offrit d'être son complice. Sans doute parce que j'avais dû lui paraître différent moi aussi. Il avait trouvé un moyen de gagner de l'argent, et il me proposait d'en profiter.

Toujours aux aguets, il m'entraîna deux étages plus bas, dans le monde des « vrais » cadavres. C'était l'heure creuse, les salles étaient désertes, il sortit un davier de dentiste de sa poche, et m'expliqua qu'en arrachant les dents des morts, on pouvait les revendre un franc pièce aux étudiants de dentaire. Pour me démontrer la facilité de l'opération, il s'approcha d'une bouche grande ouverte où il ne restait qu'une dent, l'attrapa avec son davier, tira de toutes ses forces et traversa toute la salle sur un pied, manquant passer par la fenêtre. Le cadavre avait un dentier.

Ma journée était divisée en deux : le matin l'hôpital, l'après-midi la faculté.

À l'hôpital, il y avait encore des salles communes, de grandes pièces couleur Assistance publique, où une centaine de malades étaient alités côte à côte. Quand l'un d'entre eux était à l'agonie, on mettait des planches en bois autour de son lit pour le dissimuler à la vue des autres.

Chaque matin, le corps médical entrait dans la salle comme un vol de canards, le professeur en tête, suivi des assistants, puis des internes, puis des externes, et enfin, des stagiaires.

Ce jour-là, le stagiaire, c'était moi, je faisais mes premiers pas d'apprenti médecin. Le professeur s'arrêta devant un lit où l'attendait, souriante, une dame qui ressemblait au père Noël, la barbe en moins. Elle avait un visage tout rond aux pommettes trop rouges, un faux air de santé sûrement dû à la cortisone qu'on injectait, en ce temps-là, à doses massives.

Mme Fox, je me souviens de son nom, adossée à ses oreillers, souriait donc, l'air vague. Elle avait une leucémie myéloïde, ou leucémie des adultes, dont un des symptômes est une rate crénelée. En d'autres termes, le bord de la rate de Mme Fox ressemblait aux créneaux d'un château fort.

Le professeur lui palpa l'abdomen, et tout le monde, assistants, internes, externes, l'imita. Je regardais, attendri, la vieille dame, l'imaginant barbue sur un traîneau de Noël, quand vint mon tour de lui palper la rate. Le professeur me présenta. « Madame Fox, voilà votre nouveau stagiaire. » Elle me tendit gentiment la main, je la serrai, et elle mourut sur le coup.

Je n'invente rien. Ce n'est que par la suite que j'embellis l'histoire en racontant que personne, à l'hôpital, ne voulait plus me serrer la main. C'était un ajout inutile. Les études de médecine sont trop imprégnées d'humour noir pour avoir besoin de broderies.

Après six mois de stage en médecine, je suis passé en chirurgie, un domaine où le talent m'a semblé beaucoup plus objectif.

Je me souviens de cet enfant qui s'était sectionné les tendons de la main, en faisant une chute avec une bouteille en verre. On l'avait amené aux urgences et j'assistais à l'opération avec un petit groupe d'étudiants. Il nous apparut très vite que le chirurgien, un jeune interne, ne s'en sortait pas. La main est un des endroits les plus innervés du corps et il faut une finesse de dentellière pour travailler une zone anatomique aussi complexe. L'interne commençait à paniquer, il transpirait à grosses gouttes devant la petite main aux tendons sectionnés et finalement, il a craqué :

— Appelez Felouze.

Felouze, le chef de service, est entré dans la salle d'opération quelques instants plus tard. L'interne s'est écarté. Felouze s'est penché sur la plaie et il s'est mis au travail. Il a réparé la main de l'enfant et il y avait tellement de grâce dans ses gestes que je ne peux pas penser à une plus pure définition du talent.

Un autre souvenir de chirurgie, une très jeune fille, incroyablement belle, toute nue sur la table d'opération. Une petite statue de marbre, à peine humanisée par un léger duvet pubien. Attaquer au scalpel un corps pareil tenait de la profanation. Le scalpel s'est posé sur la peau trop blanche qui s'est ouverte comme une bouche pleine de sang.

L'incision est le moment le plus dramatique d'une intervention. Ce qui se passe ensuite est beaucoup plus confus. Un champ opératoire, c'est de la tarte aux fraises, du rouge partout. En un coup de bistouri, la jeune fille a cessé d'être une statue pour devenir une pièce de boucherie.

Malgré mon intérêt pour la chirurgie, j'ai raté mes examens de fin d'année, et il m'a fallu redoubler une nouvelle fois. Il y avait de quoi s'inquiéter. Si je continuais à ce rythme, j'allais être médecin à l'âge de la retraite. Mon père, comprenant que j'étais dans une impasse, demanda conseil à l'oncle Nicolas, le scientifique de la famille, qui suggéra de m'orienter vers l'École des pétroles. J'aurais dû me méfier de cet homme qui m'avait imaginé, quelques années plus tôt, en polytechnicien. Mais je ne savais plus où j'en étais et suivis ses conseils, passant de la Médecine à la Faculté des sciences.

Trois matières au programme : la géologie, la minéralogie et la cristallographie. Merci, oncle Nicolas, pour ce cadeau ! Ce fut abominable. Pire que de fumer du cadavre ou de tuer des vieilles dames à la rate crénelée.

Je me souviens particulièrement de la cristallographie, une science d'une incroyable abstraction. Ces cristaux qui, observés au microscope, montrent la même structure, en allant dans l'infiniment petit, me donnaient le vertige. Mais il y avait plus grave : les levers de terrain. Pour faire un lever de terrain, il fallait partir aux aurores. Je me retrouvais, avec une quinzaine d'étudiants, dans une carrière des environs de Paris, et on cassait des cailloux, comme jadis les bagnards. Les filles étaient ingrates et chaussées de pataugas, on avait tous un petit marteau et on tapait sur une falaise qui ne nous avait rien fait. On revenait tout boueux à la Faculté, rapportant des échantillons de pierres, pas précieuses du tout. J'ai réussi à tenir deux ans dans cette galère et j'ai de nouveau craqué.

Mon père, qui rêvait de me voir sur une plate-forme pétrolière, coiffé d'un casque jaune rutilant, donnant des ordres à des esclaves locaux couverts de mazout et gagnant tellement mieux ma vie qu'un pauvre écrivain, fut très déçu. Je le déçus encore plus en décidant d'arrêter mes études.

À l'époque, le service militaire était obligatoire, même pour ceux qui, comme moi, avaient perdu un frère en Algérie. Il durait vingt-huit mois, une éternité.

Ayant déjà tué un membre de la famille, l'armée me garda en métropole, mais elle ne me permit pas de devenir officier. Pourquoi payer une solde décente à un appelé qu'on ne peut pas envoyer au casse-pipe ? J'atterris donc dans une chambrée d'illettrés, à la caserne de Compiègne. Je ne le regrette pas. Les bidasses croisés dans les hangars poubelles de cette unité de l'Armée de l'air venaient de milieux qui m'étaient tout à fait inconnus et qui le seraient restés à jamais si j'avais été réformé.

Mon voisin de lit était passionnant. Un paysan, mais un paysan à l'ancienne, corps massif, mains calleuses, moustaches qui trempaient dans la soupe. Pelois, c'était son nom, sortait tout droit de *L'Angelus* de Millet.

En uniforme, il ressemblait à un poilu de la guerre de 14. Il paraissait étrangement vieux pour un si jeune homme. Je l'appelais « le pépé ».

À peine arrivé dans la chambrée, le pépé sortit de sa valise une photo encadrée, le portrait d'une jeune fille exagérément rustique. Il la posa près de son lit. Quand il remarqua que je l'observais avec intérêt, son visage se durcit et il tourna la photo contre le mur.

Notre relation partait mal, mais elle s'arrangea très vite, grâce à la promise. Le pépé, qui était peut-être le plus illettré de la chambrée, faisait des efforts pathétiques pour écrire à sa fiancée. Il recevait par ailleurs des colis de ses parents. Moi pas. Les miens n'avaient pas d'argent et n'habitaient pas une ferme. Les siens lui envoyaient à profusion des terrines de volaille, du jambon, des saucissons et autres cochonnailles. L'ordinaire de la caserne était bien entendu dégueulasse, et je salivais en voyant le pépé bâfrer sur le lit d'à côté. Il partagea ses colis avec moi le jour où je lui proposai, en échange, de rédiger ses lettres d'amour.

Ce fut ma première expérience d'écriture rémunérée. Un travail de nègre puisque c'était le pépé qui signait. Gavé de saucisson et de pâté, je disais des mots tendres à une jeune fille inconnue. Mes lettres, volontairement simplettes au début, avaient fini par m'ennuyer, et par jeu, je m'étais mis à les rendre de plus en plus littéraires. À la fin, le pépé écrivait presque comme Mme de Staël, et sa promise devait s'étonner que l'armée l'ait rendu à ce point délicat.

Il y avait beaucoup de Ch'tis dans la chambrée, et n'ayant pas encore pris de cours avec Dany Boon, je ne comprenais pas un mot de ce qu'ils disaient. Je me rappelle avoir eu un accrochage avec l'un d'eux et ça risquait de tourner mal quand il m'a dit :

— Mets t'têt dans ch'meur, manqu'eune brec !

Ça a coupé net mon agressivité. Je lui ai demandé de répéter en articulant et j'ai fini par comprendre : « Mets ta tête dans ce mur, il manque une brique. » La bagarre s'est arrêtée là, on ne peut pas frapper un type qui vous dit des choses aussi magiques.

Le commandant du camp s'appelait Adolphe, il ne lui manquait que la mèche et la moustache. Il avait créé les commandos de l'air, une troupe d'élite. Sur sa toute petite tête rasée était vissé un béret noir minuscule, presque de la taille d'une kippa. Son corps de lutteur était sanglé dans une tenue léopard, bref, il était inquiétant comme tout.

À notre arrivée à la caserne, il nous passa en revue, demandant à chacun ce qu'il voulait faire plus tard. Je répondis : écrivain. Il me toisa avec méfiance, réfléchit un petit instant et eut un sourire pervers :

– Tu vas écrire tes premières impressions sur la caserne, et me les faire porter dans mon bureau.

Ce n'était pas facile de dire à ce boucher que je trouvais tout merdique dans son univers. La crasse des baraquements, les sous-officiers alcoolos, l'imbécile machisme ambiant, mais je parvins à tempérer mon antimilitarisme et à pondre un texte qui ne m'enverrait pas tout droit au peloton d'exécution.

Je ne sais pas si le commandant Adolphe prit le temps de me lire, toujours est-il que je n'eus aucune réaction de sa part. Ça me déçut. Je m'étais vraiment creusé la tête pour donner une image attrayante de son pauvre univers.

Il se manifesta quelques jours plus tard, avec enthousiasme, mais pour des raisons qui n'avaient rien à voir avec mes talents d'écrivain.

Il surgit dans la cour au moment où j'effectuais le parcours du combattant. Mes quelques années de gymnase me permettaient de faire l'acrobate sur les obstacles, pour amuser la compagnie. Le parcours comportait un mur relativement difficile à franchir. Je fis un rétablissement et, arrivé au sommet, je montai un équilibre sur les mains. J'entendis alors une salve d'applaudissements, c'était le commandant Adolphe. Il s'avança vers moi, admiratif :

– Bravo, mon gars, c'est très bien.

Le fait que j'avais des muscles comptait visiblement plus pour lui que ma façon d'écrire. Et il ajouta cette phrase incroyable :

– C'est bien, mais ne fais pas ça au combat, ça serait dangereux sous le feu de l'ennemi.

Qu'il ait pu imaginer que je me mette en équilibre sur les mains, face à un tir de mitrailleuses, me laisse encore rêveur aujourd'hui.

Après mes classes, je revins à Paris et passai des Illettrés aux Pistonnés. Je devins reporter militaire grâce à l'appui d'un général, ancien compagnon de guerre de mon père. Je n'avais jamais fait de reportage et, sur le plan militaire, on ne pouvait pas trouver plus civil que moi, mais je pris mes fonctions dans les bureaux parisiens de *Bled*, le journal de l'Armée d'Algérie.

Les reporters, une demi-douzaine, étaient tous des appelés, et la salle de rédaction ressemblait à ce que serait des années plus tard le café-théâtre Le Splendid. Les acteurs du Splendid s'appelaient Michel Blanc, Josiane Balasko, Gérard Jugnot, Thierry Lhermitte, les journalistes de *Bled* Philippe Labro, Jacques Séguéla, Just Jaeckin. Rétrospectivement, je trouve troublant que le hasard s'amuse à rassembler au même endroit et au même moment des gens qui sont tous promis à un bel avenir.

Labro était celui qui m'épatait le plus. Avant d'être soldat, il avait été grand reporter à Europe 1, puis à *France-Soir*. Il avait aussi écrit une biographie ou plus exactement une relecture de la vie d'Al Capone, un livre plein de bruit et de fureur, tout à fait inattendu de la part d'un auteur aussi jeune. L'armée avait interrompu ce début de carrière spectaculaire, et moi, qui n'avais encore rien fait de ma vie, je regardais avec envie ce type de mon âge qui avait déjà un passé. Le fait qu'il ait eu une réussite aussi précoce m'amenait à avoir pour lui le respect d'un jeune dont le copain a déjà couché avec une femme. Pendant les quelques semaines que nous avons passées ensemble avant qu'il ne parte pour l'Algérie, j'ai été le spectateur de celui que je tenais pour un prodige : Wolfgang Amadeus Labro.

Philippe est devenu un ami et j'ai continué à être son spectateur à travers ses romans, ses films, sa carrière journalistique. J'allais mon chemin de mon côté, et quand j'ai cru le voir développer une sorte d'estime pour moi, j'ai compris qu'en plus de l'amitié s'était créé un compagnonnage qui me permet de dire aujourd'hui que je suis heureux de l'avoir rencontré.

Jacques Séguéla m'épatait aussi. Il n'avait pas du tout le même itinéraire que Labro. Après des études de pharmacie réussies, qui l'avaient sans doute à jamais dégoûté de la pharmacie, il était parti avec un copain, Jean-Claude Baudot, faire le tour du monde en 2 CV. Ils avaient ensuite écrit un bouquin, *La Terre en rond*, racontant avec talent leurs aventures.

Séguéla, lui, ne jouait pas un personnage, il les jouait tous, en fonction des opportunités. C'était un homme de stratégies. Il me faisait penser à un Mazarin qui aurait découvert les ultraviolets. Pour lui, la réussite passait par le bronzage. Carbonisé très tôt, il a promené, au royaume de la pub, un sourire de lézard dans une peau qui s'écaillait. Il a connu une réussite spectaculaire mais il m'apparaît toujours comme le chaînon manquant entre les grands reptiles du Tertiaire et le monde de la réclame.

Just Jaeckin, entre photo, cinéma, et sculpture, a lui aussi fait une très belle carrière. Il me semblait être le moins compliqué de nous tous, en d'autres termes sans doute le plus heureux.

Le capitaine qui dirigeait le journal était un homme épais et caractériel. Un sanguin qui partait brusquement dans des colères inexplicables qui me terrorisaient.

Se sachant incapable de relire un article, il avait engagé un commandant de réserve, professeur de lettres à la retraite, pour nous superviser.

Le commandant Moreau était un vieux monsieur austère, dont les vêtements fatigués semblaient encore imprégnés par la craie de ses années d'enseignement. Il n'avait d'ailleurs pas perdu ses habitudes universitaires et notait nos reportages comme des copies d'écolier. Ses notes dépassaient rarement la moyenne. Un treize sur vingt était pour lui quelque chose d'exceptionnel. Il ne m'avait jamais prêté vraiment attention et je fus surpris quand il me fit appeler un jour dans son bureau. Je venais de faire un reportage sur une école d'art dramatique, le Cours Simon, peut-être me convoquait-il parce qu'il le trouvait insuffisant ? J'attendais devant lui, intimidé, il me regarda pensivement en silence pendant un temps qui me parut interminable, puis me dit :

— Veber, tu as de l'or dans les doigts.

Je reçus ce cadeau du commandant Moreau avec incrédulité. J'avais vingt-deux ans et un avenir très incertain. De l'or dans les doigts, quelle drôle de prédiction. J'ai eu un 17 sur 20 pour mon article, une note ahurissante, j'ai surtout eu une formidable poussée dans le dos de la part d'un vieux professeur qui a su lire dans mon pauvre reportage comme dans du marc de café.

J'ai passé deux ans à *Bled*, deux années interminables, mais pendant lesquelles il m'est arrivé deux des choses les plus importantes de ma vie : j'ai rencontré ma future femme et trouvé mon premier sujet de film.

Le sujet, je l'ai trouvé dans la vitrine d'un grand magasin, pendant les fêtes de Noël. Je ne savais pas à l'époque que ça deviendrait un film, je n'imaginais pas une seconde devenir un jour metteur en scène de cinéma.

On m'avait chargé d'un reportage sur les cadeaux de fin d'année, et j'étais entré dans la vitrine pour disposer des jouets à l'intention de mon photographe. Il attendait dans la rue que je finisse mon travail quand un enfant s'est arrêté devant la vitrine.

Un enfant d'une dizaine d'années, j'ai croisé son regard et j'ai eu peur. Il ne s'intéressait pas du tout aux jouets, c'est moi qu'il ne quittait pas des yeux, me fixant avec une avidité inquiétante. Et j'ai pensé brusquement : « Si cet enfant était le fils d'un milliardaire et qu'il ait décidé de m'acheter, et que je ne sois pas en position de refuser... » J'imaginais l'enfant pointant son doigt vers moi et disant froidement : « Je veux ça. »

L'enfant ne m'a pas acheté, mais le sujet du *Jouet* était né. Un sujet qui allait devenir plusieurs années plus tard mon premier film en tant que réalisateur.

Mais l'histoire me travaillait tellement qu'entre-temps j'en ai fait une nouvelle, et, sur les conseils de mes copains, je l'ai envoyée au journal *Lui.*

Lui, imitant *Playboy,* vendait sur papier glacé de la chair rose de femme et de la matière grise d'écrivain. Le directeur de la publication, Jacques Lanzmann, était un auteur de renom, et la rapidité de sa réponse me surprit : il avait lu mes quelques pages et voulait me rencontrer.

C'était un rouquin massif à la grosse moustache gauloise et à l'œil bleu rêveur. Il donnait l'impression de ne pas savoir très bien ce qu'il foutait là. Il m'a regardé pensivement pendant un certain temps, comme le commandant Moreau, et m'a dit :

– Quel dommage que vous ne soyez pas Jean-Paul Sartre.

Je lui ai répondu que j'en étais le premier navré, et il m'a alors expliqué pourquoi il ne pouvait pas publier ma nouvelle qu'il trouvait excellente. La politique de la rédaction était d'encadrer de beaux derrières de filles par des auteurs connus. Si j'avais été ce qu'on appelle une « signature », j'aurais pu faire tandem avec des fesses et des seins de premier choix. Lanzmann me serra la main avec compassion, m'assura que j'avais du talent, et je repartis avec ma nouvelle sous le bras.

Elle devait être publiée quelques semaines plus tard dans *Le Journal du dimanche* et me valut mon premier chèque, modeste, d'écrivain.

Ma future femme, je l'ai rencontrée dans une petite agence de presse. J'allais être libéré quelques semaines plus tard et je voulais aborder la vie civile avec un peu d'argent en poche. Je n'avais pas, étant toujours dans l'armée, le droit de travailler officiellement, et l'agence de presse en question offrait l'avantage d'engager des pigistes au noir.

Les bureaux, aménagés dans un vieil immeuble des Grands Boulevards, étaient minuscules. Rendus encore plus exigus par l'énorme quantité de coupures de presse poussiéreuses entassées contre les murs. Parce qu'on travaillait sur documents, à l'agence. Pas question d'aller faire une interview ou un reportage, les sujets étaient traités en taillant dans des articles déjà parus, et étaient moins une affaire de talent que de ciseaux et de colle.

Le patron avait un nom impossible d'Europe de l'Est, c'était un grand et gros homme aux cheveux trop noirs pour son âge, plaqués à la gomina sur un crâne aussi brillant que des souliers vernis. Il parlait avec un accent douceâtre et ses manières étaient tellement sucrées qu'une seule de ses poignées de main pouvait vous rendre diabétique.

Il y avait deux permanents à l'agence. La fille du patron, et Françoise, ma future femme. C'est elle qui m'accueillit dans les bureaux cagibis et la première chose qui me frappa fut qu'elle était couverte de poussière.

Les tonnes de vieux papiers qu'elle brassait toute la journée la faisaient ressembler à une mite, et je n'aurais pas pu imaginer une seconde en découvrant cette créature grisâtre qu'elle deviendrait ma femme pour la vie.

Le premier travail qu'on me confia fut une interview de Jean Gabin. Je partis à sa recherche dans les coupures de presse qui tapissaient les murs et commençai à mon tour à me couvrir de poussière. Devenu grisâtre comme ma future femme, je me dis qu'entre mites on avait des chances de s'entendre, et l'invitai à dîner.

Elle me rejoignit au restaurant, elle avait dû prendre une douche car je la vis pour la première fois en couleurs. Je la trouvai belle et débuta entre nous une aventure qui dure encore. C'est difficile à croire quand on sait la dose d'abnégation, de patience, de générosité dont doit faire preuve la femme d'un auteur comique.

À ma libération, j'entrai comme stagiaire à RTL. La station s'appelait alors Radio Luxembourg et la grande émission d'informations « Dix millions d'auditeurs ». Je me demande s'il en restait autant après mon passage.

J'étais un mauvais journaliste radio parce que j'avais une voix blanche. Je ne savais pas « moduler ». Je me rends compte aujourd'hui que j'étais sans doute dangereux pour les gens qui m'écoutaient dans leur voiture, ils risquaient de s'endormir au volant.

En plus, j'étais frustré sur le plan de l'écriture. Il n'y a rien qui demande moins de style qu'un flash horaire. L'information, c'est un sujet, un verbe et un complément, tout ce qu'on ajoute en plus est en trop. Bref, ma place n'était pas vraiment derrière un micro.

On me garda tout de même trois ans, trois années pendant lesquelles Armand Jammot, le rédacteur en chef, n'arrêtait pas de répéter : « J'attends qu'il soit près de la porte pour le virer. »

Avant de mettre sa menace à exécution, il m'essaya au reportage, et je m'y sentis tout de suite mieux. Mon travail n'était pourtant pas passionnant, je faisais les chiens écrasés. Mais je découvris que dans tous les sujets qu'on me confiait, si minces fussent-ils, il y avait une possibilité de scénarisation.

Un jour, Jammot m'appelle dans son bureau et me tend une lettre d'auditeur :

– Si tu ne fais pas pleurer toute la France avec ça, coco, c'est la porte.

La lettre était effectivement pathétique. Une femme racontait qu'elle avait eu un enfant de père inconnu et, n'ayant pas les moyens de l'élever, l'avait confié à la DDASS. Deux ans plus tard, alors que l'enfant avait trouvé une famille d'accueil, elle voulait le récupérer. Elle demandait avec des accents déchirants de l'aide à la station.

Le soir même, j'étais avec mon magnétophone devant un vieil immeuble crasseux, dans un des quartiers les plus sinistres de la capitale. À l'époque, il n'y avait pas de digicode et la concierge qui m'accueillit sortait tout droit des *Mystères de Paris*. Une trogne pareille, ça tenait de l'effet spécial. Je lui ai demandé à quel étage habitait l'auteur de la lettre et elle m'a répondu :

– Elle est pas chez elle, elle est en train de faire des pipes aux Arabes, sur le boulevard.

La vie d'un journaliste est faite d'attentes. Pour meubler la mienne, j'essayais d'évaluer combien de pipes la dame pouvait raisonnablement faire en une nuit, et combien de temps pouvait durer une pipe dans ce quartier. J'étais plongé dans mes calculs quand elle surgit.

Sachant la nature de ses occupations, je m'attendais à voir apparaître une grosse femme peroxydée, au rouge à lèvres en désordre. En matière de casting, la vie est beaucoup plus surprenante que le cinéma. Ma faiseuse de pipes était une petite femme sèche, austère, le genre institutrice de province un peu anorexique. Je me présentai et elle me fit monter chez elle.

Un studio, pauvrement meublé mais propre. On s'est installés tous les deux dans une cuisine minuscule et j'ai tendu mon micro.

Et là, catastrophe. Elle s'est mise à répondre à mes questions d'une voix froide, sans aucune émotion, et j'entendais en surimpression la voix de Jammot : « C'est la porte, coco, c'est la porte. »

J'étais paniqué. J'espérais une scène, et j'avais un compte rendu d'une platitude navrante. Je me demandais désespérément comment « mettre en situation » cette pipeuse glaciale quand la solution me fut soufflée par le scénariste que j'allais devenir.

Il y a toujours un angle à une scène et, là, je le trouvai dans mon passé d'étudiant en médecine.

Elle m'avait dit qu'elle vivait seule parce que son compagnon était à l'hôpital, atteint d'hémiplégie. Je me rappelais que, dans ce genre d'accidents, il arrivait qu'on rase le crâne des malades pour faire des examens. Et j'ai simplement dit : « Ses beaux cheveux... »

Si le type avait été chauve, c'était foutu. Mais j'ai eu de la chance, il avait sans doute de beaux cheveux, parce qu'elle a fondu en larmes. Et j'ai tendu avidement mon micro pour les recueillir.

Ce genre de reportage m'a appris qu'il ne fallait pas attendre des gens qui vivaient dans le drame des démonstrations spectaculaires. Il faut les déclencher, trouver le sésame de leur émotion. J'avais réussi mon coup mais, en quittant la dame, j'avais tout de même un peu honte.

Il m'a fallu à nouveau trouver un angle pour un autre reportage, au Festival de Cannes cette fois. On m'avait envoyé là-bas seconder une des vedettes de la station chargée de couvrir les événements importants. Moi, je devais m'occuper des à-côtés, « faire du magazine ».

C'était l'époque où, chaque année, une starlette se déshabillait sur les marches du Palais. Nous y eûmes encore droit cette année-là. J'attendis que les photographes aient fini leur travail, et rattrapai la fille dans le hall du Carlton.

Elle était toute jeune, moins de vingt ans, et toute nue sous son manteau de fourrure. Je l'emmenai dans un coin moins fréquenté du hall, pour l'interviewer. Cette fois encore, ça partait mal. La fille était jolie, mais elle avait moins de neurones que de poitrine. Ou, si vous préférez, elle était moins plate que ses réponses. J'eus alors une idée folle, je lui demandai si elle accepterait de se mettre nue pour nos auditeurs. Et là, miracle, elle me répondit oui, avec enthousiasme, et retira son manteau de fourrure.

J'avais cette femme complètement nue devant mon micro et je n'en croyais pas mes yeux. Je lui précisai, pour qu'il n'y ait pas de malentendu, qu'elle s'était mise nue pour la radio, elle répéta oui avec le même enthousiasme et je n'eus plus aucun doute, elle était un peu demeurée mais je tenais ma scène.

La jeune strip-teaseuse radiophonique n'a pas fait carrière. Elle s'appelait Cathy Lopez, et je me souviens avoir conclu un peu méchamment l'interview par cette citation : « Cathy Lopez, comme disait Alphonse Allais, rappelez-vous ce nom, on n'en parlera plus. »

Pendant que je déshabillais des starlettes à Cannes, mon père nous fit un infarctus. Et sur la côte basque, en plus. Pourquoi sur la côte basque ? Eh bien, parce qu'il avait fait un héritage, une petite maison à Hendaye, et que ça l'avait décidé à quitter enfin son pyjama.

Il était arrivé dans sa nouvelle propriété plein d'énergie. La peinture d'un des balcons s'écaillait, il décida de le repeindre. Il eut une crise cardiaque, on le rapatria à Paris et il remit son pyjama.

L'infarctus de mon père devint une maladie familiale. Tout le monde avait peur pour cet homme trop sédentaire, aux artères entartrées par le cholestérol. Chaque fois qu'il faisait un mouvement un peu brusque, on se tenait le cœur.

Dans le désert de sa vie, il lui restait une passion : la cuisine. Ça n'enchantait pas ma mère de le voir se mettre aux fourneaux parce que après son passage l'endroit ressemblait à un champ de bataille. Mais c'était un bon cuisinier et personne ne se faisait prier pour goûter ses recettes.

Ce jour-là, il avait fait de la lotte aux pruneaux. Des heures passées à transpirer, à suffoquer dans la petite cuisine, où on avait peur de le retrouver étendu sur le carrelage, aussi froid que la lotte.

L'heure du repas venue, il s'assit, toujours en pyjama, au haut bout de la table, entouré par toute la famille. Ma sœur, France, qui s'était mariée et avait divorcé dans la foulée, avait amené sa petite fille de cinq ans, et ma grand-mère avait promis de ne pas être antisémite, le temps du dîner. Après une salade de laitue aux pommes et aux noix, mon père ordonna avec majesté à ma mère :

– Katia, va chercher la lotte aux pruneaux.

Ma mère traversa le long couloir sans tapis en direction de la cuisine. Sur le chemin du retour, un grand fracas, elle était tombée, et le plat avec elle. Mon père sursauta et tout le monde se tint le cœur. Il demanda d'une voix qui repartait dans les aigus :

– Qu'est-ce qui se passe ?

On le rassura comme on put :

– Rien du tout, c'est la petite qui joue dans le couloir.

Pendant ce temps, ma mère, paniquée, ramassait à pleines mains la lotte et les pruneaux.

Le plancher était encombré par les jouets de la petite et, dans sa précipitation, elle les remit aussi dans le plat. Des billes, des petites voitures en plastique, des canards ou des poussins en celluloïd. Dieu merci, mon père, qui goûtait sans arrêt sa cuisine pendant la préparation, n'avait plus faim à table, et ne se rendit pas compte que, ce soir-là, sa lotte aux pruneaux était devenue une pochette-surprise.

Le 11 janvier 1964, j'ai épousé Françoise. Elle était enceinte de tellement de mois qu'on ne comptait plus. Il était temps de réparer.

Ce fut un mariage modeste, à la mairie du XVIIe. J'avais invité mes collègues de la radio et ils s'étaient cotisés pour nous offrir un cadeau. Un bar à roulettes d'une laideur exceptionnelle, mais qui avait au moins une qualité : il pouvait vous dégoûter de boire à tout jamais.

Un copain, photographe à *France-Soir*, fit gracieusement des photos de l'événement. Elles étaient nettes, mais on était moches. Françoise avait beaucoup trop de ventre pour une vraie jeune fille et elle portait une étrange choucroute sur la tête, et moi, sans doute pour ne pas dépareiller, je ressemblais à un gros Libanais.

Notre photo de mariage eut une histoire. Quelques semaines plus tard, je traînais dans la salle de rédaction et tombai sur *La Vie du rail*, le mensuel des cheminots. Bien que n'étant pas le cœur de cible du magazine, je me mis, par désœuvrement, à le feuilleter. Et là, j'eus une surprise, j'y trouvai notre photo. Elle illustrait un article qui avait pour titre : « Les ruraux se marient souvent entre eux ».

Le photographe avait rentabilisé notre mariage, tant mieux pour lui, mais ce qui m'étonne, c'est que pour des milliers de cheminots, ce drôle de couple, le gros Libanais et sa choucroute enceinte, ait pu représenter l'avenir de la paysannerie française.

Ne voulant pas imposer à ma grand-mère l'entretien d'un couple, je quittai avec tristesse la rue de Miromesnil, pour vivre avec Françoise dans le deux pièces de ma belle-mère, boulevard Gouvion-Saint-Cyr. Elle nous installa un lit dans le living, et nous cohabitâmes avec elle, le temps de trouver un logement dans mes moyens.

Après le Festival de Cannes, ma deuxième « grande » sortie de journaliste radio fut un voyage de De Gaulle en Champagne-Ardennes. Je garde un très mauvais souvenir de la prostate du Général.

Je n'avais que vingt-trois ans au moment de ce voyage, c'est un peu jeune pour souffrir de la prostate, mais c'est ce qui m'est arrivé par président interposé.

J'étais parti avec Jacques Chapus, grand reporter à la station, pour couvrir cette tournée en province et le problème était que le Général n'avait pas encore été opéré. Je me trouvais dans la vingtième voiture d'un cortège interminable et, à chaque besoin du président, il me fallait bondir de la voiture et sprinter sur une centaine de mètres pour ne pas rater l'attentat. Car c'était ça la hantise de tous les journalistes du cortège : rater la mort en direct du chef de l'État. Dieu merci, rien de tel ne s'est produit, et le Général, qui considérait la France comme son territoire, continua à le marquer toutes les quinze minutes, et moi à cavaler comme un lapin avec un magnéto qui, à l'époque, pesait une tonne.

J'ai bien tenté une fois de couper à travers champ pour économiser mes forces. Ce n'était pas une bonne idée. Je crapahutais dans les hautes herbes pour rejoindre le Général, et il a failli pisser dans mon micro. Je m'étais trop approché sans m'en rendre compte et j'ai tout à coup vu, en contre-plongée, ce géant de près de deux mètres dans la posture du Manneken-Pis.

Ses gorilles ont bondi sur moi et j'ai eu de la chance qu'ils gardent leur sang-froid. Ils m'ont ramené sans ménagement dans le cortège, et je me suis remis à cavaler comme un lapin.

Le Général s'est fait opérer à l'hôpital Cochin quelques mois plus tard. Ses voyages ont dû être beaucoup moins sportifs pour les jeunes reporters qui m'ont succédé.

Autre épisode important de ma vie à Radio Luxembourg : j'ai écrit un spectacle avec Jacques Martin.

Rien ne nous prédisposait à cette collaboration. Il était animateur vedette et moi, petit reporter. C'est à peine s'il me disait bonjour dans les couloirs.

Martin était quelqu'un de très extraverti, il faisait un numéro en permanence, réduisant les autres au rôle de spectateurs.

Un jour où je déjeunais chez Savy, le restaurant en face de la station, il entra dans la salle, tonitruant comme d'habitude, et se mit à nous raconter ses années de pension dans un collège de jésuites.

C'était un numéro inédit, et dans un registre plus dramatique que d'habitude. Il nous avoua qu'enfant il faisait pipi au lit et que les Bons Pères, pour lui faire honte, l'obligeaient à se planter au milieu de la cour de récréation avec ses draps couverts d'urine sur la tête.

Je ne sais pas pourquoi, mais cette histoire m'a énervé. J'étais en train de déjeuner tranquillement, et l'animateur vedette venait pisser dans mon assiette. Je l'ai pris à partie avec une véhémence qui me surprit moi-même, lui disant qu'il nous emmerdait avec ses draps pleins d'urine, qu'il n'avait qu'à se retenir et que les jésuites lui auraient foutu la paix.

Bizarrement, il ne se fâcha pas. Au contraire. Ma réaction parut l'intéresser au point qu'il vint s'asseoir à ma table et se mit à me poser des questions sur ma vie, mes désirs, mes ambitions. À la fin de cet interrogatoire, il me proposa de travailler avec lui.

Il avait promis une comédie musicale au directeur de Bobino (qui faisait à la fois music-hall et théâtre à l'époque), il devait entrer en répétitions trois semaines plus tard, et il n'avait pas écrit une ligne. Il avait besoin d'un coauteur pour s'en sortir, et je lui paraissais être l'homme de la situation.

Je ne parlai même pas de ce projet à mon père. Il croyait m'avoir mis à l'abri d'une carrière littéraire, pourquoi l'inquiéter avec un truc aussi fumeux qu'une comédie musicale écrite à la va-vite avec un animateur radio.

J'allais pourtant retrouver Martin tous les soirs dans son bel appartement de Neuilly et on travaillait à l'œuvre qui devait s'appeler *Petit Patapon.*

Il me recevait pieds nus. J'étais fasciné par ses pieds. De gros pieds de clown qui avaient l'air en caoutchouc. C'est le souvenir le plus marquant que je garde de nos séances de travail. Le reste n'avait pas grand intérêt. J'étais en principe confronté à ma première expérience d'auteur dramatique, mais dans des conditions si désordonnées qu'il ne pouvait rien en sortir de bon.

Martin était un homme de sketches, il ne se préoccupait pas de construction, il fourmillait d'idées, mais je n'avais ni le temps, ni le métier de trier les bonnes des mauvaises, et je nous voyais nous diriger inexorablement vers un spectacle de patronage.

Quand je repense à Martin, c'est avec compassion. Il faisait partie de ces gens qui n'ont pas le succès heureux. Il avait fabuleusement réussi, mais « à côté ». À côté de ses rêves. Il se voulait écrivain, musicien, cinéaste, et il n'était qu'une vedette de télé, la plus grosse des vedettes, gagnant des fortunes, mais se considérant au fond de lui-même comme un raté.

Petit Patapon fut un bide, ça ne m'affecta pas outre mesure. Je n'avais rien pu démontrer dans cette entreprise. Mais je suis reconnaissant à Martin de m'avoir permis d'entrer dans le monde du spectacle. Et de rencontrer ces gens improbables que sont les acteurs.

Un des personnages de la pièce était un lilliputien, un homme minuscule et parfaitement proportionné. Il s'appelait Jimmy Karoubi, mesurait moins d'un mètre et servait de mascotte à Ray Sugar Robinson quand il venait boxer en Europe.

Jimmy était très élégant. Son costume, qui n'avait pas dû demander beaucoup de tissu, tombait très bien, pas de très haut, mais très bien. Son visage menu était barré par une fine moustache, il faisait penser à ces petites voitures de collection qui sont aussi soignées que leur modèle.

Dans la pièce, il tenait le rôle d'un homme qui voulait entrer dans un night-club et deux videurs tentaient de lui en interdire l'accès. Les videurs étaient bien entendu énormes, mais Jimmy ne se laissait pas impressionner et les mettait KO avec aisance. On espérait faire rire les spectateurs avec ça. Ils auraient peut-être ri s'ils étaient venus.

Le plus gros des videurs, un catcheur géant, se prit d'amitié pour Jimmy. Quand ils allaient boire un verre ensemble dans le bistro du coin, les conversations s'arrêtaient.

Jimmy aimait boire mais, en raison de sa taille, il était tout de suite saoul. Une gorgée de bière suffisait. Et il y avait si peu de distance entre sa bouche et sa vessie, qu'à peine avait-il bu, il filait aux toilettes.

Je retrouvai un jour Jimmy et le catcheur dans un bar, nous prîmes place au comptoir et Jimmy commanda un bock. Il y avait une trappe au milieu de la salle. Elle s'ouvrait quand un monte-charge apportait des bouteilles de la cave et un arceau de protection se mettait en place pour éviter les accidents.

Jimmy avala quelques gouttes de bière, s'excusa presque aussitôt d'une voix flûtée et partit vers les toilettes, mais comme il était beaucoup trop petit pour être protégé par l'arceau, il disparut dans la cave. Je lui tournai le dos au moment de la chute. Le catcheur, qui l'avait vu, s'exclama :

— Merde, le nain !

Je me retournai, Jimmy avait disparu, mais je ne compris pas immédiatement pourquoi. Le catcheur enchaîna :

— Il est tombé dans la cave !

Il avait un accent faubourien comme on en entend dans les vieux films, la voix de Carette dans *La Règle du jeu.* J'ai répondu :

— Tu déconnes ou quoi ?

— Pisque j't'ol'dis !

Il se précipita vers la trappe et disparut à son tour. Je n'oublierai jamais sa réapparition. Il portait Jimmy, assommé, dans ses bras et je me suis dit qu'il était difficile d'imaginer plus cinématographique comme scène : cet énorme type émergeant du sous-sol, serrant contre lui un petit bébé moustachu en costume-cravate.

Jimmy n'avait heureusement rien de cassé. On lui fit boire deux gouttes de cognac pour le remonter et il repartit aux toilettes, cette fois en évitant la trappe.

Un soir, je rentre à la maison et Françoise, qui est sur le point d'accoucher, me dit :

— Je ne sens plus le bébé bouger dans mon ventre.

Je ne prends pas ça au sérieux mais lui conseille d'aller voir son médecin le lendemain pour être rassurée.

Le lendemain, elle me téléphone à la radio, en larmes : le bébé est mort. Elle sort de chez le gynécologue, il n'a pas pu lui donner d'explication, l'enfant s'est peut-être étranglé avec le cordon, mais quelle que soit la raison, elle a vécu près de neuf mois de grossesse pour rien, et ce qui devait être un grand moment de joie bascule brutalement dans le drame.

Nous étions un vendredi et, pour ajouter à l'horreur, le gynécologue a dit à Françoise qu'il ne la délivrerait pas avant le lundi. Je ne vois pas plus grande ordure que ce médecin, qui pour profiter de son week-end, condamne une femme à rester près de trois jours avec un petit cadavre dans le ventre.

En larmes moi aussi, je suis allé demander de l'aide à Jammot, le rédacteur en chef. Et là, j'ai pu vérifier la puissance d'un grand média comme Radio Luxembourg. Jammot a téléphoné lui-même au meilleur gynécologue de Paris et il lui a dit que quel que soit son emploi du temps, il lui fallait sur-le-champ accoucher ma femme. Je ne sais pas si le type devait partir en week-end lui aussi, mais il n'en a plus été question après ce coup de téléphone.

On n'a pas trouvé de taxis. On est allés Françoise et moi à l'hôpital en bus. Elle avait l'air d'une petite fille, elle pleurait, elle pleurait, elle pleurait. Les gens dans le bus devaient se demander ce qui pouvait provoquer un tel désespoir chez cette enfant qui portait un enfant. Ce premier bébé était une fille. On l'a enterrée et on en a vite remis un deuxième en route, pour que la vie ne soit pas que triste.

J'ai tout de même fini par être viré de Radio Luxembourg. Je m'y attendais, mais là, ça tombait mal. Françoise était enceinte et, avec mes indemnités, on ne pouvait pas aller bien loin.

Une demi-douzaine de jeunes journalistes se retrouvaient sur le pavé en même temps que moi. Motif : compression de personnel. Et j'ai eu une réaction qui me paraît monstrueuse aujourd'hui, j'ai dit à mes collègues licenciés :

— Vous, c'est normal qu'on vous vire, vous n'avez pas de talent, mais moi, c'est pas normal.

Je ne me souvenais pas de cet épisode, sans doute parce que je n'en étais pas très fier, c'est un des témoins de l'époque qui me l'a rappelé récemment. J'ai du mal à croire que j'aie pu être aussi arrogant. En même temps, je me dis que ce n'est pas impossible. Je traversais un des plus mauvais moments de ma vie et j'en voulais au monde entier de ne pas s'être aperçu que j'avais « de l'or dans les doigts ». D'où cette sortie absurde, face à des malheureux que la vie n'avait pas moins maltraités que moi.

Pour être franc, il y avait tout de même une bonne part de prétention dans mon attitude. Un défaut que les années et la critique se sont chargées de corriger. Aujourd'hui, j'ai des doutes sur tout, sur moi-même et sur mon travail. Françoise dit que je fais de la « dépréciation nerveuse ».

J'avais raté mon coup à la radio, j'espérais avoir plus de chance dans la presse écrite. Je fis la tournée des journaux et des magazines et compris assez vite qu'on n'avait pas un besoin urgent de moi.

Seul *L'Express* m'entrebâilla ses portes. J'écrivis quelques papiers en signant du petit carré noir, la signature des gens sans signature. Je gagnais ainsi un peu d'argent mais pas assez pour m'en sortir.

J'habitais toujours chez ma belle-mère, une gentille femme qui commençait à avoir du mal à cacher qu'elle ne comprenait pas ce que sa fille faisait avec un raté comme moi. Issue d'une famille modeste du Nord, elle préférait les gens qui avaient les pieds sur terre plutôt que la tête dans les étoiles, et il lui fallut des nerfs solides pour me suivre dans cette spéculation insensée : nous sortir de la pauvreté avec mon seul talent de plume.

Jean, mon fils aîné, vint au monde pendant cette période de vaches maigres. L'accouchement se passa bien et Françoise, qui avait vécu dans l'angoisse tout le temps de sa grossesse, put enfin se détendre. Le nouveau-né, bien que prématuré, ne paraissait pas poser de problème. J'étais heureux, nous avions fondé une famille.

J'annonçai la nouvelle à ma mère qui abandonna un instant Franck et sa nuque de coquette pour acheter une bouteille de champagne. Je promis à Françoise de revenir au plus vite et partis voir mes parents. Ils m'accueillirent, bouleversés, le bébé était entre la vie et la mort, il fallait que je retourne de toute urgence à la clinique. Jean souffrait d'une détresse respiratoire aiguë, un problème qui se crée quand le voile hyalin qui recouvre les poumons du fœtus ne s'est pas résorbé à la naissance. La membrane adhère encore aux alvéoles pulmonaires, le sang ne s'oxygène pas et le bébé risque de mourir d'asphyxie.

Pas besoin de décrire l'état dans lequel était Françoise quand j'arrivai à la clinique. Le bébé n'était plus là, il roulait vers l'hôpital Herold qui avait l'équipement nécessaire pour ce genre d'urgence.

Le médecin accoucheur qui accompagnait Jean me dit qu'il l'avait ondoyé dans l'ambulance, le nouveau-né était cyanosé, il ne pouvait pas respirer, ses chances de s'en sortir étaient quasiment nulles.

Mon petit garçon a reçu un baptême sans prêtre dans le vacarme d'une sirène d'ambulance.

On le mit dans une couveuse impressionnante et, quand j'arrivai à l'hôpital, je découvris le bébé branché de tous les côtés, dans le nez, dans la gorge, les tubes et les tuyaux sortaient de partout, Jean ressemblait au Centre Pompidou.

Je ne voulais pas que Françoise voie son enfant dans cet état et, pendant trois semaines, j'ai fait la navette entre l'hôpital et la clinique, puis entre l'hôpital et la maison, m'inquiétant d'un côté, tentant d'être rassurant de l'autre.

Le combat de ce nouveau-né pour s'accrocher à la vie était bouleversant, et l'angoisse de cette petite fille qui était ma femme n'était pas moins bouleversante.

Après trois semaines d'hôpital, Jean surmonta sa détresse respiratoire. Débarrassé de ses tuyaux et de ses tubes, il ne ressemblait plus à une œuvre d'architecture contemporaine et j'ai pu enfin les remettre en présence, Françoise et lui. Je me souviens de son visage quand elle a pris son fils dans ses bras, c'est sûrement un des souvenirs les plus forts de ces Mémoires.

Ma belle-mère ne pouvant pas héberger trois personnes, j'avais loué un petit appartement dans le XVe. Un deux pièces dans un immeuble de la plus mauvaise époque du moderne. Tout était neuf, laid et pauvre. L'architecte n'avait dû avoir que des cubes comme jouets dans son enfance, pour justifier le style de son bâtiment. C'était agressivement géométrique et totalement inhumain. Le genre de construction où on ne connaît personne, mais où on entend tout le monde. Dans ces murs trop minces, j'ai appris les boules Quies.

Mes voisins de palier étaient un jeune couple, sans visage, mais très sonore. Notamment, quand le mari rentrait du bureau, la femme chantait gaiement : « Voilà, voilà, voilà Loulou, voilà, voilà, voilà Loulou ! » L'air était entré à mon insu dans ma tête et un jour je suis parti de chez moi en chantant « Voilà Loulou », au moment où Loulou sortait de l'ascenseur.

Un petit type à moustache, qui est passé très vite de la surprise à la méfiance. Il se posait visiblement un tas de questions, j'ai préféré filer et l'affaire n'a pas eu de suite.

Malgré la médiocrité de l'immeuble, j'étais heureux d'avoir enfin un chez-moi et d'y amener ma femme et mon fils. Mais le voyage a posé un problème. Nous avions une 2 CV que je conduisais rarement, parce que trop distrait pour ne pas être dangereux. Françoise se trouvait devant un vrai dilemme : me confier le volant ou le bébé.

Elle ne voulait pas lâcher son enfant, si petit, si fragile, mais remettre son destin entre les mains d'un chauffard comme moi la terrorisait. Elle décida finalement de me confier le bébé.

Je n'avais jamais tenu un nourrisson dans mes bras, et encore moins un nourrisson tout juste sorti d'un péril mortel. Je le serrais contre moi le plus délicatement possible et j'étais paniqué. Françoise aussi, qui essayait d'avoir à la fois un œil sur la circulation et l'autre sur son enfant.

Et, brusquement, ce petit salaud a eu le hoquet. Je l'injurie, parce que je n'ai jamais eu aussi peur de ma vie. Un hoquet énorme, impensable dans un corps aussi menu. Toute la 2 CV en était secouée. On se serait cru dans un rocking-chair. J'ai demandé à Françoise d'une voix blanche :

— C'est normal ?

Elle m'a répondu d'une voix plus blanche encore :

— Je ne sais pas.

Aujourd'hui, Jean mesure un mètre quatre-vingts et c'est un bel athlète. Mais je suis sûr qu'il n'a jamais réussi à hoqueter aussi puissamment que quand il mesurait cinquante centimètres et pesait trois kilos.

J'avais maintenant une famille à nourrir et il me fallait impérieusement retrouver du travail. Des amis me vinrent en aide. Philippe Labro me présenta à Gilbert de Goldschmidt, un producteur qui préparait un feuilleton télé sur une sorte de SOS Amitié, un numéro d'appel ouvert vingt-quatre heures sur vingt-quatre aux désespérés. Des bénévoles répondaient au téléphone à des dépressifs et tentaient de les réconforter.

Moi qui ne rêvais que de comique, j'étais servi. J'essayai tout de même d'écrire l'histoire la plus pathétique possible et je fus sans doute plus pathétique que l'histoire elle-même puisque la série ne se fit pas. Ça me déprima au point que je faillis appeler les bénévoles pour leur demander de me consoler.

Le seul point positif de cette mésaventure fut ma collaboration avec Édouard Molinaro. Il devait mettre la série en scène et malgré mon échec me garda sa confiance. Nous fîmes par la suite cinq films ensemble, et c'est à lui que je dois ma rencontre avec Alain Poiré, le producteur de Gaumont, qui allait tant compter dans ma carrière.

Je participai ainsi à un certain nombre de feuilletons avortés. Notamment *Plein Sud*, l'histoire de deux camionneurs qui traversent le Sahara. J'écrivis quelques épisodes qui s'ensablèrent dans le désert, mais ces nouveaux ratages m'amenèrent à faire une très belle rencontre, Georges Arnaud, l'auteur du *Salaire de la peur.*

Il était resté en Algérie après la révolution et elle ne lui avait pas gardé une reconnaissance évidente de s'être autant sacrifié pour elle. Il vivotait très chichement avec sa femme et leur petite fille dans une HLM de la banlieue d'Alger, et accepta avec gratitude d'être le conseiller technique du feuilleton.

Je ne m'attarderai pas sur la tristesse de voir ce très grand écrivain réduit à des besognes aussi médiocres, je ne parlerai que du choc que j'ai eu en le rencontrant.

J'étais parti avec Jean-Paul Blondeau, le producteur de la série, et Richard Caron, mon coauteur. En arrivant à l'aéroport, nous découvrîmes un personnage de film d'épouvante. Georges Arnaud était un gigantesque squelette surmonté d'une tignasse d'un roux flamboyant. Et il lui manquait les deux dents de devant.

Je n'exagère rien, il devait mesurer presque deux mètres et peser quarante-cinq kilos. Il faisait vraiment peur. Ajoutons que je me souvenais qu'il avait été accusé dans sa jeunesse d'avoir assassiné à coups de hache une partie de sa famille, et j'en oubliais qu'il avait été acquitté tant je fus impressionné par son apparition.

Il nous adressa un sourire édenté et, dans la seconde, toute l'humanité, toute la tendresse du personnage firent surface. Georges Arnaud était quelqu'un de merveilleux. Nous avons sillonné ensemble le désert en jeep, pendant une semaine, et ces quelques jours passés avec lui ont largement compensé le naufrage du feuilleton.

Jean-Paul Blondeau devint un ami. C'était quelqu'un de bien et je n'ai qu'un reproche à lui faire : comme trop de mes amis, il est mort avant que j'aie quoi que ce soit à lui reprocher.

J'avais connu Richard Caron quand j'étais à Radio Luxembourg. Il était journaliste à Europe 1, la station concurrente, mais nous ne nous faisions pas vraiment concurrence, étant aussi nuls l'un que l'autre. On nous vira d'ailleurs presque en même temps de nos radios respectives.

J'écrivis avec Caron un autre feuilleton télé, *Agence intérim*. Celui-là fut tourné mais avec un résultat si peu probant que nous eûmes honte de le signer. Nous nous cachâmes sous les pseudonymes de Berger et Lamy, pour que cette série ne pèse pas trop sur notre avenir.

Je dois tout de même à *Agence intérim* ma rencontre avec Pierre Richard. Il avait un tout petit rôle dans un des épisodes, il devait descendre un escalier en dansant. Il le fit tellement bien que j'allai le voir pour le féliciter.

J'avais en face de moi un grand blond avec deux chaussures noires et des yeux d'un bleu céleste, et nous n'imaginions ni l'un ni l'autre, à ce moment-là, qu'il serait un jour un de mes Pignon préférés et que nous allions vivre tant d'aventures ensemble.

Je fis aussi quelques sketches pour Guy Bedos et Sophie Daumier, grâce à la recommandation de Jean-Loup Dabadie, mais les miens n'arrivaient pas à la cheville des siens. Si je les mentionne, c'est parce qu'ils furent le point de départ de deux carrières au parallélisme troublant. Jean-Loup se lança dans le théâtre avec *La Famille Écarlate*, j'en fis autant avec *L'Emmerdeur*. Il passa ensuite au cinéma, je ne tardai pas à l'imiter, devenant son principal concurrent.

Nous ne divergeâmes que dans deux domaines, la mise en scène, qu'il refusa d'envisager, et les chansons magnifiques qu'il composa et que j'aurais été bien incapable d'écrire.

Il a accompli le rêve d'une vie en entrant à l'Académie française. Dans le cas, fort improbable, où je l'y rejoindrais, je nous imagine tous les deux en habit vert dans la cour d'honneur, l'épée au côté. Et si j'ai un peu hérité la fibre duelliste de mon grand-père, je l'inviterai à ferrailler avec moi pour mettre fin à ce qui fut une longue et amicale rivalité.

Richard Caron n'insista pas dans le feuilleton télé et se reconvertit dans le roman d'espionnage pour le Fleuve noir, créant un personnage d'agent secret, TTX 75, qui n'atteignit jamais la renommée de ses confrères OSS 117 et 007, mais qui lui permit de survivre. Sa reconversion eut un autre effet, elle m'amena à écrire mon premier « vrai » scénario de cinéma.

Caron avait lu dans le petit journal interne du Fleuve noir, qui offrait des éléments de documentation aux auteurs maison, que certains agents secrets, quand ils partaient en mission, se voyaient affublés d'une fausse famille. Une femme du service, de préférence mère d'un enfant, lui servait de « couverture ».

Je lus l'article à mon tour et nous commençâmes à rêver, Caron et moi, à un personnage, style James Bond, dont le métier serait d'affronter les pires dangers, mais qui aurait en plus sur le dos une emmerdeuse et un enfant insupportable.

Nous n'avions jamais travaillé pour le cinéma, ni lui ni moi, mais il nous parut clair qu'il y avait là un sujet de film. Nous avons écrit un traitement d'une cinquantaine de pages, une façon polie, parce que courte, de présenter l'histoire et, là, nous nous sommes heurtés au premier obstacle des débutants : l'impossibilité d'être lu.

Notre travail traîna pendant des semaines dans des bureaux de production, sans résultat. Las de tirer vainement des sonnettes, nous nous mîmes en quête d'un agent, mais ne représentant rien pour personne, personne ne voulut nous représenter.

Nous finîmes tout de même par trouver une dame qui prit notre destin en main. Elle s'appelait Évangeline, elle était replète et inefficace. On l'imaginait mieux mangeant des pâtisseries dans un salon de thé que discutant un contrat avec un producteur. Elle se faisait fort de trouver un financement et nous balada interminablement, jusqu'au jour où Caron et moi décidâmes de laisser tomber le projet. À l'évidence, le cinéma ne voulait pas de nous, il fallait passer à autre chose.

C'est alors que je reçus un coup de fil d'Édouard Molinaro.

Il devait réaliser un film pour Gaumont et le scénario avait été jugé insuffisant par Alain Poiré. Molinaro, qui avait aimé mon travail sur *SOS Amitié*, parla de moi à Poiré qui accepta de me rencontrer.

C'était un des producteurs les plus influents d'Europe. Il avait eu pour scénaristes Sacha Guitry, Henri Jeanson, Aurenche et Bost, Michel Audiard, et il voulait bien me recevoir. Je n'aurais jamais osé espérer une chose pareille. Pour un jeune auteur inconnu, rencontrer Alain Poiré c'était rencontrer Dieu le Père. J'ai rencontré Dieu le Père et il m'a volé deux mille francs.

Notre entretien fut bref. Poiré me dit qu'à part la recommandation de Molinaro, il ne savait rien de moi et il me demanda de récrire les deux premières scènes du scénario pour me tester. Son directeur de production, Robert Sussfeld, assistait à la réunion, il prit la parole pour dire que, toute peine méritant salaire, on me donnerait deux mille francs à la remise de mon travail.

Je rentrai chez moi décidé à leur faire une démonstration éclatante. Je voulais leur donner ce qu'ils avaient lu de mieux dans leur vie, mais qui veut faire le mieux fait le pire, c'est peut-être pour ça qu'après réception de mes deux scènes ils m'ont laissé sans nouvelles pendant des semaines.

J'appelais tous les jours Mlle Albrecht, la secrétaire-cerbère d'Alain Poiré, et tous les jours, j'avais droit à la même réponse : « M. Poiré n'est pas là. » Rien de plus difficile pour un auteur que de n'avoir aucun retour sur un travail dans lequel il a mis tout son cœur. Finalement, j'eus un appel de Robert Sussfeld, qui demanda à me voir.

Il me reçut dans son bureau et me fit un numéro indigne. Poiré n'avait pas aimé ma réécriture, et comme mon travail ne valait pas à ses yeux deux mille francs, il pensait que mille devraient me suffire. Je ne sais toujours pas pourquoi Sussfeld a cru bon d'ajouter : « Ce n'est pas parce qu'on ne vous a pas signé de lettre-accord que nous prenons cette position. »

Il se foutait visiblement de moi et j'ai eu la réaction qu'il espérait, je lui ai suggéré un endroit où mettre ses mille francs. Quand j'ai quitté son bureau, il avait l'expression satisfaite du comptable qui vient de faire des économies sur le dos d'un crétin.

Je n'ai gardé aucune rancune envers Poiré et Sussfeld. Ils n'avaient fait que jouer le jeu du cinéma, un jeu dur, méprisant avec les petits et obséquieux avec les vedettes. Mes deux mille francs escamotés me sont apparus comme un rituel d'initiation, ils m'ont appris qu'il peut arriver à un producteur de tenir parole, mais qu'il vaut mieux avoir une lettre-accord.

Bizarrement, malgré toutes ces déconvenues, j'avais de plus en plus envie d'écrire. Caron me demanda s'il pouvait se servir de notre sujet pour en faire un roman, j'acceptai bien sûr, et me retrouvai tout seul devant un avenir de plus en plus incertain.

Écrire, mais écrire quoi ? La télé, j'avais déjà donné, le cinéma aussi, et je ne me voyais pas suivre l'exemple de ma mère. Je décidai alors d'essayer le théâtre. Il s'agirait bien sûr d'une comédie. Je ne savais pas où je mettais les pieds. S'il est admis que c'est le genre le plus difficile, c'est aussi le moins respecté. Cet excès de sévérité pour les spectacles dits « légers » me semble tenir au fait qu'il y a des gens qui, sortis du sérieux, ne trouvent plus leurs repères. S'il existe des peine-à-jouir, eux sont des peine-à-rire. Ce n'est pas leur faute, ils sont nés comme ça. En me lançant dans la comédie, je devais vite me rendre compte que, pour certains, le sens de l'humour était un sens interdit.

Je m'orientai néanmoins vers le rire, mais il y avait un préalable, qui m'obséderait pendant quarante ans : trouver un sujet.

L'actualité vint à mon secours, m'offrant mon premier argument de pièce sur un plateau. Un fait divers faisait beaucoup de bruit à l'époque : l'enlèvement de la femme de Marcel Dassault. Les ravisseurs demandaient à l'avionneur milliardaire une énorme rançon, et je me dis qu'il y avait peut-être là matière à comédie.

Kidnapper un enfant, c'est monstrueux.

Enlever une femme à son mari, c'est imprudent.

Combien de maris refuseraient de payer la rançon ? Et combien seraient même prêts à verser de l'argent pour qu'on ne leur rende pas leur femme ?

J'avais trouvé le point de départ de ma première pièce : *L'Enlèvement*, il ne me restait plus qu'à l'écrire.

Un monde de solitude et d'obsession s'ouvrait devant moi. Solitude devant la page blanche ou l'écran de l'ordinateur, obsession quand on a passé la journée avec ses personnages et qu'ils viennent vous relancer dans vos rêves, la nuit.

J'ai passé six mois sur *L'Enlèvement* et j'ai compris ma douleur. C'était la première fois que je travaillais vraiment. Tout ce que j'avais entrepris auparavant faisait figure de grandes vacances.

Je ne connaissais rien au théâtre et je me suis vite trouvé confronté au problème le plus torturant de la dramaturgie : la construction. Construire une pièce ou un film, c'est tenter de tracer une route dans un paysage qui n'existe pas encore. Sans cette route, les personnages ne savent pas où ils vont, la pièce n'est plus alors qu'une suite de scènes plus ou moins bien venues, mais sans aucune montée dramatique. Elle devient épisodique.

C'est ce qui m'est arrivé. J'ai bien tenté d'aller jusqu'au bout de ma construction, mais j'ai craqué en chemin. C'était un effort trop abstrait.

J'ai alors commis une erreur que font souvent les jeunes auteurs : commencer à écrire sans avoir fini de construire. J'espérais qu'en faisant vivre mes héros dans les premières scènes, ils me donneraient un coup de main par la suite.

J'ai dû déchanter. Ils se turent brutalement là où s'arrêtait la construction. J'eus même l'impression qu'ils me regardaient ironiquement tandis que je cherchais à prolonger la route qui leur redonnerait la parole.

L'autre inconvénient de cette écriture prématurée, c'est de vous amener à faire du perfectionnisme sur des scènes qui n'auront plus leur place dans la version définitive. J'ai perdu beaucoup de temps et d'énergie à écrire et récrire ces scènes qui ont tristement fini au panier.

Tristan Bernard disait : « Dans toutes les pièces de débutant, il n'y a qu'un premier acte. » *L'Enlèvement* en est une belle illustration. Je ne le savais pas en terminant la pièce. J'étais tellement heureux d'être arrivé au bout que j'avais perdu tout sens critique. J'étais sûr d'avoir écrit un chef-d'œuvre, et c'est plein d'enthousiasme que j'ai téléphoné à mon père pour lui dire que je lui avais désobéi.

— Papa, j'ai écrit une pièce de théâtre.

Il y a eu un assez long silence au bout du fil et il m'a répondu d'une voix calme et avec tout l'optimisme qui le caractérisait :

— Si tu veux avoir une chance qu'on te lise, mets un chèque dans le manuscrit.

Je n'avais pas de chèque parce que la banque m'avait repris mon carnet, mais j'ai tout de même appelé un certain nombre de producteurs. L'un d'eux a accepté de me recevoir.

J'ai d'abord vu le sommet de son crâne, le reste était caché par l'Himalaya de manuscrits qui s'entassaient sur son bureau. Il a pris ma pièce, l'a jetée au sommet de la pile et j'ai pensé que je serais bien vieux avant d'avoir de ses nouvelles.

C'était un petit homme simiesque, qui zozotait et qui se mettait tout le temps en colère. Il ressemblait à un ouistiti furieux. Il m'a demandé, menaçant : « Pourquoi vous voulez faire du théâtre ? » Je lui ai répondu : « Parce qu'il y a très peu de jeunes auteurs dramatiques. » Il m'a dit : « F'est pas con, ça, f'est pas con » et il m'a congédié d'un « On vous rappellera » où il n'y avait pas la place de zozoter.

Je n'étais pas optimiste en rentrant à la maison. Je voyais ce tas de manuscrits, sans doute truffés de chèques, s'amoncelant sur le bureau, et ma pauvre petite pièce perdue tout en haut de la pile.

Françoise m'attendait à la porte :

– Il a téléphoné.

– Qui ça ?

– Le producteur, il a téléphoné, il faut que tu le rappelles.

J'ai dû avoir l'air ahuri, elle m'a tendu le téléphone.

– Dépêche-toi, c'est urgent.

J'ai rappelé, il a zozoté :

– Je monte votre pièfe à Édouard-Fept en feptembre.

Les bonnes nouvelles ont la même brutalité que les mauvaises. Je suis resté sans voix, il a ajouté : « On commenfe les répétitions en août », et il a raccroché.

J'ai su par la suite pourquoi il m'avait lu aussi vite : il s'ennuyait entre deux rendez-vous, il avait pris la pièce au sommet de la pile et s'était mis à la feuilleter. Le premier acte l'a fait rire, et il s'est fait avoir. Il n'a pas vu que la deuxième partie foutait le camp. Moi non plus, d'ailleurs. Ce n'est que plus tard que nous nous en sommes tristement rendu compte, et lui, et moi.

Fou de joie, j'ai appelé mon père pour lui annoncer la bonne nouvelle :

– Papa, je suis joué à Édouard-VII en septembre !

Mon père m'a répondu :

– C'est un mauvais théâtre.

J'ai d'abord été choqué par cette réponse, et puis j'ai fait la part des choses. Ce vieil homme en pyjama qui rêvait d'un fils médecin ou pétrolier, et qui le voyait s'embarquer dans ce qu'il jugeait être une galère, ne pouvait pas réagir autrement. Ajoutons qu'il avait raison, Édouard-VII n'était pas un théâtre facile, parce que tout en longueur, ce qui obligeait les acteurs à porter la voix au maximum.

Mais, bon ou mauvais théâtre, la pièce a failli ne jamais être représentée. Une semaine avant le début des représentations, Marcel Dassault m'a assigné en référé. Le milliardaire n'admettait pas que le rapt de sa femme pût donner lieu à une comédie et demandait au tribunal d'interdire *L'Enlèvement.*

Un référé, c'est une catastrophe pour un spectacle, parce que la décision de justice est applicable immédiatement. Pas question de lever le rideau le jour dit, et tout l'argent dépensé pour la promotion est perdu.

Marcel Dassault avait choisi deux avocats très grands. Peut-être par la renommée, mais surtout par la taille. Je ne sais pas où il avait déniché ces deux géants, mais ils m'impressionnaient beaucoup quand ils fonçaient sur moi avec leurs longues robes noires comme deux énormes corbeaux. Je me sentais tout petit en face d'eux et ils me parlaient comme à un délinquant juvénile.

Le juge lut ma pièce et estima qu'elle ne pouvait pas faire de mal à une femme de milliardaire. Et Marcel Dassault fut débouté.

Mon père n'est pas venu à la générale de *L'Enlèvement.* Un deuxième infarctus l'a emporté quelques jours avant les débuts de la pièce. Je m'étais fait une fête de le voir quitter son pyjama pour venir s'asseoir dans la salle et assister à mes premiers pas d'auteur. Je suis sûr qu'il m'aurait dit : « Ta deuxième partie fout le camp. » Mais quoi qu'il ait pu me dire de désagréable, je me serais senti mieux si je l'avais eu, ce soir-là, près de moi.

La toute première représentation, la couturière, fut un triomphe.

La deuxième, la générale, fut glaciale.

À la couturière, on invite les copains. Je n'en avais pas beaucoup dans la salle, parce que je n'en ai jamais eu beaucoup dans la vie, mais les copains des autres, à la fin de la pièce, se sont mis à crier : « L'auteur ! L'auteur ! » et je me suis retrouvé sur scène, face à un public debout et « en délire ».

À la générale, il y a moins de copains, et plus de critiques. Au vu de ce qui s'était passé la veille, je n'avais plus aucune inquiétude, c'était gagné.

Il n'y a pas eu trois coups, ce soir-là, mais quatre, si je compte celui que j'ai pris sur la tête. Je suis ressorti du théâtre KO. Ça n'avait pas fonctionné du tout. Je guettais les rires et ils ne venaient pas ; quand le rideau s'est baissé, il y a eu quelques applaudissements polis et personne ne m'a appelé sur scène.

Le producteur, qui était aux anges la veille, a commencé à me regarder avec les yeux du turfiste qui découvre que le cheval sur lequel il a misé est un tocard. Il a tout de même réussi à zozoter quelques paroles de réconfort et je suis rentré chez moi en me disant que tout n'était peut-être pas perdu.

Le lendemain, j'étais dans mon bain quand Françoise m'apporta ma première critique. Elle était signée de Jean

Dutourd, dans *Le Monde.* J'ai failli me noyer en la lisant. Elle disait en substance : « M. Veber a écrit une gentille petite pièce, plutôt rigolote, mais qui n'a qu'un seul défaut, c'est qu'il ne s'y passe rien. »

J'étais assassiné dans ma baignoire, comme Marat, par Jean Dutourd-Charlotte Corday. C'était mon premier coup de poignard de la critique. J'en recevrais beaucoup d'autres.

Je continuais malgré tout à espérer. Je ne pouvais pas croire que je m'étais donné tant de mal pour rien. Malheureusement, de jour en jour, je dus me rendre à l'évidence : le public ne voulait pas de moi.

La vie d'un auteur de bides est finalement assez convenue. Il y a le coup de téléphone quotidien à la caissière du théâtre pour savoir où en est la recette et la caissière qui répond : « C'est mou. » Il y a le producteur qui s'est arrêté de zozoter parce qu'il ne vous parle plus. Il y a enfin les confrères qui viennent proposer leurs manuscrits à vos acteurs parce qu'ils savent qu'ils seront disponibles à la fin du mois syndical – les trente représentations imposées à un théâtre avant de lâcher une pièce.

La vie d'un auteur, même quand il ne fait pas de bide, présuppose une exposition qu'on trouve dans peu d'autres métiers. Un chirurgien qui fait une vilaine cicatrice ne risque pas d'avoir une mauvaise critique dans *Le Figaro.* Un architecte ne se fera pas agresser dans la rue par des inconnus qui lui reprocheront le style de ses immeubles.

Un auteur, en revanche, est toujours en danger. Je dînais un soir au restaurant avec mon oncle, Serge Veber, écrivain lui aussi, et deux types, à la table voisine, parlaient spectacle. L'un d'eux a dit à l'autre : « J'ai vu une merde, hier soir, mais alors une merde ! » Il s'agissait de ma pièce.

J'ai dû accuser le coup, mon oncle, un vieux routier de l'écriture, a souri :

— T'inquiète pas, t'en verras d'autres.

J'en ai effectivement vu beaucoup d'autres.

Je me souviens plus particulièrement d'une attaque qui eut lieu à l'occasion d'un reportage de *Paris Match* sur les numéros 1 de l'année. J'avais été en tête du box-office avec *Le Dîner de cons* et je me retrouvai en compagnie des « champions » d'autres spécialités dans une magnifique salle de billard de la place Clichy.

Le photographe avait choisi ce décor pour nous mettre en scène, et il me cadra avec Philippe Stark, le décorateur de renommée internationale. Au premier abord, je trouvai plutôt sympathique ce garçon replet, à la barbe soigneusement mal rasée, mais je sentis de sa part une antipathie immédiate. Sans doute aurait-il préféré être seul sur la photo, et je pense qu'il avait raison, son ego aurait largement suffi à remplir le cadre.

Il s'est tourné vers moi et m'a dit :

— Je n'ai pas aimé *Le Dîner de cons.*

J'ai été pris de court. Un auteur ne sait jamais comment réagir dans ces cas-là. Il a ajouté :

— J'ai trouvé ça méchant, ça ne m'a pas fait rire du tout.

J'ai souri, l'air vague, et je m'en veux beaucoup. J'aurais dû lui répondre : « Philippe, je n'aime pas la décoration de vos hôtels, surtout celui de Miami, où j'ai passé une nuit dans une chambre totalement blanche avec comme seule hardiesse, comme seule note de couleur, une pomme verte posée sur un présentoir accroché au mur. Vous n'avez pas ri au *Dîner de cons,* je trouve votre travail à chier, nous sommes à égalité, et maintenant, sourions au photographe. »

Il n'y a heureusement pas que des mauvais coups dans ce métier, il y a aussi des coups de chance et je pense que ce qui m'est arrivé sur *L'Enlèvement* tient du miracle. La pièce était à l'agonie, je songeais sérieusement à changer de métier quand Max Favalelli est entré dans ma vie. Il présentait chaque semaine une émission sur le théâtre, appelée avec à-propos « Les Trois Coups », réunissant les critiques dramatiques les plus influents, qui choisissaient une pièce et la disséquaient pendant une heure.

Pourquoi avoir choisi la mienne, qui était moribonde, je l'ignore, et c'est sans illusion que j'ai regardé l'émission.

Et là, surprise, Jean-Jacques Gautier, le pape des critiques de l'époque, s'est mis à dire du bien de *L'Enlèvement*. Mais oui, au moment où j'allais suivre les conseils de mon père et travailler dans le pétrole, pas comme ingénieur, éventuellement comme pompiste, Jean-Jacques Gautier disait à des millions de gens : « Il y a un jeune auteur que je vous conseille de découvrir, Francis Veber, qui apporte un sang nouveau au théâtre de boulevard, etc. »

Moi qui commençais – comme tous les auteurs – à critiquer les critiques, c'est un critique qui me sauvait la mise. Un critique qui avait la générosité de ne pas s'attarder sur mon deuxième acte raté pour ne parler que du potentiel qu'il pressentait en moi.

Le lendemain, la caissière n'a pas répondu son éternel : « C'est mou. » La recette avait fait un bond spectaculaire, on en était à un tiers de salle, et le vendredi suivant, on était complet.

L'Enlèvement a tenu six mois, un résultat inespéré après des débuts aussi navrants. C'était un demi-succès, mais je ne m'en étonnais pas parce que je n'avais réussi qu'une demi-pièce. Un demi-succès auquel je dois le démarrage de ma carrière.

Pour la première fois, un agent sérieux s'intéressa à moi. Jean-Louis Livi, qui faisait partie d'Artmedia, la plus importante agence artistique française, me proposa de me représenter.

Quand je l'ai rencontré, c'était un jeune homme qui avait beaucoup d'ambitions et encore des cheveux. Il a gardé ses ambitions. Elles l'ont hissé d'abord à la tête d'Artmedia, puis amené, après avoir vendu l'agence à Bertrand de Labbey, à devenir producteur de théâtre et de cinéma.

C'était un bon agent, qui est devenu un bon producteur, mais ce qui m'a le plus épaté dans sa carrière, c'est qu'il ait voulu écrire. Deux pièces de théâtre, où il a vécu, comme les auteurs qu'il avait représentés, la douleur de la création et le chagrin d'être éreinté. Il m'a alors fait penser à un impresario de toreros qui aurait le courage de revêtir l'habit de lumière et de descendre dans l'arène avec la muleta et l'épée.

C'est son successeur, Bertrand de Labbey, qui me représente aujourd'hui et c'est un agent atypique. Il parvient à être à la fois un dominant et un diplomate, ce qui demande une vraie flexibilité. Confronté la plupart du temps à des caractériels à ego encombrant, acteurs, auteurs, metteurs en scène, il s'applique à leur témoigner une certaine froideur, inhabituelle dans le showbiz, qui cache sa férocité naturelle derrière trop de bisous. Bertrand de Labbey est un grand agent. Il a compris qu'un dresseur de singes n'a pas à se déguiser en singe pour obtenir de meilleurs résultats.

L'Enlèvement s'était arrêté début avril, et comme j'avais pris goût au théâtre, je me suis mis à chercher un autre sujet de pièce. J'ai pu vérifier une nouvelle fois à quel point l'immersion dans l'imaginaire vous éloigne de la réalité.

Après le mois d'avril vint le mois de mai, ça n'étonnera personne, je suppose, mais c'était un mois de mai particulier, auquel il faut ajouter le chiffre 68, pour qu'il prenne sa dimension historique.

Je suis complètement passé à côté de Mai 68. Je vivais cloîtré chez moi, tentant de construire *L'Emmerdeur*, pendant que des jeunes gens et des CRS échangeaient des pavés contre des gaz lacrymogènes.

Il peut paraître étrange de rater un événement pareil parce qu'on focalise sur cette bulle de savon qu'est une pièce de boulevard. Eh bien, non, il n'y a rien d'étrange, quand on sait que ce n'est pas la légèreté de l'œuvre qui compte, mais l'obsession qu'on y apporte. Qu'on écrive *La Critique de la raison pure* ou *On purge bébé*, on peut oublier le monde extérieur avec la même violence.

Si, historiquement, le mois de mai fut le moment le plus marquant de l'année 68, il fut moins important pour moi que le mois de juillet, date de la naissance de Gilles, mon deuxième fils.

Cette fois, pas besoin de couveuse, ni de baptême en catastrophe dans une ambulance, tout se passa bien, et nous quittâmes « Voilà, voilà, voilà Loulou » pour nous installer dans le XVIe, rue du Général-Delestraint, dans un appartement qui offrait une pièce supplémentaire et des murs moins minces. Je me remis au travail avec plus d'urgence encore, maintenant que j'avais une famille presque nombreuse à nourrir.

C'est dans *L'Emmerdeur* que j'ai rencontré pour la première fois Pignon.

Pourquoi ai-je choisi de l'appeler François Pignon, je l'ignore. Et pourquoi me suis-je attaché à ce nom au point de le faire porter par sept comédiens différents, je n'ai pas d'explication non plus. Toujours est-il que Pignon, personnage imaginaire et composite, a tenu plus de place dans ma vie que la plupart des gens « réels » que j'ai pu rencontrer.

Ce premier contact avec Pignon a tourné court. J'avais à peine commencé à construire *L'Emmerdeur* que je reçus un appel de Robert Amon.

Robert Amon, dit Bob, était producteur et me proposait de tirer un film de *L'Enlèvement.* Moi qui n'attendais plus grand-chose du cinéma, je le voyais ressurgir dans ma vie, à l'occasion d'une pièce que je savais bancale.

Le projet de Bob me rappela une histoire que racontait Tristan Bernard. « Un directeur de théâtre m'a demandé d'écrire une pièce en une semaine, j'ai écrit la pièce en sept jours, on l'a répétée sept jours, et la pièce a duré sept jours. »

Bob Amon n'a pas fait mieux. Il a choisi comme réalisateur Pierre Mondy, qui faisait là sa première mise en scène de cinéma, il m'a confié l'écriture du film, c'était là ma première adaptation. Et nous avons fait là notre premier bide.

Quand on tombe de cheval, on garde un souvenir mitigé des gens qui vous ont mis le pied à l'étrier. Je garde de Bob Amon, avec qui j'ai tout de même fait trois films, un souvenir très mitigé.

Bob était un homme d'une soixantaine d'années, qui avait dû être séduisant avant de rencontrer le whisky et le tabac. Il avait encore du charme. Un charme de vendeur. C'est d'ailleurs comme ça qu'il avait commencé sa carrière, vendeur de films à l'étranger, et il devait sûrement être très performant. Ajoutons que cet ancien séducteur était aussi un champion de poker, autant de raisons de se méfier quand on était en affaire avec lui.

Au début, il m'amusait. Juif originaire de Turquie, il s'était appliqué à acquérir un côté vieille France un peu parodique, tout en ronds de jambe, baise-main et phrases alambiquées.

Il m'appelait « Bonhomme », et j'étais toujours surpris par son dialogue de nouveau riche du vocabulaire : « Allô Bonhomme, j'aimerais que tu me fasses un film pour les fêtes carillonnées. » Ça me laissait rêveur, cette commande de scénario sur fond de cloches. Comme me laissaient rêveur ces tirades où Bob enfilait avec volupté des expressions désuètes : « Tu comprends, Bonhomme, il ne faut pas confondre tour et alentour, ne nous mettons pas martel en tête, c'est à la fin du marché qu'on compte les bouses, etc. »

Oui, au début, il m'amusait, et puis j'ai découvert un autre aspect du personnage. Après l'échec de *L'Enlèvement*, qu'il avait rebaptisé *Appelez-moi Mathilde*, il m'a chassé de sa vie avec une dureté exemplaire.

Il s'était montré tellement onctueux pendant la période où il espérait faire un succès que j'avais cru à une amitié sincère. Mais à l'annonce des premiers chiffres, je n'existais plus. Bob me l'a fait comprendre en un seul mot.

Je l'ai appelé quelques jours après la sortie du film :

— Allô, Bob, je te dérange ?

Il m'a répondu d'une voix glaciale :

— Oui.

Bob Amon m'avait donné là un cours accéléré de showbiz, un monde où les sentiments dépendent du box-office, où plus que partout ailleurs la confraternité est une haine vigilante, et où les producteurs n'aiment pas les auteurs, qu'ils considèrent comme des traits d'union caractériels entre leurs profits et eux-mêmes.

J'avais écrit un synopsis de *L'Emmerdeur* que Bob avait optionné pendant le tournage d'*Appelez-moi Mathilde*, du temps de notre lune de miel. Je compris à quel point j'étais devenu un pestiféré quand, lui proposant de me mettre à l'écriture du scénario, il me répondit qu'il ne croyait plus en moi, et que *L'Emmerdeur* n'était pas un assez bon sujet pour devenir un film.

L'échec d'*Appelez-moi Mathilde* m'a valu un purgatoire de trois ans. Je n'avais pas d'autre ressource que de revenir au théâtre, où je retrouvai François Pignon. Pendant les six premiers mois que dura l'écriture de *L'Emmerdeur*, je n'imaginais pas que j'étais en train d'établir les bases d'un personnage qui allait m'accompagner pendant toute ma carrière.

Qu'il fût suicidaire dans *L'Emmerdeur*, malchanceux dans *La Chèvre* ou con dans *Le Dîner*, c'était toujours le même petit homme dans la foule, plongé dans une situation qui le dépassait et dont il parvenait à se sortir en toute inconscience.

En écrivant ces lignes, je me rends compte que j'ai connu un autre personnage qui n'avait pas bougé à travers les années : Franck.

Qu'il fût chirurgien, châtelain ou pilote de course, le beau héros de ma mère était toujours le même homme. Ce rapprochement possible entre Franck et Pignon m'intrigue. Ma mère m'aurait-elle légué à mon insu son goût pour un personnage récurrent ? Pignon serait-il, d'une certaine manière, le fils de Franck ?

Notons tout de même une différence dans le processus de création : ma mère avait eu une aventure amoureuse avec Franck, moi, j'ai catégoriquement refusé de coucher avec Pierre Richard, Jacques Villeret, Daniel Auteuil, Gad Elmaleh et les autres. Et pourtant, ils ont insisté.

Plus sérieusement, je voudrais parler maintenant de ma ressemblance avec Pignon. Comme lui, j'ai été précipité dans une aventure qui m'a toujours dépassé. Si je n'avais pas été chassé de Radio Luxembourg, je serais devenu d'abord un vieux journaliste, puis un journaliste à la retraite. Je doute que j'aurais eu le courage d'écrire une première pièce en ayant un travail à plein temps.

Je suis arrivé dans le showbiz comme Pignon dans la banque des *Fugitifs*. J'étais aussi maladroit que lui et, comme lui, j'ai été entraîné dans des situations imprévues. Dans mon cas, ce fut le théâtre, le scénario, la mise en scène, l'Amérique, autant d'épisodes que j'ai traversés sans avoir jamais l'impression de tenir le volant de ma vie dans mes mains.

L'Emmerdeur fut monté au Théâtre du Gymnase sous le titre *Le Contrat.* Ce n'est qu'au moment de l'adaptation pour le cinéma que fut trouvé le titre définitif. Le rôle de Pignon avait été confié à Jean Le Poulain et celui du tueur à Raymond Gérôme, deux comédiens qui avaient fait leurs preuves, mais pas du tout dans le même registre.

Le Poulain était un acteur d'excès, plus près du burlesque que de la comédie traditionnelle. Il préférait les grimaces aux situations et ne reculait devant rien pour aller pêcher les rires.

Raymond Gérôme arrivait du théâtre intellodramatique. Il avait sûrement du talent, mais pas dans la comédie. Il était grand, gros et raffiné, et aurait fait un très bon baron de Charlus dans *À la recherche du temps perdu.* D'origine belge, très snob, pratiquant un humour méchant qui se voulait anglo-saxon, il me faisait penser à un mélange d'Oscar Wilde et de waterzoï.

Le choix de ces deux acteurs par Marie Bell, la directrice du théâtre, aurait dû m'inquiéter.

Mais je ne voulais pas y penser. Je vivais les meilleurs moments d'une vie d'auteur dramatique, les répétitions, ces quelques semaines où les acteurs entrent dans vos personnages et où le fait que le théâtre soit vide n'a rien de déprimant.

Pendant que je profitais de ces instants où tous les espoirs sont permis, ma mère, qui avait été détruite par la disparition de mon frère en Algérie et qui n'avait, elle, plus aucun espoir dans la vie, se laissait mourir d'anorexie mentale.

Elle avait quitté le vieil appartement d'Auteuil, trop grand pour elle, et s'était installée dans un studio minuscule à Boulogne. La salle de bains était si exiguë qu'elle ne pouvait accueillir qu'une baignoire-sabot, comme celle où Marat eut de l'hygiène pour la dernière fois. Ma mère, devenue squelettique, habitait cet endroit bien triste, au rez-de-chaussée d'un vieil immeuble, et quand j'allais lui rendre visite j'avais du mal à passer de la gaieté artificielle des feux de la rampe à la semi-obscurité d'une antichambre de la mort.

Elle, que j'avais connue si jolie, pesait maintenant vingt-sept kilos. Cela faisait des années qu'elle s'affamait volontairement et, me souvenant de ce que j'avais appris en médecine sur l'anorexie, j'avais tenté de la prévenir : « Maman, tu vas commencer à consommer tes propres sucres, puis tes graisses, et quand ton organisme s'attaquera à tes protéines, tu vas mourir. On te retrouvera morte sur le plancher. »

Elle faisait semblant de m'écouter, mais elle ne m'entendait pas. Je lui disais aussi que les aliments contenant quatre-vingts pour cent d'eau, sa mort pourrait être due à la déshydratation. Elle approuvait de la tête, avec ce regard rusé des psychotiques qui abritent leur délire derrière un rideau de fer que personne ne peut franchir.

Le problème de l'anorexie, c'est que le malade fait une démonstration à son entourage. Pas consciemment, mais il a besoin d'un public pour aller plus loin dans sa folie. Aussi tous les psychiatres consultés me conseillèrent-ils de la faire hospitaliser, mais c'est atroce pour un fils de prendre la décision de faire interner sa mère.

Je n'ai pas pu faire mieux que la convaincre d'aller en clinique où un personnel spécialisé tenterait de l'amener à s'alimenter normalement. C'est au cours de ces séjours que j'ai pu constater la difficulté du combat contre l'anorexie. Le malade ment. Il ment sans arrêt. Il fait semblant de manger, mais met au point tous les stratagèmes possibles pour recracher la nourriture. Au point que les cuvettes des toilettes sont équipées d'un grillage qui empêche ce qui a été régurgité de passer.

Pathétiques mensonges. Quand l'infirmière venait la peser le matin, ma mère cachait sous sa chemise de nuit une Madone en plâtre, pour faire croire qu'elle avait grossi. Les quelques grammes de la Vierge Marie n'ajoutaient pas grand-chose au poids dérisoire de ma pauvre maman qui continuait à ruser pour aller le plus légèrement possible vers sa mort.

Quand elle revenait chez elle, elle reprenait son régime drastique qui avait tout exclu sauf le café au lait avec une tartine de pain beurré. Je ne sais pas ce qu'elle faisait toute la journée, dans son réduit aux murs tapissés de dizaines de rouleaux de papier hygiénique, preuve supplémentaire de sa volonté de vider son corps de tout ce qui pouvait l'embarrasser. Quand arrivait le soir, elle prenait un somnifère et elle m'appelait.

J'avais passé l'après-midi au théâtre où mes deux acteurs gay, Raymond Gérôme et Jean Le Poulain, tentaient de s'installer dans *L'Emmerdeur* en dérivant sans s'en rendre compte de plus en plus vers *La Cage aux folles*.

Ça me tracassait et j'avais donc la tête ailleurs quand le téléphone sonnait et que j'entendais la voix de ma mère qui me ramenait dans une inquiétude beaucoup plus lancinante.

À cette époque, les somnifères étaient des barbituriques. Du lourd. L'endormissement frôlait à chaque fois la tentative de suicide. Ma mère abusait de ces produits qui avaient entre autres caractéristiques le fait qu'ils provoquaient une excitation qui pouvait durer une demi-heure avant de vous faire sombrer dans le sommeil. C'est à ce moment-là qu'elle m'appelait.

J'étais ailleurs. J'étais dans la vie. Et cette voix, à la fois éteinte et énervée, me dérangeait. C'est un mot affreux à employer quand c'est votre mère qui, cherchant désespérément un contact, vous demande de la suivre dans un bavardage déconnecté, avant que les barbituriques ne l'assomment. Je ne voulais pas comprendre cette détresse à l'époque, elle me sortait de ma quiétude familiale, alors j'ai fait quelque chose d'horrible, quelque chose qui est un des plus grands remords de ma vie.

Je lui ai dit : « Maman, écoute, je sais pourquoi tu m'appelles, tu es dans ta période d'excitation des barbituriques, entre veille et sommeil, et tu te rabats sur moi, sois gentille, ne me téléphone pas systématiquement tous les soirs. »

Sale con. Pauvre con. Quand on l'a retrouvée dans le coma sur son plancher, comme je l'avais prédit, j'ai eu brusquement un poids sur la conscience, un poids que je porte toujours. Ma pauvre petite maman squelettique à qui je n'ai pas voulu faire l'aumône de quelques mots au téléphone. Comme j'aimerais remonter le temps et lui parler tous les soirs, le plus possible, en attendant qu'elle s'endorme.

Elle est morte deux jours plus tard à l'hôpital, la veille de la générale de *L'Emmerdeur*.

Je note au passage que mon père était mort peu de temps avant la création de *L'Enlèvement*. Si je me suis arrêté d'écrire pour le théâtre pendant vingt-quatre ans, c'est peut-être par peur de décimer toute ma famille.

La vérité, c'est que j'ai abandonné la scène à cause de Jean Le Poulain et Raymond Gérôme. Le Poulain n'avait aucune sincérité dans le personnage de Pignon, et Gérôme était difficilement crédible en tueur. J'ai vu ma pièce se dégrader au fil des représentations et il y avait là de quoi me traumatiser pour longtemps.

Le premier incident eut lieu à cause d'une réplique. Dans une scène où Pignon, qui était représentant en chemises, voulait offrir un de ses modèles au tueur. Il devait lui demander : « Qu'est-ce que vous faites comme tour de cou ? »

Au fur et à mesure des répétitions, je voyais la langue de Le Poulain commencer à fourcher dangereusement. Le tour de cou devenait trou du cou, et il me paraissait évident qu'on s'acheminait vers quelque chose de plus grave.

J'ai proposé à Le Poulain de remplacer « tour de cou » par « encolure », mais il m'a rassuré : « Enfin coco, poussin, lapin (il parlait comme ça), je suis un grand professionnel, moi, t'as rien à craindre ! »

Les trois premières représentations se sont bien passées. Les tours de cou sortaient sans problème. Mais à la quatrième, Le Poulain a demandé à Gérôme, d'une voix nette et claire : « Qu'est-ce que vous faites comme trou du cul ? » Gérôme a tourné le dos au public pour cacher son fou rire, mais on voyait ses épaules tressauter convulsivement. Il a fallu baisser le rideau.

J'encaissai sans trop de mal cet incident, car il n'était pas volontaire. Je souffris beaucoup plus de ceux qui suivirent parce qu'ils étaient dus à une profonde mésentente entre les acteurs.

Ils faisaient semblant de s'adorer en coulisse et se « tiraient des bourres » impitoyables en scène. Rien de plus facile que de déconcentrer un partenaire au théâtre, il suffit par exemple de regarder ailleurs quand il s'adresse à vous ou alors de changer les places assignées par la mise en scène, ça déconcentre bien, ça aussi.

Je me demandais ce qui pouvait bien pousser deux acteurs à se comporter de manière aussi suicidaire. La raison la plus évidente est qu'ils n'auraient pas dû jouer ensemble, le fait d'y être obligés les amenant immanquablement à la haine, donc à la destruction du spectacle.

Je me souviens qu'un soir Le Poulain est entré dans la loge de Gérôme, s'exclamant :

— Oh coco, poussin, lapin, j'ai un de ces mal de crâne !

Gérôme, « compatissant », lui a offert un alka-seltzer.

Le Poulain a avalé le liquide effervescent, il est entré en scène et a roté jusqu'au troisième balcon. Un rot énorme, comme amplifié par une chambre d'écho. Et Gérôme, au lieu d'enchaîner, a dit d'une petite voix pincée :

— Eh bien, rotez-moi dans la gueule pendant que vous y êtes.

Ce n'était pas exactement mon dialogue.

Voilà ce que j'ai vécu pendant près de six mois. On appelle ça du spectacle vivant. Je le trouvais un peu trop vivant à mon goût. Pour m'achever, Raymond Gérôme m'a dit un soir, à la fin d'une représentation : « C'est la première fois que je joue dans une merde pareille ! »

Il ne savait pas que la pièce ferait le tour du monde, puis donnerait un film triomphal, puis un remake par Billy Wilder, puis une reprise qui tiendrait deux ans au Théâtre de la Porte Saint-Martin.

Après *Le Contrat*, j'ai connu d'autres moments bien difficiles. Pas sur le plan professionnel, cette fois, mais dans ma vie privée.

Apparemment pourtant, tout allait bien pour nous. La pièce m'avait rapporté en argent et en notoriété, j'avais loué un appartement confortable près du bois de Boulogne, nos enfants étaient beaux et bien portants, nous n'avions aucune raison de nous plaindre. C'est dans ce contexte de réussite que nous avons connu, Françoise et moi, la plus grave crise de notre couple.

Je serais tenté de justifier ici mon comportement vis à-vis d'elle par le tourbillon où m'avait entraîné mon début de succès, mais ce n'est pas la vraie raison. Le mal était déjà là avant.

Ce qui peut arriver de pire à une femme, c'est d'épouser un célibataire qui le reste après le mariage. Quand nous sommes sortis de la mairie, Françoise et moi, j'ai retiré mon alliance, bien décidé à faire comme si de rien n'était.

Il faut dire que j'avais de qui tenir. Tous les boulevardiers de ma famille qui, de génération en génération, avaient traité au théâtre l'adultère avec tant de légèreté, et dans la vie, quitté leur femme pour partir avec une maîtresse, m'avaient peut-être influencé dans ma façon de considérer les liens sacrés du mariage. En clair, Françoise s'était mariée avec un petit sauteur et j'avais épousé une femme que je ne méritais pas.

Circonstance aggravante, mon hérédité arménienne, c'est-à-dire orientale. Je n'aurais pas toléré un écart de sa part, alors que j'en faisais tellement de mon côté. J'étais pendant les premières années de notre union un mélange de Feydeau et d'ayatollah. Ce n'est pas la définition du mari idéal.

J'ai même osé lui dire un jour : « Si tu me trompes, je te quitte. » C'est la dernière chose à dire à une femme. Françoise, qui souffrait en silence de mes infidélités, s'est chargée de me le démontrer.

Quand je sortais le soir, elle m'attendait sagement à la maison. Je rentrais à des heures impossibles et elle ne me faisait aucun reproche, jusqu'au jour où elle m'a annoncé qu'elle était invitée à une soirée. Je n'ai pas posé de questions, j'avais moi-même des projets. Elle est revenue tard dans la nuit et a recommencé la semaine suivante. Moi, dans le même temps, j'avais couché avec trois filles et j'ai tout de même fini par me demander si le divorce ne serait pas la meilleure solution.

Cette nuit-là, je suis rentré comme d'habitude vers trois, quatre heures du matin. Elle dormait. Je me suis assis au bord du lit et je l'ai regardée. Elle paraissait si abandonnée, si fragile. Elle s'est réveillée et je lui ai dit :

— Tu sais, j'ai réfléchi, je crois qu'il faut qu'on se quitte.

Elle m'écoutait en silence, je lui ai raconté avec précision ce qu'elle soupçonnait déjà. Elle était toujours silencieuse et j'ai répété :

— Tu ne penses pas qu'il vaut mieux qu'on se sépare ?

Elle a simplement fait oui de la tête, et là, j'ai posé la question qui allait bouleverser ma vie. Je l'ai posée avec détachement, parce que je n'avais aucune inquiétude sur la réponse : « Et toi, ces deux soirées où tu es sortie toute seule, est-ce que tu m'as trompé ? » Elle a hésité un peu, elle a dit « oui », et le ciel m'est tombé sur la tête.

Elle avait rencontré un type qui n'avait eu aucun mal à la séduire. Des femmes comme elles, si mal traitées par leur mari, sont du pain bénit pour les dragueurs. Elle avait couché avec lui, et moi qui venais de lui proposer de nous séparer, moi qui avais passé mon temps à la trahir, je ressentais une douleur incroyable en l'imaginant dans les bras d'un autre.

Le petit sauteur est devenu brusquement un Othello de banlieue. Pendant des mois je l'ai harcelée de questions sur sa pauvre expérience amoureuse. « Est-ce qu'il t'a bien baisée ? Est-ce que tu as joui ? Comment était son sexe ? »

Je la malmenais, et j'ai eu de la chance qu'elle ne me quitte pas. Je ne savais pas à l'époque que la différence entre les hommes et les femmes, c'est que les hommes claquent des portes et que les femmes s'en vont. Et quand les hommes claquent des portes, c'est le plus souvent sur leurs propres doigts.

Elle n'est pas partie. Elle a répondu à mes questions crasseuses avec réticence, désolée de me voir souffrir autant. J'ai fait le plus minable des parcours dans la jalousie et j'ai découvert à quel point j'aimais ma femme. Cette histoire aurait pu nous séparer, nous sommes toujours ensemble aujourd'hui.

Je ne pensais plus du tout au cinéma quand il vint me relancer d'une manière totalement inattendue. Alain Poiré était intéressé par *La Couverture.*

J'avais complètement enterré cet espion qui partait en mission avec une fausse famille. Richard Caron, mon coauteur, en avait tiré un roman pour le Fleuve noir, et cette histoire revenait dans ma vie comme un vieux boomerang.

Georges Lautner avait lu le livre et proposé à Poiré d'en faire un film.

Je me retrouvai face à Alain Poiré, dans ses bureaux de la Gaumont. J'avais gardé un mauvais souvenir de notre première entrevue, la deuxième se passa beaucoup mieux. Le Poiré méprisant, qui avait économisé deux mille francs sur mon dos, s'était transformé en un homme charmant, attentif et drôle.

J'ai tout de suite été séduit par son rire. Un rire facile qui encourageait un humour facile, un rêve pour un comique. Je devais me rendre compte plus tard que ce rire était dangereux, parce qu'il avait l'air idiot. Il pouvait faire passer Alain Poiré pour un benêt, alors qu'il était exceptionnellement intelligent.

Physiquement, il n'était pas passé loin de la beauté, des cheveux drus et un visage aux traits presque réguliers.

Mais peut-on demander à un producteur d'être totalement régulier ?

Il me dit que *La Couverture* (qui changerait de titre au cinéma pour devenir *Il était une fois un flic*) l'intéressait, qu'il était prêt à m'en confier l'adaptation, et me demanda d'aller proposer le sujet à Lino Ventura.

Je compris mal cette démarche. Pourquoi moi et pas Lautner, qui connaissait bien Ventura pour l'avoir dirigé dans des films comme *Les Tontons flingueurs* ou *Ne nous fâchons pas* ? Poiré me répondit que Lautner était en tournage, et que l'auteur était la personne la mieux placée pour vendre son sujet.

Le jour dit, je me présentai chez Ventura, parc de Montretout, très intimidé à l'idée de rencontrer une star.

Il m'accueillit dans sa cave. Ou plus exactement dans l'entresol de sa maison où il avait installé son bureau. Il se leva pour m'accueillir et j'eus soudain devant moi non plus un homme, mais plusieurs films. Du *Rouge est mis* aux *Tontons flingueurs*, tous les personnages qu'il avait incarnés se télescopaient sous mes yeux. Je n'étais plus un visiteur mais un spectateur.

J'ai eu le même sentiment quelques années plus tard à Los Angeles. Je préparais le remake des *Fugitifs* et nous avions rendez-vous avec Harrison Ford à l'hôtel Bel-Air, un des palaces de la ville.

Harrison Ford avait manifesté de l'intérêt pour le rôle tenu par Depardieu dans l'original, d'où ce déjeuner, organisé par ma productrice américaine.

Il avait un peu de retard. Nous l'attendions, attablés dans la grande salle à manger, quand il y eut brusquement un changement palpable d'atmosphère dans la pièce. Indiana Jones venait de faire son apparition.

Il portait avec élégance une veste de tweed et un jean, et je regrettai qu'il ait laissé son chapeau et son fouet au vestiaire. Il a traversé la salle d'une démarche un peu cassée par un mal de dos chronique, et ce n'est pas un homme mais une page du cinéma qui s'est installée à notre table.

Lino Ventura s'est rassis derrière son bureau et m'a lancé son fameux regard glaçant qui terrorisait les scénaristes et les metteurs en scène. Il a réussi son coup, j'étais terrorisé. Puis il m'a demandé avec cette voix sans timbre qui impressionnait tant les flics et les voyous dans ses films :

— Qu'est-ce que je peux faire pour vous ?

C'était plutôt gentil comme accueil et j'ai repris un peu d'assurance. Je me suis mis à lui raconter avec toute la conviction dont j'étais capable mon histoire d'agent secret et il a explosé brusquement.

— On va m'emmerder longtemps avec ce rossignol !

Il a dû voir à mon air hébété que je ne comprenais rien à sa réaction et s'est calmé pour m'expliquer qu'on lui avait déjà proposé le sujet. Lautner, sans me le dire, était venu le voir avec Audiard pour lui vendre l'idée et il l'avait refusée. Et Gaumont, qui ne prenait apparemment pas « non » pour une réponse, m'avait envoyé tenter le coup à mon tour.

J'étais visiblement si embarrassé que ça a fini par l'amuser et qu'il m'a regardé avec un peu plus d'intérêt. Il s'est mis à me poser des questions sur moi, mon passé, mes ambitions, je lui ai répondu que je ne rêvais que d'une chose, c'était de travailler pour lui et que s'il avait un peu de temps à perdre il pourrait lire *Le Contrat*, ma dernière pièce de théâtre, et juger ma façon d'écrire. Il a accepté d'un air distrait et j'ai quitté l'antre du fauve.

Une fois dans la rue, je me suis dit que c'était complètement idiot de demander à un acteur aussi sollicité de lire une pièce qui n'avait fait qu'un demi-succès et qui n'intéressait plus personne. Je suis tout de même allé déposer la pièce dans sa boîte aux lettres et suis rentré chez moi sans illusion.

Le lendemain, coup de téléphone, et la célèbre et terrorisante voix sans timbre qui m'annonce :

— Ça, je veux bien le jouer.

Ça, c'était le rôle du tueur dans *L'Emmerdeur* ! J'étais allé démarcher pour *Il était une fois un flic*, et j'avais miraculeusement vendu un autre film !

J'avais maintenant des comptes à régler avec deux producteurs. Poiré, qui m'avait envoyé au casse-pipe chez Ventura, et Bob Amon, qui prétendait que *L'Emmerdeur* n'était pas un bon sujet de film.

Je commençai par Amon et m'y pris très mal. Je lui dis que Ventura était intéressé par le rôle du tueur dans *L'Emmerdeur.* Cette fois-ci, il ne me répondit pas que je le dérangeais. Je lui apportais une star sur un plateau et le film qu'il jugeait infaisable devenait pour lui une affaire en or.

Bob avait une façon de travailler bien particulière. Il descendait deux étages. Ses bureaux étaient au cinquième, ceux d'Ariane Films au troisième. Ariane était la compagnie de deux grands producteurs, Sanya Mnouchkine et Georges Dancigers. À côté d'eux, Bob était un petit poisson. Quand il avait un projet trop gros pour lui, il le leur confiait et prenait une commission. Il n'eut qu'à mettre son doigt sur le bouton de l'ascenseur pour gagner vingt-cinq pour cent des recettes de *L'Emmerdeur.*

Oui, je m'y suis mal pris avec Bob Amon. Il ne méritait pas un tel cadeau. J'aurais dû lui dire : « Bob, j'ai une grosse vedette pour *L'Emmerdeur*, qu'est-ce que tu me donnes comme pourcentage ? » Je suis sûr que je serais ressorti de son bureau avec un très beau contrat.

Mais je ne savais pas faire ces choses-là. Et je ne sais toujours pas. Et ça ne m'attriste pas. Une de mes rares fiertés dans la vie, c'est de ne pas être trop malin.

Je n'avais toujours pas compris pourquoi Poiré m'avait envoyé chez Lino. Je l'appelai pour lui demander des explications et tombai sur quelqu'un de furieux.

– Venez me voir tout de suite, j'ai à vous parler.

Je le retrouvai dans son bureau et il m'attaqua d'emblée :

– Je vous envoie chez Lino démarcher un film, et vous lui en fourguez un autre !

Je me suis fâché à mon tour :

– Vous m'envoyez démarcher un film sur une terre déjà brûlée par Lautner et Audiard !

La colère de Poiré a monté d'un cran :

– Je vous prends rendez-vous avec Ventura et vous travaillez pour Bob Amon, c'est inadmissible ! Vous allez me livrer mon scénario dans les plus brefs délais, ou vous ne travaillerez jamais plus pour la Gaumont.

Brusquement, j'en ai eu marre des producteurs. Bob avec son pouce en or sur le bouton de l'ascenseur et Poiré avec son autocratie méprisante. J'ai répondu :

– Eh bien, tant pis, je ne travaillerai jamais pour la Gaumont, au revoir, monsieur Poiré.

Je suis reparti vers la porte et il a éclaté de rire. De ce rire simplet qui faisait oublier à quel point il pouvait être impitoyable.

– Je plaisantais, vous écrirez les deux films et je suis sûr que vous ferez ça très bien.

Ce jour-là, j'ai découvert la double personnalité d'Alain Poiré. Il pouvait être un tueur en affaires, et charmant dans la vie. Une dichotomie qu'on trouve fréquemment chez les Américains, mais que j'ai rarement vue poussée à ce point chez un Français. Poiré pouvait vous poignarder au moment de la signature d'un contrat, et quand il retirait sa casquette de producteur, vous prendre dans ses bras avec tendresse.

Il y avait du Mister Hyde chez le docteur Poiré, mais il reste tout de même l'un des hommes qui a le plus compté dans ma vie, tant sur le plan amical que professionnel.

Je dois à Bob Amon, qui était redevenu mon « ami » depuis que je lui avais offert Ventura, un des moments mémorables de ma vie. Il m'appelle un jour :

— Je dîne avec des amis chez Marlene Dietrich, est-ce que ça t'amuserait de venir avec nous ?

Elle habitait un bel appartement de l'avenue Montaigne. Nous étions sept sur le palier à attendre qu'elle nous ouvre, Bob et sa femme Michèle, Claude Chabrol et Stéphane Audran, Claude Jaeger, un producteur, et sa petite amie, et enfin moi.

Marlene est apparue à la porte, elle devait avoir au moins soixante-douze ans à l'époque, elle portait une tenue de camionneur, pantalon et blouson en jean, et elle paraissait facilement vingt ans de moins.

En voyant notre petit groupe, son visage s'est fermé. J'entendis pour la première fois sa voix en direct, mais je n'y retrouvai pas la sensualité qu'elle avait dans ses films. Elle nous dit avec une froideur toute prussienne :

— J'attendais six personnes.

C'était moi la septième, je me suis confondu en excuses et j'ai fait demi-tour vers l'ascenseur, mais elle m'a arrêté avec la même autorité glacée : « Non, restez ! » et elle s'est effacée pour nous laisser entrer.

Chez Marlene, on dînait dans l'antichambre, les pièces de séjour étant encombrées par des pianos. C'était son salaire quand elle allait faire des récitals en Allemagne de l'Est, dont la monnaie était inexportable. Elle se faisait alors payer en Bösendorfer, des pianos à queue qui valaient une fortune.

La table était dressée pour sept personnes, Marlene incluse, si bien que quand tout le monde fut assis, elle resta debout. Tout le monde se releva, confus, mais elle reprit sa voix de Kapo : « Asseyez-vous ! » Tout le monde se rassit et elle ajouta : « Je ne m'installe jamais à table, je fais le service » et elle disparut dans la cuisine.

Marlene était une très bonne cuisinière, dont les spécialités étaient le bœuf à la ficelle et les écrevisses à la nage. Et elle avait effectivement l'habitude de passer plus de temps aux fourneaux qu'avec ses invités. On était néanmoins tous gênés en début de repas. Et puis, peu à peu, le vin aidant, nous avons pris l'habitude d'avoir l'Ange bleu comme bonne. Elle nous servait, l'air revêche, et après avoir tenté quelques amabilités qui la laissèrent de glace, nous nous contentâmes de dire : « Encore un peu de pain, Marlene » ou « On a fini la bouteille, Marlene ».

À la fin du repas, un léger sentiment de honte s'installa pendant qu'elle faisait la vaisselle. Les femmes avaient proposé de l'aider, sans succès. Bob se tourna alors vers moi, qui étais le seul qu'elle n'ait pas envoyé sur les roses :

– Va lui dire quelque chose de gentil, bonhomme.

Je suis entré dans la cuisine, elle s'est tournée vers moi, et je lui ai dit :

– Marlene, je ne savais pas que vous pouviez être aussi simple et aussi adorable.

Et brusquement, son visage s'est éclairé. Elle a reperdu vingt ans et elle m'a pris la main. Nous sommes revenus dans l'antichambre comme deux amoureux, main dans la main, sous le regard surpris des invités.

La soirée s'est poursuivie dans le salon. Nous étions coincés, elle et moi, entre deux Bösendorfer, toujours main dans la main, et je me disais : « C'est fou, ce qui m'arrive, je suis marié, elle a quarante ans de plus que moi, nos parents ne seront jamais d'accord. »

Avant de nous quitter, elle m'a demandé mon numéro de téléphone, d'une voix qui avait retrouvé toute sa sensualité, et je suis reparti chez moi en me demandant ce que j'allais bien pouvoir faire d'un Ange bleu dans ma vie.

Le lendemain, je suis allé courir au Bois, et à mon retour, la dame qui gardait les enfants et qui avait à peu près le même âge que Marlene, m'a annoncé, les yeux pleins d'étoiles :

– Mme Dietrich a téléphoné, elle demande que vous la rappeliez d'urgence.

J'ai rappelé et elle m'a dit : « Quand puis-je vous voir ? » J'ai répondu : « Samedi. » Sa voix s'est durcie. « Jamais un homme ne m'a répondu samedi, je veux vous voir tout de suite. »

Je devais dîner avec Alain Poiré et j'ai tenté d'expliquer à Marlene que je n'étais pas libre, mais elle m'a coupé : « Mon astrologue part demain pour New York et je veux qu'il fasse votre thème astral, venez seulement une heure. Je vous attends. » Et elle a raccroché.

Je suis arrivé chez elle, il n'y avait pas d'astrologue. Elle avait débouché une bouteille de champagne et sur la table m'attendait un superbe briquet en or, le genre de cadeau qu'on fait à un gigolo. J'ai eu peur qu'il y ait malentendu et je lui ai dit :

– Je ne peux pas accepter ce briquet, Marlene, je vais le laisser ici, ça me permettra de revenir vous voir pour fumer une cigarette avec vous.

Elle a souri et m'a montré le canapé :

– Asseyez-vous.

Elle est venue s'asseoir près de moi. Elle m'avait servi une énorme quantité de champagne dans un verre de la taille d'un bocal à poissons rouges et je ne savais plus très bien où j'en étais.

C'est un sentiment étrange pour un homme de sentir que les rôles sont inversés. J'étais installé sur un divan aux côtés d'une séductrice légendaire, et je serrais les genoux comme une jeune fille qui craint pour sa vertu. J'ai dit qu'il fallait que je file retrouver Alain Poiré et elle n'a pas cherché à me retenir, elle savait qu'elle me reverrait.

Nous nous sommes revus, pendant plusieurs semaines. Je faisais en sorte de ne pas aller chez elle, mais de la rencontrer en terrain neutre, à déjeuner ou à dîner. Et je passais des moments fascinants à l'écouter. Je ne vois personne parmi les gens que j'ai connus qui ait eu une vie aussi riche. Moi dont le métier était d'imaginer, je trouvais inimaginables les aventures qu'elle avait vécues.

Comme cette fois où elle était partie pendant la guerre donner un récital dans une base américaine en Alaska. Au moment de l'atterrissage, les vitres du cockpit s'étaient mises à givrer, le pilote ne voyait plus la piste. Il annonça qu'il ne pouvait pas se poser et les passagers, tous des militaires de haut grade, s'agenouillèrent, terrorisés, dans l'allée centrale pour prier :

– Moi, je n'avais pas peur, parce que mon astrologue m'avait prédit que tout se passerait bien, me dit Marlene.

Et elle ajouta :

– J'ai les cheveux très fins et je voyage toujours avec mon séchoir, je l'ai sorti de mon sac, j'ai bousculé les militaires et je suis allée dans le cockpit. J'ai branché mon séchoir et envoyé de l'air chaud sur la vitre. Un tout petit trou est apparu peu à peu dans le givre. Le pilote a entrevu la piste et il s'est posé en catastrophe.

Une cinquantaine d'officiers supérieurs de l'armée américaine ont eu la vie sauve parce qu'une Allemande qui n'aimait pas Hitler avait les cheveux fragiles.

Voilà le genre d'histoires que me racontait Marlene Dietrich et, dans ces moments-là, je ne regrettais pas de ne pas avoir une femme plus jeune en face de moi. Elle, en revanche, aurait donné son âme en échange de quelques années de moins.

J'imagine qu'elle devait passer plusieurs heures dans sa salle de bains avant de me retrouver pour m'offrir des flashes de beauté de plus en plus brefs. Et l'homme jeune que j'étais trouvait déchirant le désarroi de cette femme qui ne supportait pas de perdre sa séduction.

Quand elle était amoureuse, elle ne correspondait plus du tout à son image de femme fatale. Elle devenait exagérément serviable, voire soumise. Jean Gabin, qui avait eu une longue liaison avec elle, racontait qu'elle ne désirait rien de plus que d'éplucher ses patates et lui laver ses chaussettes. « Je pensais avoir l'Ange bleu dans mes bras et j'avais en fait une gentille fille très popote que j'appelais Titine. »

J'ai pu constater cette gentillesse un jour où je devais déjeuner avec elle et où j'ai dû la décommander. Je travaillais à l'adaptation d'une pièce anglaise pour le Théâtre de la Madeleine et j'avais pris du retard. Marlene me proposa aussitôt de m'aider : « Si vous voulez, je peux traduire la pièce, je suis parfaitement bilingue. » J'ai répondu que j'avais déjà une traduction. Elle m'a alors offert de taper mon texte à la machine : « Venez, vous verrez, je tape très bien, je vous attends. » Marlene Dietrich, dactylo. Les mythes peuvent vous réserver bien des surprises.

Un soir, je l'ai amenée chez Guy Béart, qui produisait alors une émission de télé très populaire, « Bienvenue ». Elle avait dû passer un temps fou dans sa salle de bains, elle était très belle. Je me suis éloigné vers le buffet pour lui chercher à boire et une jolie jeune fille s'est approchée de moi. Elle suivait des cours de comédie, elle savait que j'écrivais pour le théâtre, on s'est mis à bavarder et mon regard a croisé celui de Marlene. Le regard furieux d'une adolescente qui voit son petit ami flirter avec une autre fille. À ce moment-là, la femme fatale, qui rendait fou le professeur Unrat des dizaines d'années auparavant, avait quatorze ans.

Nous sommes passés à table et Guy Béart s'est mis à l'entreprendre. Il voulait l'inviter dans son émission. Elle refusait, il insistait, elle refusait, il insistait encore. Elle a fini par lui dire :

– D'accord, je passerai dans votre show si vous me payez deux millions de dollars.

Béart a failli avoir une attaque :

– Mais enfin, Marlene, c'est la télévision française, on ne peut pas payer des prix pareils.

Elle s'est penchée vers lui et lui a dit à voix basse :

– Quand je fais un récital et que je suis vieille pour deux mille personnes, je prends cinq mille dollars. Mais si je dois être vieille, un soir, pour dix millions de téléspectateurs, c'est beaucoup plus cher.

Béart n'a plus insisté.

J'ai raccompagné Marlene dans son bel immeuble de l'avenue Montaigne. Le grand hall était plongé dans une semi-pénombre, nous nous sommes dirigés vers l'ascenseur, elle s'est tournée vers moi, son visage était noyé dans une obscurité bienveillante et elle m'a demandé de cette voix à vous donner des frissons :

– Vous venez boire un dernier verre, Francis ?

La soirée chez Béart avait été bien arrosée, je ne savais plus très bien où j'en étais, et je me suis dit : « Pourquoi pas ? »

Je distinguais son corps mince, éclairé seulement par les lumières de la rue et les traits de son visage étaient comme tramés par un chef opérateur génial. Oui, pourquoi pas ? L'ascenseur est arrivé et brusquement une autre lumière, crue, blafarde celle-là, nous a inondés. C'était un des résidents de l'immeuble qui descendait promener son chien et avait déclenché la minuterie.

Il était trop tard pour Marlene. Son maquillage s'était craquelé et elle semblait sortie tout droit du *Bal des vampires*. Ce qu'elle a lu dans mes yeux l'a rendue très triste et elle m'a dit tout doucement :

– Au revoir, Francis.

Je n'ai plus jamais revu Marlene Dietrich.

La perspective d'écrire pour Lino Ventura m'excitait beaucoup, mais il n'était pas libre et, en attendant qu'il finisse son tournage, je m'attelai à l'histoire de mon agent secret et de sa fausse famille.

Je me retrouvai devant ma table de travail, face à mon pire ennemi : le bruit. Mes deux garçons étaient très jeunes, donc très sonores, ils cavalaient comme des fous dans l'appartement, Françoise faisait son possible pour les calmer, mais c'était trop tard, j'aurais dû utiliser des préservatifs.

Je me sauvai à la campagne pour trouver le calme. À peine m'étais-je mis à écrire qu'un type surgit dans le jardin d'à côté. Le salaud, l'ordure, le fumier avait un motoculteur. Je peux paraître un peu véhément, mais quand vous êtes dans une scène et que votre héros ne trouve plus ses mots parce qu'un salaud, une ordure, un fumier, l'interrompt avec son motoculteur, vous vous prenez à rêver d'un fusil pour arrêter le cauchemar.

Je suis revenu à Paris et j'ai pris l'habitude de travailler la nuit. Les enfants dormaient, j'étais tranquille. Peut-être trop tranquille, parce que je m'endormais moi aussi.

J'ai tout essayé pour me tenir éveillé, café, cigarettes, alcool, mais sans succès. Je finis par trouver un moyen efficace : le jogging.

Les enfants qui s'agitent avant qu'on les mette au lit ont du mal à trouver le sommeil. Il en est de même pour un scénariste qui court trois, quatre kilomètres en pleine nuit.

Je courais au Bois. Les travestis me regardaient passer, surpris. Ce malade mental qui surgissait des fourrés à pas d'heure et en survêtement avait, même pour les plus blasés, quelque chose de pervers.

Ils ne savaient pas que je courais derrière l'inspiration. Ils ne savaient pas non plus que moi aussi j'avais rendez-vous avec un homme, François Pignon, qui attendait dans mon bureau que je lui redonne la parole.

Je traversais la luxure du bois de Boulogne en petites foulées, la tête ailleurs. J'ai dû en interrompre, des pipes.

Quand les enfants partaient en vacances, je pouvais travailler dans la journée, donc courir sans traumatiser les travelos.

Un après-midi d'hiver, j'ai vu arriver un clochard frigorifié. Un tout petit bonhomme barbu, avec du papier journal sous ses guenilles pour le protéger contre le vent glacial. C'était triste, et je suis allé lui dire :

— Bougez pas, j'ai quelque chose pour vous.

Je suis remonté à toute vitesse chez moi et j'ai pris dans la penderie un beau manteau en cuir doublé de fourrure synthétique. Je suis redescendu au Bois, le clochard m'avait attendu, je lui ai donné le vêtement.

Il a eu l'air tellement surpris qu'il ne m'a même pas remercié. Il a enfilé le manteau et s'est sauvé sans un mot.

Le lendemain, il n'avait plus de manteau, mais un œil au beurre noir.

J'aurais dû penser que, dans la jungle où il vivait, il n'avait pas les épaules assez larges pour porter un vêtement pareil.

Cette histoire me fait penser à Andrzej, mon traducteur polonais.

Difficile d'imaginer plus aristocratique, plus raffiné que cet homme qui avait adapté *L'Emmerdeur* pour la Pologne. Nous nous sommes rencontrés lors d'un de ses passages en France et nous nous sommes liés d'amitié.

Ce passionné de théâtre avait par malchance un rideau de trop dans sa vie, le rideau de fer.

Quand il sortait de son pays, il n'avait droit qu'à dix dollars pour le voyage, ce qui revenait à dire qu'on le condamnait à la mendicité.

Il avait heureusement beaucoup de relations en France et pouvait compter sur leur générosité pour survivre et faire sa moisson d'œuvres à adapter.

Je le reçus un jour chez moi et fus navré de voir à quel point sa distinction naturelle était abîmée par la pauvreté de ses vêtements. Nous faisions par chance la même taille et la même pointure et je pus offrir à Andrzej un de mes costumes, plus un manteau qui lui allait à la perfection, et des chaussures qui paraissaient faites sur mesure.

Andrzej avait maintenant l'air d'un prince et quand il repassa la frontière, on le mit en taule.

Les douaniers s'étaient sans doute demandé comment il avait pu se payer des vêtements pareils avec ses dix dollars. De là à penser qu'il était un trafiquant ou un agent secret, il n'y avait qu'un pas et Andrzej passa plusieurs semaines en prison.

Entre mon clochard et son œil au beurre noir et mon ami polonais dans un cul-de-basse-fosse, je pouvais trouver matière à méditer sur les dangers de la générosité.

Ma pièce ayant eu beaucoup de succès en Pologne, des milliards de zlotys m'attendaient là-bas. Ce qui ne représentait rien du tout en France où on ne changeait pas les zlotys. La seule façon de ne pas perdre mes droits d'auteur était d'aller faire des achats à Varsovie.

Mais il n'y avait pas grand-chose à acheter là-bas, à part de la vodka, des peaux de loup et de la peinture primitive.

Je me voyais mal ivre de vodka, vêtu d'un manteau de loup, en train de décorer mon petit appartement avec des toiles de primitifs polonais. J'ai finalement préféré aller au consulat de Pologne pour signer un papier autorisant mon ami Andrzej à récupérer tous mes zlotys. Ça a amélioré sa vie à sa sortie de prison, je lui devais bien ça.

J'ai mis plusieurs mois pour écrire la première mouture de *Il était une fois un flic* et j'étais assez content du travail que je rendis à Alain Poiré.

Il trouva ça nul.

Ça m'a déprimé, mais pas longtemps. C'était mon premier scénario original, rien d'étonnant à ce que je manque de technique. Et surtout, je ne serais pas seul pour la réécriture, j'allais bénéficier de l'aide d'un vrai professionnel, Georges Lautner.

Le vrai professionnel est arrivé le jour dit, on s'est assis face à face, je m'attendais à un ping-pong passionnant avec un expert, ça ne s'est pas exactement passé comme ça.

Lautner était un compagnon de travail délicieux. Mais il ne travaillait pas. Du moins au niveau de l'écriture. Le film ne commençait à l'intéresser qu'au tournage. Et encore. En fait, il ne se sentait vraiment bien qu'au montage et au mixage, ces havres de paix où il n'y avait plus d'auteurs pour vous prendre la tête, ni d'acteurs pour vous empoisonner la vie.

Billy Wilder a dit un jour : « S'il y a tant de films ratés, ce n'est pas parce que le réalisateur couche avec l'actrice principale, mais parce qu'il se prend pour un scénariste. »

Lautner ne se prenait pas pour un scénariste. D'ailleurs, il ne s'en cachait pas. Je me souviens du récit qu'il m'a fait d'une séance de travail avec son aréopage habituel, Audiard, Auguste Lebreton, Albert Simonin ou Jean-Marie Poiré. Ils se trouvaient devant un problème de construction et tout le monde affichait le même air de concentration intense. Et Lautner m'a dit qu'il avait regardé ses scénaristes et pensé : « S'ils ont tous la tête aussi vide que moi, on en a pour trois ans. »

J'enviais Lautner. Il avait vécu une époque heureuse de cinéma, le temps où les rapports entre producteurs et réalisateurs avaient un côté dessin animé, genre Titi et Grosminet. Le réalisateur, Titi, promettait un film au producteur, Grosminet. Titi et ses écrivains se faisaient alors payer un séjour dans une auberge de choix, La Colombe d'Or à Saint-Paul-de-Vence ou La Ferme Saint-Siméon à Honfleur, et les journées se passaient à gueuletonner, jouer aux boules ou aux cartes, et éventuellement travailler un peu au scénario dans les temps morts.

Parfois Grosminet arrivait sur la pointe des pieds pour tenter de les surprendre, mais Titi et son équipe avaient des sentinelles et savaient escamoter à temps les accessoires ludiques pour se précipiter dans le « pensoir » où le scénario était censé s'écrire. Et le plus étonnant, c'est que beaucoup de bons films se sont faits dans ces conditions-là.

J'étais nettement moins détendu que les partenaires habituels de Lautner, et je sentais qu'en face de moi il s'ennuyait. Un jour, il m'a confié : « Avec Audiard, on rigolait, toi, tu me prends la tête. »

J'ai été abasourdi par cette déclaration. Si je lui prenais la tête, c'était dans le but de faire le meilleur film possible. Lui tournait pour s'amuser, moi, j'écrivais pour amuser les autres. Je me rappelle qu'il me regardait me convulser sur mon texte, d'un œil qui se fermait de temps en temps (je devais découvrir qu'il avait le sommeil facile) et j'avais l'impression d'accoucher en face d'une sage-femme en grève.

Au bout d'une semaine d'efforts infructueux, il m'a annoncé d'une voix douce qu'il allait devoir renoncer au projet.

Je me souviens être sorti de la pièce, plein de rancœur. J'ai appelé mon agent pour lui dire qu'on arrêtait le travail et il a été très net : si je lâchais ce scénario, je pouvais dire définitivement adieu au cinéma.

Ma première réaction a été : « Je me fous du cinéma. J'ai le théâtre comme issue de secours, pourquoi revivre ce genre de galère ? » Et puis, j'ai brusquement fait un 180°. Lautner n'avait rien à se reprocher, c'est moi qui avais mal fait mon travail.

Je n'avais pas compris le rôle du scénariste, il était en fait dans la position de la Schéhérazade des *Mille et Une Nuits.* Il avait en face de lui un sultan, le metteur en scène, il lui racontait son histoire, et si le sultan s'endormait, le scénariste était condamné à mort.

J'ai rattrapé Lautner qui faisait ses bagages et je lui ai demandé de m'accorder un dernier essai. On a repris notre face à face, mais cette fois, j'avais un but, réveiller le sultan.

Ma première mouture était correctement construite, mais plate. J'ai entrepris de l'enrichir sur le plan visuel. J'improvisais du spectaculaire devant Lautner dont je voyais l'œil s'allumer peu à peu. Je découvrais un aspect de mon métier qui m'avait échappé, l'art de mettre en appétit un homme d'images en lui suggérant des plans qu'il pourrait avoir envie de tourner.

Avant de devenir moi-même réalisateur, j'ai écrit dix-huit films pour différents metteurs en scène, et j'ai pu constater qu'aucun, que ce soit Molinaro, de Broca, Granier-Deferre, Yves Robert, Verneuil ou Annaud, n'était vraiment scénariste. Certains étaient plus doués que d'autres, mais jamais au point de pouvoir mener tout seuls une histoire jusqu'au bout. Il n'y a aucun mépris de ma part dans ce jugement, j'admire leur travail, je ne suis pas du tout sûr de pouvoir faire aussi bien qu'eux, mais je sais qu'il ne faut pas leur demander trop d'aide dans l'écriture.

Il était une fois un flic fut mon premier succès de cinéma. Michel Constantin – qui était le Canada Dry de Lino – s'en était bien sorti, Mireille Darc était parfaite comme d'habitude, et le petit garçon miraculeux de justesse. Alain Poiré devait me dire par la suite que ce film l'avait sorti d'un mauvais pas chez Gaumont où il était en danger à la suite du bide du *Boulevard du Rhum*. Nous avions tous les deux une raison de nous réjouir, j'étais entré en cinéma, et lui n'en était pas sorti.

J'étais de plus en plus accaparé par l'écriture, mais je trouvais le temps d'aller voir ma grand-mère qui était ce qu'on pouvait faire de mieux comme antistress. Je m'installais en face d'elle et lui racontais le film en cours; elle m'écoutait avec l'expression émerveillée d'un enfant qu'on amène au cinéma. Je n'ai jamais eu de meilleur public, elle me donnait l'impression de comprendre mieux que personne ce que j'écrivais.

Et puis un jour, j'ai eu le sentiment qu'elle ne comprenait plus. J'ai cru un moment que c'était ma façon de raconter, mais je devais découvrir qu'elle était malade. Alzheimer s'était installé chez elle et lui volait sa vie par pans entiers. Elle, qui parlait cinq langues, se mit à les-

perdre l'une après l'autre. D'abord le français. Elle se rabattit sur l'anglais, et nous pûmes communiquer quelque temps, puis l'anglais s'effaça tout aussi brusquement. Elle se raccrocha à l'allemand, je l'avais étudié au lycée, j'ai pu la suivre, mais pas longtemps, l'allemand tomba dans un trou noir à son tour. Mon enfance ayant été bercée par le russe, je le comprenais un peu et je pus encore me débrouiller, mais quand elle passa à l'arménien, je déclarai forfait. Ma grand-mère avait atteint la couche la plus basique de sa mémoire et j'étais largué.

Tant qu'elle me comprenait, je me battais pour lui rendre ses souvenirs. Je rassemblais tout ce que je savais d'elle et je le lui racontais. Oui, je lui racontais sa propre vie et elle m'écoutait, posant sur moi son regard plein de tendresse où je percevais de grandes zones d'ombre. Et je me dis aujourd'hui qu'elle a eu un drôle de destin, cette vieille dame russe exilée à des milliers de kilomètres de son Caucase natal et qui a fini son existence en face d'un petit-fils français qui lui servait d'aide-mémoire.

Le cadet de mes enfants, Gilles, a épousé une Péruvienne. Ils habitent Lima et ont une petite fille, Nadia. Il m'arrive d'imaginer que je sois obligé d'émigrer au Pérou et qu'avec l'âge, je perde la mémoire moi aussi. Et je vois Nadia, assise en face de moi, me racontant en espagnol *Le Grand Blond avec une chaussure noire* ou *La Chèvre*, pour ressusciter mon passé comme j'ai tenté de le faire pour ma grand-mère.

Je suis retourné dans l'antre du fauve.

Cette fois pour travailler sur l'adaptation de *L'Emmerdeur*.

Parler de Lino Ventura n'est pas facile. Il a laissé une image sans tache dans la mémoire collective, et la remettre en question peut paraître sacrilège.

Je suis pourtant obligé de dire que cet homme exceptionnel pouvait être incroyablement chiant.

Le mot n'est pas trop fort. Il a joué le personnage du tueur dans *L'Emmerdeur*, mais j'ai souvent pensé qu'il était plus proche du rôle-titre. Ce qui ne m'empêchait pas d'être en admiration devant ce qu'il avait accompli, tant dans sa vie privée que dans sa vie professionnelle.

Comme tout le monde, j'admirais l'immigré italien, né dans la pauvreté, et s'en sortant en passant des rings de catch aux plateaux de cinéma. J'admirais le père de famille confronté à la tragédie d'une enfant handicapée et créant l'association Perce-Neige. J'admirais sa fidélité à Odette, la cariatide blonde, épousée à la sortie de l'adolescence, et présente à ses côtés jusqu'à la fin. J'admirais le parti pris de refuser tout sujet scabreux et de ne tourner que dans des films dont il n'aurait pas à rougir. J'admirais enfin l'ouverture d'esprit qui l'avait amené à lire la pièce de théâtre d'un inconnu et à lui offrir le magnifique cadeau de son interprétation dans *L'Emmerdeur*.

Oui, j'admirais tout ça. Mais, mon Dieu, qu'il pouvait être chiant.

D'abord au niveau de l'écriture. Formé à l'école de Jean Gabin, il se penchait sur les scénarios avec une minutie louable, mais torturante pour tout le monde, y compris lui-même. Il attrapait le texte avec ses grosses mains de lutteur, comme s'il voulait lui tordre le coup, et il entraînait l'auteur dans un chemin de croix exténuant. Ses critiques commençaient toujours par la même formule, qui rappelait que sa famille était originaire de Parme : « Il y a une chose que je ne comprends pas dans ma petite tête de Parmesan. » Et je me souviens qu'il y avait beaucoup de choses qu'il ne comprenait pas dans sa petite tête de Parmesan.

Quand il n'aimait pas une scène, il disait : « C'est pas dans ma morphologie », ce qui pouvait se traduire par : « Ça ne correspond pas à l'image que je veux donner de moi-même. » Et je l'ai vu passer à côté de sujets exceptionnels parce que « c'était pas dans sa morphologie ».

J'ai écrit pour lui *Adieu poulet*, un film tiré d'une Série noire de Jean Laborde. Le roman était basé sur l'histoire authentique d'un flic accusé de corruption. Il s'était fait entretenir par une prostituée et se justifiait en disant que c'était pour infiltrer le monde de la pègre. Les cadeaux de sa maîtresse, costumes sur mesure, gourmette en or, etc., lui permettaient de passer pour un voyou et de mener à bien son enquête.

Lino avait lu le livre et accepté le rôle. Les producteurs me confièrent l'adaptation et se montrèrent satisfaits de mon travail. Ce ne fut pas le cas de Lino qui refusa le scénario en disant : « Lino ne se fait pas acheter par une pute. »

C'était le sujet du livre et il avait donné son accord, mais il faisait brusquement machine arrière et tout ce que j'avais pu écrire devenait caduc.

J'allai le voir pour tenter de le fléchir :

– Lino, ce n'est pas toi qui te fais acheter par une pute, c'est ton personnage.

Il a réfléchi un peu et reconnu avec bonne foi :

– T'as pas tort, là.

Et il a ajouté :

– Mais Lino se fait pas acheter par une pute.

– Lino, quand dans *Le Rouge est mis* de Gilles Grangier, tu abats à la mitraillette une trentaine de types, ce n'est pas toi qui les tues, c'est ton personnage, non ?

– Peut-être... mais Lino se fait pas acheter par une pute.

J'ai dû récrire le scénario en faisant des acrobaties pour que Lino reste intègre et je pense que la mouture qu'il a tournée est nettement moins bonne que celle qu'il a refusée.

Lino n'était pas seulement difficile au niveau de l'écriture, il l'était aussi au moment du tournage. Il pouvait être merveilleux quand il était en confiance, mais se montrait infernal s'il se braquait contre quelque chose ou quelqu'un. Lui qui avait tant de charme dans la vie, devenait brusquement caractériel. Cet aspect du personnage m'amène à parler d'un voyage que j'ai fait au Kenya avec Françoise et les enfants.

Nous étions descendus dans un lodge, un de ces hôtels construits sur pilotis dans la forêt, et où ce sont les clients qu'on met en cage pour observer les animaux en liberté. Nous dînions sur la terrasse surélevée, les yeux fixés sur un point d'eau éclairé par des projecteurs.

Les petits animaux sont apparus d'abord, gazelles, gnous, zèbres. Ils faisaient dans la lumière des entrées de music-hall. Puis sont arrivés les éléphants, et je me rappelle avoir été surpris par le côté feutré de leur déplacement. Malgré leur poids, ils ne faisaient aucun bruit, seul le coassement des crapauds trouait le silence. Les deux mâles les plus puissants se sont placés en serre-livres de part et d'autre du troupeau, pendant que les femelles et les petits se désaltéraient.

Et brusquement, éléphants, zèbres, gazelles, tout le monde s'est écarté. Ils ont quitté le point d'eau et le rhinocéros a fait son apparition.

Les autres animaux l'ont laissé boire seul parce qu'ils le savaient imprévisible. Il pouvait foncer sans raison sur tout ce qui bougeait, alors autant s'éloigner et attendre qu'il ait fini.

Lino, sur un plateau, connaissait souvent la même solitude que mon rhinocéros du Kenya.

Un jour où je me plaignais à Yvette, la femme d'Alain Poiré, du côté caractériel de Lino, lui disant : « Il est capricieux comme un enfant », elle m'a corrigé : « Non, il est capricieux comme une femme. »

Voilà qui risque de choquer ceux qui considéraient Lino comme un modèle de virilité, mais à la réflexion, je trouve que c'est un compliment. Le Lino que j'ai connu était plus complexe, plus ambigu que l'image de macho aux gros bras et au grand cœur de la mémoire collective. C'était un homme inquiet, stressé par son perfectionnisme jusqu'à s'en rendre malade et à mourir trop jeune. Lui imaginer une composante féminine ne me paraît pas l'amoindrir, mais au contraire l'enrichir.

Dire de Lino, qui avait tant de qualités, qu'il était de surcroît chiant, caractériel et féminin, c'est finalement peut-être lui rendre hommage.

Avant le tournage de *L'Emmerdeur*, j'eus le temps d'écrire deux autres films, *Il était une fois un flic* et *La Valise*. J'étais devenu en quelque sorte un distributeur automatique de scénarios pour Gaumont. Et j'ai commencé à avoir d'angoissants problèmes d'inspiration. J'ai cru alors qu'il me suffirait de changer de cadre pour me renouveler mais j'ai su très vite que ce que j'allais chercher ailleurs se trouvait dans ma tête. Je ne partais pas pour découvrir, mais pour inventer. Le monde que je traversais n'était qu'une suite de cartes postales, la photo importait peu, c'est ce que j'allais écrire derrière qui comptait.

Je me souviens de Nefta, une oasis dans le désert tunisien. Et de cet hôtel surréaliste, gigantesque et vide, qu'il fallait mériter en faisant cinq cents kilomètres de route, pour ne pas dire de piste, dans un taxi aux amortisseurs exténués. À l'époque, l'aéroport de Tozeur n'existait pas. Ce n'est plus le cas aujourd'hui, on peut atterrir à moins d'une heure du Sahara Palace, atteint sans doute par le tourisme de masse. Quand j'ai découvert cet endroit, il y avait trois clients, donc des dizaines de chambres vides et une bonne centaine de domestiques pour ne servir personne. J'étais venu chercher le silence et l'inspiration, j'avais le silence, mais j'appelais désespérément l'inspiration, elle ne venait pas.

Le baromètre du silence dans le désert, ce sont les chiens. Vous les entendez à des dizaines de kilomètres de distance, leurs aboiements ponctuent les nuits et, quand ils s'arrêtent, vous les regrettez presque tant le retour du silence est oppressant.

À part moi, il y avait donc trois clients au Sahara Palace : Rainier et Grace de Monaco, et Annecy Dupré, une vieille milliardaire, veuve de François Dupré, propriétaire entre autres du Plaza-Athénée, du George-V et de l'Hôtel de la Tremoille. Annecy se mariait bien avec le désert parce qu'elle était aphone. Elle avait perdu la voix à la suite d'un cancer et son médecin l'avait envoyée mourir en silence dans le silence. Pour moi, qui ne parvenais pas à faire parler mes personnages, la présence de cette muette me ramenait à mon problème.

Rainier et Grace occupaient la suite voisine de la mienne et, tous les matins, nous prenions le petit déjeuner sur nos terrasses respectives, séparées par une cloison opaque en plastique. Là, j'entendais enfin des dialogues, mais le prince parlait par borborygmes et la princesse répondait en anglais, ni l'un ni l'autre ne pouvait vraiment m'être utile.

C'est sans doute à Nefta que j'ai le mieux compris la misère de l'écrivain professionnel. Celui dont l'accouchement se passe le plus souvent aux forceps. L'image du poète qui marche rêveusement sous les tilleuls et qui se frappe soudain le front parce que l'inspiration le visite n'a rien à voir avec la réalité d'un auteur sur commande. Je devais livrer un scénario un mois plus tard et j'avais l'impression d'être sur une table d'accouchement sans savoir si j'avais un bébé dans le ventre.

À Nefta, je n'ai pas réussi à écrire. J'ai entendu les chiens aboyer, mais la caravane n'est pas passée.

Je passai du désert au château du Besset, un hôtel sur un plateau de l'Ardèche battu par les vents. Je ne sais pas si c'était la basse saison ou si l'annonce de ma venue faisait fuir les clients, toujours est-il que je me retrouvais de nouveau quasiment seul dans la place.

Je prenais mes repas dans la grande salle à manger déserte, en face d'un jeune maître d'hôtel. Il devait avoir une trentaine d'années, il était d'origine irlandaise et je ne crois pas avoir jamais rencontré quelqu'un d'aussi intense. C'était le seul homme capable, au moment où j'hésitais le soir sur le choix d'une infusion, de me dire, avec une voix tremblante d'excitation : « Pourquoi pas une camomille ? » Il me confia que, pour se détendre, il sellait son cheval et allait galoper à corps perdu dans la lande. Je le croisai un jour où il partait pour une de ces chevauchées ardentes, son cheval me parut un peu âgé et lui, trop apprêté dans un costume de tweed vert pomme qu'il aurait dû ne porter qu'à la Saint-Patrick. Il a fait voler ses cheveux roux d'un mouvement de tête gracieux, il était évident qu'il se prenait pour Scarlett O'Hara.

Je travaillais dans une suite Charles-X. J'aimais les meubles de bois blond qui m'entouraient, mais je les perdais très vite de vue pour m'asseoir en face de moi-même et chercher l'inspiration.

Il y avait des chiens dans le désert, il y en avait aussi au château du Besset. Un chien, installé sous ma fenêtre et qui aboyait comme de Gaulle.

Il était invisible, dissimulé sous mon balcon, je ne voyais de lui qu'une laisse, ou plutôt une longe, une corde de plusieurs mètres qui aurait dû lui permettre de s'ébrouer, mais il préférait visiblement rester dans la clandestinité et aboyer à intervalles réguliers, avec la voix mélodramatique du Général. J'étais supposé écrire une comédie, mais le côté *Hauts de Hurlevent* du château, joint au lamento du chien invisible, m'entraînait à mon corps défendant, vers un film d'horreur.

J'ai fini par craquer, j'ai appelé Scarlett et je lui ai demandé quel genre d'animal j'avais sous mon balcon. Il m'a répondu, toujours intense :

— C'est Ridley, c'est mon chien !

Je crains de m'être un peu énervé :

— Il y a soixante chambres inoccupées dans cet hôtel et vous mettez sous la seule fenêtre habitée un chien qui aboie comme de Gaulle !

Scarlett s'est confondu en excuses et il est allé chercher Ridley. J'ai alors découvert une gueule de chien autour de laquelle il n'y avait quasiment pas de chien. La gueule béait, immense, dans un corps minuscule. Scarlett l'a emporté et j'ai cru entendre Ridley dire, dans son dernier aboiement : « Je vous ai compris. »

Après avoir travaillé pour Lautner et Molinaro, je fis la connaissance d'Yves Robert, qui allait réaliser *Le Grand Blond avec une chaussure noire.*

Toujours vêtu d'une veste de jardinier, le visage barré par une moustache stalinienne, Yves Robert était laborieusement prolo. Brandissant très haut ses débuts d'ouvrier typographe, il avait un peu de mal à concilier son court passé de damné de la terre et les gros sous du cinéma.

Sa femme Danièle Delorme et lui étaient de très bons producteurs. Surtout elle, qui, sous des dehors chaleureux, était redoutablement précise. Quand elle discutait un contrat, elle faisait son possible pour vous plumer, mais dans la plus franche camaraderie.

Ce n'est pas une critique. Le métier de producteur consiste à réduire au minimum le coût des films pour en tirer une plus grande part de bénéfices. Sous-payer les techniciens et les artistes fait partie du jeu. Ma seule gêne était que le couple Delorme-Robert tentait de pratiquer cette comptabilité glaciale dans une joyeuse ambiance de feu de camp.

Ils savaient aussi être généreux. Avec leurs films à succès, ils finançaient des œuvres plus difficiles et si certaines mauvaises langues dans Paris les avaient surnommés les Thénardier, c'était un peu injuste. Un petit peu.

J'étais heureux qu'Yves Robert ait fait appel à moi. Parmi les metteurs en scène de comédie, il était un de ceux que je préférais et comme il arborait l'étiquette d'auteur-réalisateur, j'espérais cette fois une collaboration passionnante.

Elle fut brève. Il est arrivé chez moi avec une très vague ébauche de sujet, l'histoire d'un type ordinaire qui dans un aéroport allume une cigarette et sa façon de gratter l'allumette est prise pour un signal par plusieurs espions de nationalités différentes.

Le rôle d'un scénariste débutant en face d'un metteur en scène célèbre n'est pas simple. Comment lui dire que le point de départ qu'il vous propose est débile ?

C'est pourtant ce que j'ai dû faire, le plus diplomatiquement possible. Je nous voyais mal mettre en chantier un film déjà traité par Clouzot dans *Les Espions* ou Lautner dans *Les Barbouzes*, avec les éternels comédiens à accent américain ou russe, jouant des agents de la CIA ou du KGB...

Yves Robert en convint volontiers et comme, de toute évidence, il ne tenait pas plus que ça à son sujet, je lui proposai un thème : tout innocent observé à la loupe est suspect.

C'est comme ça qu'est né *Le Grand Blond avec une chaussure noire*. Pierre Richard débarquant sans le savoir dans une guéguerre entre le patron d'un service secret et son adjoint, Bernard Blier, qui devenait fou en tentant de percer le secret d'un homme qui n'en avait pas.

Yves Robert a trouvé le postulat intéressant, mais il m'a surpris en me disant (je le cite dans le texte) :

— Mon grand chien, je ne pourrai pas travailler avec toi en ce moment, parce que je suis complètement charrette à cause des *Malheurs d'Alfred*, de Pierre Richard.

Le « mon grand chien » mérite une explication : c'était une formule qu'il avait piquée à Véra Korène, ex-directrice du Théâtre de la Renaissance. Elle appelait tout le monde « mon grand chien », ça avait amusé Yves Robert qui s'était mis à en faire autant.

J'ai aussi appris au passage le mot « charrette », utilisé par les architectes pour dire qu'ils sont surchargés de travail. Yves Robert, qui produisait *Les Malheurs d'Alfred*, était débordé parce qu'il en supervisait quotidiennement le montage. Il ne pouvait donc pas collaborer avec moi à l'écriture du scénario.

Bref, le grand chien s'est retrouvé tout seul. Je n'ai pas revu Yves Robert pendant plusieurs semaines. J'ai terminé la première mouture et la lui ai remise. C'est seulement à ce moment-là qu'il a découvert le film qu'il allait tourner. Nous sommes tout de même partis, pour le principe, « collaborer » pendant une quinzaine de jours au Maroc Yves Robert a alors tenté d'apporter une note personnelle au script, mais il était déjà quasiment « fermé ». Quand la construction d'un scénario est précise, on peut le comparer à un œuf. Difficile de casser la coquille pour ajouter du blanc ou du jaune.

À son crédit, il me faut reconnaître que, pendant notre séjour marocain, il a toujours été d'une grande prévenance pour l'autochtone. Il s'adressait au personnel de l'hôtel comme s'il avait en permanence un journaliste du *Nouvel Obs* à ses côtés. Il montra la même prévenance pour le taxi qui nous ramena à l'aéroport, lui demandant d'emblée son prénom et lui donnant ensuite du Mohamed avec une grande chaleur humaine.

Vint le moment où Mohamed dut fixer les valises d'Yves Robert sur la galerie de la voiture et il le fit avec des gestes si alanguis qu'Yves manifesta, toujours très aimable, un peu d'inquiétude :

— Vous êtes sûr que ça va tenir, mon petit Mohamed ?

– Oui, M'sio.

– Sans vouloir vous offenser, les sangles me paraissent un peu lâches, mon petit Mohamed.

– Non, M'sio.

Nous sommes montés dans le taxi. Il a démarré et, bien entendu, vingt mètres plus loin, la valise s'est envolée et tous les caleçons d'Yves Robert ont atterri dans le fossé. J'ai assisté alors à un changement radical d'attitude chez mon metteur en scène. Il s'est mis à gueuler :

– Quel con, mais alors quel con, mais alors quel con ! Je t'avais dit que ça ne tiendrait pas, abruti !

Le journaliste du *Nouvel Obs* a dû se boucher les oreilles, mais Yves Robert se reprit très vite. Il dit, avec un reste de fureur coloniale dans la voix, mais un sourire qui revenait difficilement à gauche :

– Ce n'est pas grave, mon petit Mohamed, ramassons tout ça et essayons de le fixer plus solidement, d'accord ?

– Oui, M'sio.

Nous sommes repartis, la valise, Yves Robert, Mohamed et moi vers l'aéroport, et Yves a fait d'énormes efforts pour faire oublier cette mauvaise impression à l'invisible journaliste. Il a même donné un pourboire décent à « mon petit Mohamed ».

À notre retour à Paris, j'ai cru qu'Yves Robert aurait l'élégance de reconnaître que son apport dans la deuxième mouture du scénario n'avait pas été déterminant et admettrait que j'avais écrit *Le Grand Blond* tout seul.

Ce n'est pas du tout ce qui est indiqué au générique où on peut lire : « Scénario original d'Yves Robert et Francis Veber ».

Mon metteur en scène s'est non seulement cité dans un scénario qu'il n'avait pas écrit, mais en plus à la première place. Il n'y a aucune amertume de ma part dans ce constat. Je veux juste faire savoir aux jeunes gens qui aspirent à faire ce métier, que le scénario, c'est comme le poker, il faut payer pour apprendre.

Je n'ai en revanche que du bien à dire de la réalisation. Le choix de Pierre Richard dans le rôle du Grand Blond était une idée brillante et je ne peux qu'être reconnaissant à Yves Robert d'avoir mis sur ma route mon futur Pignon.

L'apport de Vladimir Cosma mérite aussi d'être salué. On ne peut pas imaginer plus décalé dans un film d'espionnage que cette flûte de Zamphir venant se glisser insidieusement entre deux coups de feu.

On prête à Jacques Dutronc la fameuse formule : « Il vaut mieux être ivre-mort qu'Yves Robert », ça m'a d'abord fait rire et puis, avec le temps, j'ai tempéré mon jugement sur le personnage. Je me dis aujourd'hui que quels qu'aient été ses qualités et ses défauts, l'homme à la veste de jardinier nous a laissé de bien jolies fleurs dans sa filmographie.

Je quittai Yves Robert pour retrouver Georges Lautner sur le tournage de *La Valise*, un film qui ne mériterait pas qu'on s'y attarde s'il n'était pas sorti dans des circonstances exceptionnelles.

Cette histoire d'agent secret israélien que des espions arabes tentent de kidnapper en l'enfermant dans une malle était un point de départ possible. Nous en avions tiré, Lautner et moi, une comédie assez paresseuse, mais qui tenait à peu près la route. Alain Poiré en était satisfait et nous avait dit en plaisantant : « La seule chose qui pourrait nous gêner, c'est une guerre avec Israël. »

La Valise est sortie la semaine où a éclaté la guerre du Kippour, en octobre 1973.

La guerre n'a pas duré longtemps. Le film non plus.

J'ai dîné avec Pignon quelques jours avant le tournage de *L'Emmerdeur*. J'avais dans la tête le petit homme déphasé, mal à l'aise, lunaire, que j'ai décrit dans tant de films, et en face de moi, quelqu'un qui n'était rien de tout ça : Jacques Brel.

Molinaro avait eu la très belle idée de faire appel à lui pour jouer le suicidaire qui allait pourrir la vie de Lino Ventura et je regardais mon futur interprète, subjugué et incrédule.

Subjugué, parce que Brel est un des rares génies que j'aie rencontrés. J'ai croisé beaucoup de gens de talent, ça n'a rien de comparable. Le talent, on peut comprendre : un don au départ et du travail pour en tirer le meilleur parti. Le génie, il n'y a rien à comprendre. C'est une anomalie. Elle pousse comme un corps étranger à l'intérieur de quelques individus, personne ne sait pourquoi et surtout pas eux-mêmes. Et ils me paraissent aussi monstrueusement habités que l'astronaute d'*Alien* qui ignorait que la créature se développait en lui.

J'ai lu une interview de Brel qui déclarait : « Quand j'étais jeune, j'ai eu deux chances, j'étais laid et j'avais des parents cons. » Ça peut peut-être aider à réussir, mais pas à devenir un génie. Je connais des gens laids dont les parents sont d'exceptionnels connards, mais aucun d'eux n'a écrit « Le plat pays » ou « La chanson des vieux amants », aucun d'eux n'est venu mourir en scène, de spectacle en spectacle, amenant des salles entières à se lever pour hurler leur enthousiasme.

J'avais vu Brel à la générale de *L'Homme de la Mancha* au Théâtre des Champs-Élysées. Le public qui l'attendait était le plus difficile du monde. Des gens du métier, glacés, sans générosité, trouvant plus de plaisir à voir le dompteur se faire bouffer par les lions que réussir un beau numéro de dressage. Brel s'est planté face à eux, misérable dans son armure rouillée, sa lance de « chevalier à la Triste Figure » brisée en deux endroits et rafistolée avec des bouts de ficelle, et il s'est mis à chanter « L'inaccessible étoile ». Il transpirait à grosses gouttes et postillonnait à tout-va sur les premiers rangs d'orchestre et j'ai vu ce Tout-Paris, si peu prompt à l'émotion, se retrouver debout pour une interminable standing ovation.

Une autre différence entre le talent et le génie, c'est que le premier s'économise, le deuxième pas. On aurait aimé pouvoir dire à Brel, à Piaf, à tous les interprètes qui se sont consumés si vite, de ne pas nous faire la sale blague de mourir trop jeunes. Mais ils ne nous auraient pas entendus.

J'étais assis en face de Brel qui grillait Gitane sur Gitane au cours de ce dîner, alimentant le mal qui allait l'emporter, et je pressentais, en le regardant refaire le monde avec tant de talent et de fougue, qu'il devait malheureusement être programmé court.

Brel a eu beaucoup de mal à entrer dans *L'Emmerdeur*. N'étant pas du tout un acteur de comédie, il avançait à tâtons dans le rôle, malgré le soutien de Ventura et de Molinaro.

Lino, sur ce tournage, avait oublié d'être caractériel. Parce qu'il aimait et respectait Brel. Et c'était touchant de voir la petite tête de Parmesan materner avec tendresse l'homme du plat pays.

Lors d'une de mes visites à Montpellier, où se tournait le film, je les ai trouvés tous les deux cachés dans un coin du décor. Lino faisait répéter Brel. On aurait dit un instituteur et son élève. J'ai félicité un peu plus tard Lino pour ses leçons particulières et il m'a répondu, faisant allusion à son passé de lutteur : « Quand tu affrontes un adversaire qui t'arrive au genou, tu fais un mauvais combat. »

Je savais que ce n'était pas seulement pour faire un « bon combat » que Lino coachait Brel. Il avait profondément le sens de l'amitié et la pudeur de le cacher.

Quand j'ai vu le film terminé, j'ai trouvé le Pignon de Brel plus insolite que drôle. Et j'ai eu des doutes sur la réussite de l'entreprise. J'avais tort. *L'Emmerdeur* a fait exploser le box-office, et je me demande aujourd'hui si une partie de ce succès n'est pas due aux difficultés de Brel. Ses premiers pas sur cette terre inconnue qu'était pour lui la comédie ont quelque chose d'incertain, d'inquiet, qui fait qu'il n'est pas seulement emmerdant, mais attendrissant. Un pur comique aurait sans doute tiré plus de rires des situations, mais il n'aurait pas eu autant de charme.

L'autre pilier du film, Lino, est époustouflant dans le rôle du tueur. Ce roc qui se fissure peu à peu sous les coups de boutoir de Brel est un modèle de clown blanc. C'est lui qui fait que Brel passe pour un bon acteur dans *L'Emmerdeur*.

La postérité du film s'explique par la création d'un magnifique couple de cinéma. Et quand j'ai commis l'erreur de vouloir remplacer dans un remake Brel et Ventura par les excellents acteurs que sont Patrick Timsit et Richard Berry, je me suis très normalement planté. Outre le fait que les réactions du public et de la critique m'ont donné l'impression d'avoir fait de la profanation de sépultures, j'ai reçu une leçon que je ne suis pas près d'oublier : il y a certains cultes qu'il vaut mieux respecter.

Pour les producteurs, Édouard Molinaro était un bon technicien. C'est, en France, un compliment ambigu. Ça ne signifie en aucun cas qu'on a le savoir-faire magique d'un George Lucas ou d'un James Cameron, non, ça veut tout simplement dire qu'on finit le film en avance sur le plan de travail.

Molinaro tournait effectivement très vite, mais il n'était pas seulement un bon technicien, il avait le goût et le sens de la comédie et c'est la raison pour laquelle nous avons fait cinq films ensemble.

J'aimais travailler avec lui parce qu'il intervenait très peu dans le scénario. Je n'espérais plus grand-chose des réalisateurs au niveau de l'écriture, et la passivité de Doudou – c'était son surnom – me convenait très bien. Il était silencieux pendant nos séances de travail, mais au moins, lui ne s'endormait pas.

Nous avons eu un léger accrochage un jour, qui prouve à quel point ce métier de scénariste rend fou. J'étais assis en face de lui, tentant de me concentrer, mais quelque chose me gênait. Un bruit, une sorte de crissement qui parasitait insidieusement mon effort. Peu à peu la gêne est devenue si grande qu'elle a cessé d'être subconsciente et j'ai compris de quoi il s'agissait : Doudou se curait les dents. Il le faisait avec un petit truc en plastique et j'ai hurlé : « C'est fini, oui ! » Il a sursauté et rangé craintivement son cure-dents dans sa poche. J'ai eu honte. Sortir de ses gonds avec cette violence pour un embarras aussi infime prouve qu'on n'a pas les nerfs en très bon état.

Après les succès du *Flic*, du *Grand Blond* et de *L'Emmerdeur*, les producteurs ont commencé à faire appel à moi pour des consultations.

La consultation, que les Américains appellent *doctoring*, consiste à engager un scénariste qui a « l'œil neuf » et qui est censé remettre d'aplomb une construction malade. La méthode a ses limites. Si le scénario consulté vaut 2 sur 20 au départ, le docteur va éventuellement l'amener à 8 sur 20, le producteur constatera une amélioration et, rassuré, se lancera dans le tournage avec un script toujours en dessous de la moyenne.

Mes premières consultations, je les ai faites sur les films de Lautner écrits par Jean-Marie Poiré, le fils d'Alain. Jean-Marie était à l'époque un scénariste débutant et il lui arrivait de ne pas avoir terminé le script au moment du tournage. Sur *Pas de problème*, entre autres, une histoire dont une partie devait se tourner à la montagne, Lautner m'appela à la rescousse :

– Demain, je pousse la porte d'un chalet et je ne sais pas ce qu'il y a derrière.

Mon rôle consistait à mettre quelque chose derrière la porte du chalet.

Avec le temps, Jean-Marie a bien progressé et nous a donné des films comme *Le Père Noël est une ordure* et *Les Visiteurs*, où il n'a plus eu besoin de docteur.

Ma consultation la plus mémorable eut lieu sur *Le Professionnel.* Lautner, au cours d'un dîner, m'annonça qu'il allait tourner un film avec Belmondo, tiré d'un roman policier anglais de David Alexander. J'avais lu le roman et pensé que c'était un sujet formidable. Lautner m'approuva mollement et me dit qu'Audiard venait de terminer le scénario. Je lui demandai s'il était content, il me répondit « oui », mais toujours mollement et, après m'avoir regardé pensivement un petit moment, me demanda ce que je trouvais de si formidable dans l'histoire. Je lui racontai le film tel que je le voyais. Quand j'ai eu terminé, il a juste dit :

— Je n'ai rien de tout ça dans le script d'Audiard.

Le lendemain, coup de fil de Mnouchkine, le producteur, me demandant si je pouvais venir à une réunion avec Belmondo, Lautner et Audiard.

Ils m'attendaient dans la petite salle de conférences de la production et Mnouchkine attaqua le problème bille en tête :

— Lautner nous a parlé de votre vision du film, on aimerait la connaître.

J'avais reçu la version d'Audiard dans la matinée, et pu constater qu'il était passé complètement à côté du sujet. Je me retrouvais dans une situation bien embarrassante : devoir donner publiquement au roi des dialoguistes français une leçon de scénario.

J'ai demandé à parler un instant à Audiard en tête à tête. Nous nous sommes isolés dans un des bureaux de la production. J'avais en face de moi ce petit bonhomme génial, avec sa « gapette » à carreaux, son col roulé et sa veste pied-de-poule, des accessoires aussi liés au personnage que les lunettes hublots de Marcel Achard ou la moustache de Salvador Dalí, j'avais en face de moi ce sourire un peu crapuleux et ce regard où on pouvait lire toute l'intelligence du monde, j'avais en face de moi des dizaines de répliques qui avaient fait se tordre de rire des millions de spectateurs, et il fallait que moi, jeune scénariste, je dise à ce maître qu'il avait travaillé comme un cochon. Je ne m'en sentais ni le droit ni le courage, alors j'ai tenté de me dérober :

– Michel, il est hors de question que je critique votre travail, je vous propose de retourner dans la salle de conférences et de leur dire que vous allez faire vous-même la deuxième mouture.

Mais il m'a répondu de sa voix un peu grasseyante :

– Non, non, fais ce que t'as à faire, moi j'ai plus envie de travailler sur ce truc-là.

Nous avons rejoint Mnouchkine, Lautner et Belmondo dans la salle de conférences et, pour leur raconter ma conception du scénario, j'ai dû démolir celle d'Audiard. Il m'écoutait, apparemment indifférent, faisant des petits dessins avec un stylo-bille sur une feuille de papier. Mais plus je forçais sur la critique, plus la pointe de son stylo pesait sur le papier qu'il a fini par déchirer.

Nous n'avions que dix jours pour récrire le scénario et le travail s'organisa d'une façon assez insolite. Comme il était hors de question pour la production de se passer d'Audiard – il avait sans doute été grassement payé –, c'est son fils, Jacques, qui nous retrouvait Lautner et moi, chaque matin dans mon bureau. Il prenait en note les scènes que j'improvisais et il les apportait à son père, qui était censé les enrichir de quelques répliques brillantes. Jacques Audiard, qui deviendrait par la suite un metteur en scène de grand talent, me regardait me débattre dans les problèmes d'écriture sans jamais intervenir. Il s'intéressait visiblement aussi peu au *Professionnel* que son père.

Le film fut pourtant, avec ses cinq millions deux cent mille entrées, le deuxième plus gros succès de Michel Audiard au box-office. Mais ni son nom ni le mien ne figurent au générique. Le script est signé Jacques Audiard, qui n'avait eu qu'un rôle de coursier dans ce méli-mélo scénaristique.

Je devais apprendre plus tard la raison de l'insuffisance de Michel Audiard sur *Le Professionnel.* Il avait accepté d'écrire en même temps le scénario de *Garde à vue* pour Claude Miller. Et celui-là, il ne l'avait pas raté. *Garde à vue* est un film superbe, et un coup de maître pour ce crapuleux cachetonneur de génie qu'était Michel Audiard.

Une autre de mes consultations mémorables fut celle du *Grand Bleu.* Patrice Ledoux, alors directeur général de Gaumont, avait entre les mains cet ovni, écrit par Luc Besson, un jeune auteur qui prétendait intéresser le public en l'immergeant avec des plongeurs en apnée dans les grands fonds sous-marins. Le moins qu'on puisse dire est que l'histoire était originale, mais la forme laissait à désirer. Le scénario ressemblait à un camembert sans boîte, il débordait de partout. Ledoux eut alors une idée presque aussi originale que l'histoire, il me demanda d'accompagner Besson dans les abysses.

J'imagine l'horreur de Besson quand on lui a annoncé qu'on me confiait son bébé. J'allais sûrement tenter d'imposer les règles du boulevard au mouvement des marées, j'allais polluer ses océans avec mes mécaniques de vaudeville. Je le rassurai comme je pus, lui promettant de ne pas me mêler de tout ce qui se passait sous l'eau. Je ne ferais rien de plus que d'essayer de mettre un peu d'ordre en surface et je lui jurai que je ne donnerais aucun dialogue aux personnages dès qu'ils seraient en apnée.

Besson, un peu rassuré, est venu travailler deux semaines dans mon bureau et j'ai découvert un homme très attachant, qui avait l'air d'un gros nounours, mais qui pouvait être aussi rapide et aussi dangereux qu'un ours polaire. Il n'était qu'un espoir au moment du *Grand Bleu*, mais il avait déjà une présence intimidante. On pouvait pressentir le tycoon qu'il allait devenir. Je me suis bien entendu avec lui, il avait compris que j'étais de son côté et je suis heureux que nous ayons pu respirer ensemble, pendant quelques jours, l'air de la mer.

Quelques années plus tard, je l'ai rencontré au Festival de Miami où on lui rendait un hommage. Et j'ai vu cet autodidacte qui n'avait jamais appris l'anglais à l'école répondre aux Américains dans leur langue, avec une intelligence et un humour confondants. Je peux dire aujourd'hui que de tous les réalisateurs que j'ai croisés, il est l'un de ceux qui m'ont le plus impressionné.

Il me paraît difficile pour un scénariste d'avoir un vrai lien d'amitié avec un metteur en scène. Une fois le travail terminé, on se perd de vue, on ne se revoit que par hasard. Ce n'est pas surprenant. La relation entre scénariste et réalisateur est trop ambiguë pour être vraiment chaleureuse. Vous avez face à face un frustré et un vampire. Le frustré, c'est bien sûr le scénariste, il sait que sans lui il n'y aurait pas de film, mais une fois qu'il a rendu sa copie, il n'existe quasiment plus. Le vampire, c'est le réalisateur. Pour faire son œuvre, il doit boire le sang de tous ses collaborateurs, et le scénariste a le sentiment d'être le premier saigné.

Billy Wilder l'a exprimé d'une façon moins dramatique : « Le scénariste est un homme qui caresse une femme, et c'est le réalisateur qui couche avec elle. » J'ai caressé dix-huit femmes avant de passer à la réalisation, avec *Le Jouet*, en 1976, et c'est seulement depuis cette date que toutes celles que j'ai aimées n'ont pas fini dans le lit d'un autre.

Mon plus mauvais souvenir de scénariste a un nom : Philippe de Broca. J'avais écrit *Le Magnifique* et les producteurs, Mnouchkine, Dancigers et Bob Amon lui en confièrent la réalisation. Je n'avais rien contre lui au départ, je trouvais très réussis des films comme *Le Farceur* ou *Les Jeux de l'amour*, ou encore *Cartouche* et *Le Roi de cœur*, et j'étais heureux de l'avoir comme metteur en scène. Je ne savais pas ce qui m'attendait.

Nous venions à peine de commencer à travailler qu'il m'appela des Studios de Boulogne :

— Il faut que je te voie le plus vite possible, est-ce que tu peux passer tout de suite ?

Je lui demandai ce qu'il y avait de si urgent et il me répondit qu'il préférait me le dire de vive voix.

Il pleuvait ce jour-là, je n'ai pas trouvé de taxi et je suis arrivé trempé au bar du studio. De Broca m'attendait, l'air grave :

— Francis, je viens de terminer *Chère Louise* avec Jeanne Moreau, un film plus *andante*, plus mélancolique, plus près du cœur que ce que je fais d'habitude et je n'ai plus envie pour l'instant de faire des comédies, je ne tournerai donc pas *Le Magnifique*.

Bizarrement, ce ne fut pas le fait qu'il rejetait mon scénario qui me choqua le plus, mais son refus de m'annoncer ça au téléphone. Je m'étais précipité à son rendez-vous et j'étais là, comme un con, dans mon costume imbibé d'eau qui rétrécissait à vue d'œil et j'ai commencé à trouver de Broca antipathique.

Chère Louise, sélectionné à Cannes, se fit éreinter par la critique et fut un désastre au box-office. Je reçus alors un appel de Bob, plus onctueux que jamais :

— Bonhomme, Philippe est d'accord pour revenir sur *Le Magnifique* !

Moi, je n'étais pas d'accord du tout, mais les producteurs, mon agent, tout le monde fit pression sur moi pour que j'oublie ma rancœur. Je cédai et me retrouvai face à de Broca.

Il m'apparut très vite qu'on ne pourrait pas faire le film ensemble. Il ne comprenait rien de ce que je lui disais et c'était réciproque. Il y avait entre nous une totale incompatibilité d'humour. J'essayai de croire que ça s'arrangerait avec le temps, c'était mal connaître de Broca. Sans me prévenir, il fit appel à son scénariste habituel, Daniel Boulanger, pour récrire mon script.

J'appris la nouvelle par la rumeur et me précipitai chez Ariane Films. Les trois producteurs, Mnouchkine, Dancigers et Bob me jurèrent la main sur le cœur que c'était absurde, jamais personne n'avait mis Daniel Boulanger, ni qui que ce soit d'autre, sur mon travail. Ils avaient l'air tellement sincères que je les crus et quittai la production, rassuré.

Un ami qui m'avait accompagné me dit dans l'ascenseur :

— Je ne voudrais pas jouer les espions mais pendant que je t'attendais j'ai entendu quelqu'un dire au téléphone à Daniel Boulanger qu'un coursier lui apportait son contrat pour *Le Magnifique.*

Je suis sorti de l'ascenseur comme un fou, j'ai appelé la production. Je suis tombé sur une secrétaire :

— Passez-moi un de ces trois cons.

Elle a fait son choix elle-même.

— Je vous passe M. Amon.

J'ai insulté Bob avec d'autant plus de violence que *Le Magnifique* était un sujet qui me tenait à cœur. J'y racontais l'histoire d'un écrivain qui finit par mélanger son imaginaire et la réalité, et c'était sans doute mon scénario le plus personnel. Bob écoutait mes éructations en silence. Je lui ai demandé :

– Mentir d'une manière aussi dégueulasse, t'as pas honte ?

Et il m'a fait cette réponse qu'on ne peut pas inventer :

– Peut-être suis-je foncièrement indigne, bonhomme.

De Broca a fait récrire mon scénario par Daniel Boulanger. Je ne veux pas juger le résultat, tout ce que je retiens de cette aventure, c'est qu'elle m'a rendu malheureux et que j'ai retiré mon nom du générique. Je dois pourtant remercier de Broca, il fut un de ceux qui me poussèrent le plus efficacement à mettre moi-même mes films en scène.

Je retrouvai Édouard Molinaro pour *Le Téléphone rose*, une histoire passionnelle entre un industriel et une call-girl. Ventura me paraissait le casting idéal, pas pour la call-girl, pour l'industriel, et je l'invitai à déjeuner dans l'espoir de lui vendre le rôle. Je lui racontai le sujet, j'aurais dû prévoir la réponse : « Lino ne tombe pas amoureux d'une pute. »

On a fini le repas en parlant d'autre chose.

Pierre Mondy a accepté de tomber amoureux d'une pute, Mireille Darc a joué la pute, et le film a été un putain de succès.

Mais la partie la plus intéressante de l'affaire fut la documentation qui précéda l'écriture. Je ne savais pas grand-chose du monde de l'industrie, ni de celui des call-girls. Nous décidâmes, Molinaro et moi, de nous partager le travail et tirâmes à pile ou face qui investiguerait quoi. Pile, un séjour dans une petite usine de province, face, les putes. J'avais choisi face.

J'aimerais pouvoir raconter que pendant que Molinaro se tordait de rire dans son usine entre syndicalisme et patronat, je me morfondais avec les plus belles call-girls de Paris. Mais ça ne s'est pas passé comme ça. Un de mes copains, habitué de chez Madame Claude, m'a présenté une des stars du réseau, Ingrid, une Scandinave dont le moins qu'on puisse dire est qu'elle ne passait pas inaperçue et nous nous sommes mis au travail ensemble. Je dis bien au travail, car elle prit son rôle de documentaliste très au sérieux.

Sortie de son métier, Ingrid était une femme rangée. Elle avait une petite fille de l'âge de mon fils cadet et, à la voir si stricte, si sérieuse, il était impossible d'imaginer la double vie qui était la sienne. C'était l'époque des vacances et nous sommes partis, les enfants, ma femme, la call-girl et moi aux Baléares.

Tous les matins nous prenions place sur la terrasse et elle me parlait de son métier. Et je regardais cette femme au beau visage et au regard transparent de Nordique, qui faisait régulièrement et apparemment sans aucun problème des allers et retours entre la maman et la putain.

Je lui demandai de me raconter ses débuts et sa réponse me rappela une vieille anecdote : « Elle tirait le diable par la queue et puis un jour elle se dit pourquoi le diable ? et depuis elle vit dans l'opulence. » Ingrid m'avoua qu'avant de devenir call-girl, elle avait beaucoup fait l'amour, sans grand plaisir et gratuitement. Je ne sais pas si, passée professionnelle, elle prenait beaucoup plus de plaisir, mais ce n'était sûrement pas gratuit.

Je deviens réalisateur et Pierre Richard devient mon « jouet ».

Depardieu-Pierre Richard : naissance d'un couple de cinéma.

Jacques Villeret-Thierry Lhermitte.
Ce couple-là, comme j'aurais aimé le remettre en scène. Mais malheureusement…

Ci-dessus, Pierre Veber, mon grand-père, ferraillant avec Léon Blum au bois de Boulogne, au petit matin.

Pierre-Gilles Veber, mon père, à l'époque où il pouvait encore s'envoler.

Jean-Claude, mon frère aîné, mort à vingt ans en Algérie.

mère et France, ma sœur.

oi, à deux ans, derrière mon grand frère.
garderai cet air soucieux en devenant,
ıelques années plus tard, scénariste.

an, mon fils aîné, avec une petite amie.
en aura beaucoup d'autres.

J'ai vingt-deux ans et je suis reporter militaire au journal *Bled*.

Mon mariage avec Françoise. Elle a vingt-cinq ans et moi vingt-sept.

Mes deux fils, Gilles et Jean.
Ce que j'ai fait de mieux
dans ma vie.

J'ai trente-cinq ans et du mal à faire croire
que je ne suis pas maître nageur, mais écrivain.

Ci-dessous, une des rares photos où nous sommes tous réunis.

vec Françoise. Mon Dieu que cette femme
pu être patiente et douce avec moi.

adia, ma petite-fille.
n magnifique cadeau de mon fils cadet, Gilles.

Avec Jacques Brel et Nathalie Delon, dans les coulisses du théâtre Édouard-VII, pour la première de *L'Enlèvement*.

Ci-dessous, l'homme du *Plat pays* et la petite tête de Parmesan répétant le texte de *L'Emmerdeur*.

© LIDO/Sipa Press

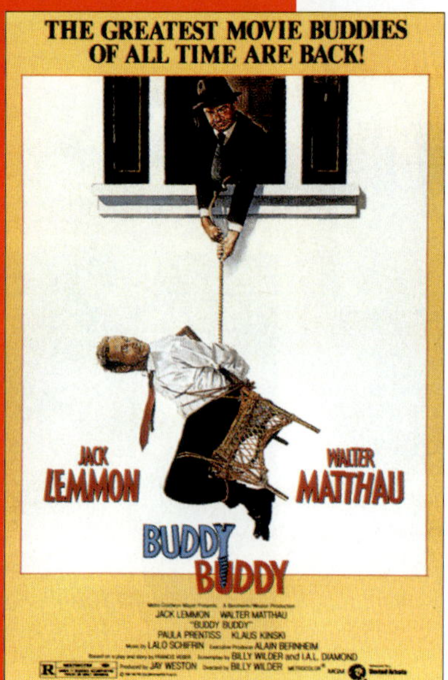

© Collection ChristopheL

Lino et Brel dans un des temps forts de *L'Emmerdeur* mis en scène par Édouard Molinaro.

Jack Lemmon et Walter Matthau, dans le même temps fort, mais cette fois mis en scène par Billy Wilder.

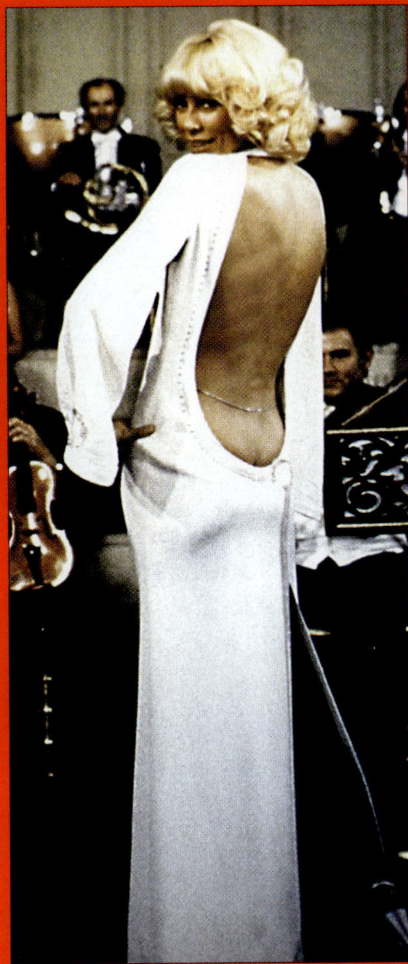

Deux grands souvenirs de ma vie de scénariste : ma rencontre avec Jean Carmet dans *Le Grand Blond*…

… et la robe de Mireille Darc.

Le tournage du *Jouet*, en 1976.
Le petit garçon qui nous accompagne, Pierre et moi, s'appelle Fabrice Gréco et c'est lui qui a « acheté » Pierre Richard…

… et qui le fait livrer chez lui, dans une caisse.

Françoise et moi entre le maître Gérard Oury et le formidable producteur Alain Poiré.

Claude Berri, à qui je dois d'être devenu réalisateur.

Avec Jean Poiret à La Baule, pour l'adaptation de *La Cage aux folles*.

Ce que j'ai aimé travailler avec ces deux-là !

Tournage de *La Chèvre*. Pierre et Gérard s'affrontent dans la jungle mexicaine.

Pierre avec le gorille mormon de *La Chèvre*…

Au festival de Moscou pour *Les Compères*. Depardieu s'apprête à affronter l'URSS à lui tout seul !

Ils sont tellement jeunes sur cette photo et nous allons faire deux autre films ensemble : *Les Compères* et *Les Fugitifs*.

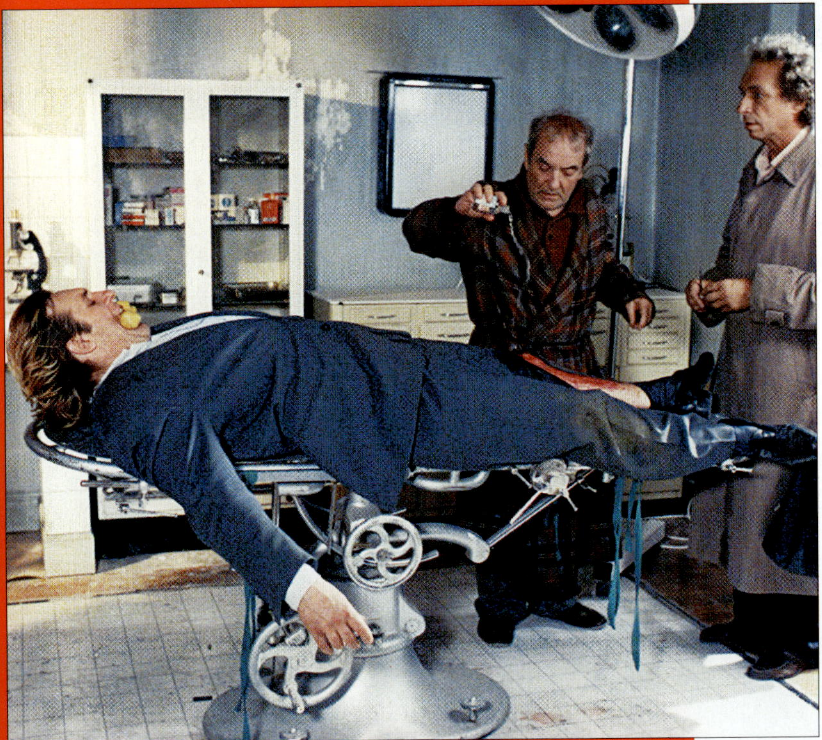

Une partie de tennis pendant le tournage des *Compères*. À voir la photo, je ne suis pas sûr que nous ayons bien compris les règles du jeu.

Les Fugitifs. Carmet, génial dans le rôle d'un vétérinaire sénile.

Le Jaguar. Patrick Bruel aussi concentré sur un tournage que pendant une partie de poker.

Quel bonheur d'avoir un trio pareil à mettre au *Placard*.

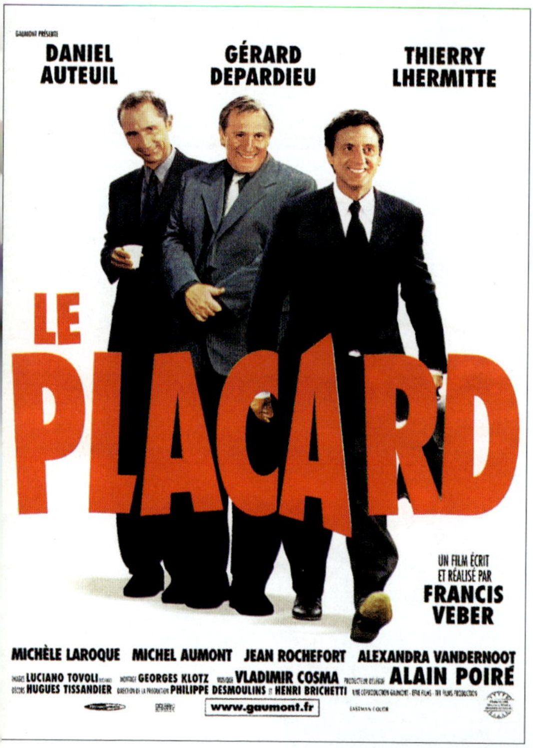

Avec Jean Reno et Depardieu dans l'asile d'aliénés de *Tais-toi !*. J'avais peur tous les soirs qu'on ne me rende pas Depardieu.

Mon acteur le plus insolite, Karl Lagerfeld, au bras d'Alice Taglioni dans *La Doublure*.

Viriginie Ledoyen dans *La Doublure*, tellement adorable qu'elle me fait regretter d'avoir mis en scène si peu de femmes dans mes films.

Dany Boon et Gad Elmaleh dans *La Doublure* : les « modernes ».

Richard Berry et Daniel Auteuil dans le même film : les « classiques ».

Le Dîner de cons sur scène pendant trois ans au théâtre des Variétés. Jacques Villeret entre Claude Brasseur et Michel Robbe.

Tous en scène autour du « patron » des Variétés, Jean-Paul Belmondo, à l'époque du yorkshire.

Le Dîner de cons à l'écran. Francis Huster, Thierry Lhermitte, Jacques Villeret, Daniel Prévost.

Daniel Prévost dans le rôle de Cheval, le contrôleur fiscal du *Dîner*.

Au côté de Jacques Villeret meilleur acteur, Daniel Prévost reçoit son César du meilleur second rôle pour son inoubliable Cheval.

Le Dîner présenté au public américain.

Richard Berry et Patrick Timsit vont faire une reprise de *L'Emmerdeur* au théâtre de la Porte-Saint-Martin.

Arthur et Dany Boon reprennent *Le Dîner* dans le même théâtre.

Où il est démontré qu'il est plus facile d'être acteur que metteur en scène…

Elle m'a surpris en me confiant que la « Madame » qui la pilotait ne lui avait donné aucun conseil au début. Elle lui a juste annoncé qu'un client l'attendait au George-V, rien de plus. Le client était un Grec, et Ingrid a pensé qu'après l'amour, il fallait peut-être bavarder un peu. Le Grec lui a dit qu'il vendait des bijoux fantaisie et il a sorti d'une mallette ses plus belles pièces.

Ingrid était séduite par une paire de boucles d'oreilles. Grand seigneur, le Grec, qui les vendait mille dollars, a offert de les lui céder à moitié prix. Elle lui a rendu la quasi-totalité de ce que lui avait rapporté son travail, pour découvrir, quelques jours plus tard, que le bijou valait à peine cinquante dollars. Je me suis souvenu de ma collaboration avec Yves Robert : la galanterie c'est comme le scénario et comme le poker, il faut payer pour apprendre.

Je dois à Ingrid un des dialogues les plus troublants du *Téléphone rose.* Comme je lui demandais si seul l'argent la motivait, elle me répondit :

– Pas seulement, il y a aussi l'aventure. Quand tu frappes à la porte d'une chambre d'hôtel et que tu ne sais pas ce que tu vas trouver derrière, tu ressens quelque chose, une vraie excitation.

– Mais tu peux tomber sur un monstre !

Elle a souri :

– Un tiers. Sur dix clients, tu en as un tiers très moche, un tiers moyen, et un tiers beau, mais vraiment beau alors.

– Mais pourquoi ils payent, ceux-là ?

– Ils sont de passage à Paris, ils n'ont pas envie d'aller draguer dans une boîte une quelconque bimbo, et avec moi, ils sont sûrs d'en avoir pour leur argent.

Je ne vous en dirai pas plus sur les aventures d'Ingrid, parce qu'elle les racontera peut-être un jour elle-même dans ses Mémoires (qui risquent d'être beaucoup plus excitants que les miens). Ce qui est sûr, c'est qu'elle m'a permis de nourrir le personnage de Mireille Darc, qui a peut-être trouvé dans *Le Téléphone rose* un de ses meilleurs rôles.

Molinaro avait terminé sa documentation sur les PME, et il m'a rejoint à Taroudan, dans l'hôtel où j'avais déjà séjourné avec Yves Robert. Nous en fûmes vite chassés par le bruit. Le directeur avait entrepris des travaux, on redessinait les jardins et c'est un des rares moments où j'ai regretté l'absence d'Yves Robert, dont la veste de jardinier aurait enfin été de circonstance.

Nous avons échoué à Agadir, dans un de ces hôtels démesurés pour tourisme de masse. Là encore, se concentrer était difficile, à cause de l'ambiance Club Med de l'endroit. Des centaines de vacanciers, scandinaves pour la plupart, poussaient des cris rauques qui étaient vraisemblablement des cris de joie. Cette clientèle trop festive ne nous facilitait pas le travail, ni celui du directeur de l'hôtel qui nous confia qu'il avait dû faire mettre des alèses sur tous les matelas pour les protéger contre ceux qui pissaient au lit les soirs de cuite, c'est-à-dire tous les soirs.

Le directeur était un homme d'une quarantaine d'années, sympathique, d'origine arménienne. Quand je lui ai dit que ma mère s'appelait Agadjanian, nos rapports sont devenus chaleureux, et il a eu la gentillesse de mettre à notre disposition son appartement, au dernier étage de l'hôtel, à l'abri des vacanciers. Pour lui manifester ma reconnaissance, je lui ai fait une proposition très imprudente : « Si vous passez à Paris, appelez-moi, et on dînera ensemble. »

On ne se méfie jamais assez de ce genre de proposition. On oublie et puis un jour, le téléphone sonne et une voix vous annonce : « Je suis à Paris, quand est-ce qu'on dîne ? »

Je n'avais plus très envie de revoir mon Arménien d'Agadir, mais il nous avait vraiment aidés. Je décidai de ne pas être ingrat et l'invitai à la maison. J'invitai aussi Molinaro. Jean – c'était le prénom de notre ami – vint avec sa femme, une personne discrète qui n'avait pas besoin d'entrer dans votre mémoire pour être effacée. Ce dîner fut à l'origine d'un des plus grands moments de honte de ma vie.

Dès les hors-d'œuvre, le repas prit un tour funeste. Jean entreprit de nous raconter le génocide arménien dans le détail. Et jusqu'au dessert inclus, des milliers d'hommes, de femmes, d'enfants furent massacrés par les Turcs sur ma table de salle à manger. C'était on ne peut plus sanglant. Les tueurs d'Abdul Hamid, le Sultan rouge, enfermaient leurs victimes dans des tonneaux avec des chats affamés, et les jetaient dans l'Euphrate. Le supplice du pal arriva au moment du fromage. Ma famille arménienne, originaire de Russie, avait été épargnée par le génocide, mais ce soir-là, grâce à mon ami d'Agadir, j'y ai eu droit.

Quand il nous a quittés, Molinaro et moi étions exténués. Mon Arménien m'a gentiment proposé de me rendre mon invitation la semaine suivante, j'ai accepté, mais après le départ du couple, nous avons eu, Molinaro et moi, le même cri du cœur : « Jamais plus ! »

Huit jours plus tard, coup de téléphone, j'entends une voix que je ne reconnais pas :

– Allô, c'est Jean, on dîne ce soir ?

Pensant qu'il s'agissait de Jean Durieux, un copain de *Match*, et que j'étais libre pour la soirée, je réponds « pourquoi pas ». Et puis je me souviens de mon Arménien et je me reprends :

– Non, je ne peux malheureusement pas ce soir, parce que j'ai rencontré un raseur au Maroc, tu sais, le genre de type à qui tu dis si vous passez à Paris, appelez-moi, et qui te prend au mot. On a dîné avec lui la semaine dernière, Molinaro et moi, et tu n'imagines pas le désastre ! Ce malheureux nous a imposé le génocide arménien pendant tout le repas !

Et je me suis mis à faire un sketch au téléphone, ridiculisant mon pauvre copain d'Agadir avec toute la verve dont j'étais capable, ignorant que c'était lui que j'avais au bout du fil. Il écoutait, silencieux, et j'en rajoutais, j'en rajoutais...

À la fin de mon numéro, j'ai demandé : « Ça va mieux, ta grippe ? » – Durieux avait été grippé quelques jours auparavant – et j'ai entendu mon interlocuteur répondre d'une voix blanche :

— Je n'ai pas eu la grippe.

L'horreur. J'en ai laissé tomber le téléphone par terre, et j'ai fait une chose qui prouve mon désarroi, je suis allé me cacher dans la penderie. Pourquoi la penderie ? Je ne sais pas. Je m'embusquai derrière les manteaux et je ne voulais plus sortir. Françoise est alors apparue à la porte et a été surprise de me trouver là. Je lui ai raconté ce qui venait de se passer et elle s'est mise à répéter : « Oh, mon Dieu ! Oh, mon Dieu ! Oh, mon Dieu ! » en se frappant les joues avec les deux mains, un geste que je ne l'avais jamais vue faire avant.

Le téléphone était resté sur la moquette et j'ai pensé, horrifié, que l'Arménien était peut-être toujours au bout du fil. J'ai dit à Françoise :

— Va lui parler.

Françoise est quelqu'un d'adorable et elle a toujours tout fait pour m'aider. Mais cette fois, elle a été on ne peut plus catégorique :

— Jamais de la vie, va lui parler toi-même !

Je suis sorti de la penderie, priant Dieu qu'il ait raccroché, mais non, il était toujours là. Je ne savais pas quoi lui dire, j'avais tellement honte. J'ai réussi quand même à lui parler.

– Jean, tu représentes aujourd'hui pour moi ma plus horrible gaffe, et pour cette raison, je ne t'oublierai jamais. Alors, voilà ce que je te propose, on va tout de même dîner ensemble ce soir, et si ça se passe bien, si tu n'es pas l'emmerdeur que je viens de décrire avec une telle méchanceté, on va devenir amis à la vie à la mort.

Le dîner s'est bien passé. Nous nous en sommes tenus à des banalités reposantes. Jean a failli déraper une fois, mais je l'ai arrêté au moment où un Turc coupait les testicules de son grand-oncle, et nous sommes arrivés au dessert sans encombre.

Je suis resté ami avec Jean. On ne se voit pas souvent, mais ce que je lui ai dit était vrai, il fait partie des hommes que je n'oublierai jamais.

Granier-Deferre était un homme foncièrement gentil et s'il nous arrivait d'être en désaccord, c'était toujours sur le rythme du film. J'avais tenté, en écrivant *Adieu poulet* de serrer l'action au maximum, mais ce n'était pas dans le tempérament de Granier. Même pour un polar, il ne recherchait pas l'efficacité à tout prix, et trouvait mon travail trop tiré au cordeau. Il prétendait l'humaniser en le dérythmant, en le jouant moins tendu.

On comprenait mieux Granier quand on savait qu'il avait passé une grande partie de sa jeunesse cloué sur un lit. Des problèmes de santé l'avaient conduit à subir plusieurs opérations chirurgicales, et pendant des années, il n'avait vu le monde qu'à travers une fenêtre dans le cadre de laquelle il ne devait pas se passer grand-chose. Il en avait gardé un regard particulier sur la vie, qui donnait beaucoup de charme à certains de ses films, mais qui me paraissait un peu rêveur pour *Adieu poulet*.

Nous sommes partis travailler à La Colombe d'Or à Saint-Paul-de-Vence et un jour, nous nous sommes sérieusement accrochés sur une scène. C'était un des moments les plus violents du film et Granier me proposait de l'atténuer un peu en détournant un instant la caméra pour filmer un envol de mouettes. Je ne suis déjà pas fou des mouettes en temps normal mais, là, j'ai commencé à ne plus les aimer du tout. Le ton de la discussion s'est mis à monter jusqu'au moment où quelqu'un a glissé un bout de papier sous la porte.

C'était un message de Simone Signoret, notre voisine de palier, qui nous écrivait : « J'entends tout. »

Je savais qu'elle s'ennuyait un peu dans l'oisiveté de La Colombe et qu'elle ne détestait pas se pencher sur la vie des autres. Je suis donc allé frapper à sa porte, elle m'a ouvert dans son état habituel, Casque d'Or et gueule de bois, et je lui ai dit :

– Si vous entendez tout, on se fera une joie de vous avoir avec nous.

Elle ne s'est pas fait prier et s'est installée à notre table de travail entre Granier et moi, comme un arbitre de tennis. Nous avons repris la discussion et elle s'est mise effectivement à arbitrer, disant : « Il a raison », quand elle estimait que l'un ou l'autre avait marqué un point.

Mon intolérance à l'égard des mouettes de Granier-Deferre peut s'expliquer en remontant très loin dans mon passé. Je devais avoir une quinzaine d'années quand ma mère, lasse de pondre le même roman plusieurs fois par an, décida de se mettre en congé de littérature alimentaire pour écrire une pièce de théâtre.

Elle trouva dans un recueil de nouvelles de mon grand-père, Pierre Veber, *Mademoiselle Fanny,* une histoire qui lui parut bonne à adapter pour la scène. Mais comme elle ne savait pas grand-chose de l'art dramatique, elle se chercha un collaborateur.

Gabriel Arout était un vrai professionnel de théâtre, auteur de plusieurs pièces à succès, et qui avait en plus l'avantage d'être, comme ma mère, arménien de Russie, ce qui facilita la prise de contact.

Il était étonnant physiquement. Presque aussi large que haut, le crâne rasé, le corps ogival, il ressemblait au dernier étage d'une fusée Apollo. Mais c'est surtout sa façon de parler qui surprenait, les phrases sortaient de sa bouche comme passées au hachoir, les mots semblant se désolidariser les uns des autres.

Il retrouvait ma mère tous les soirs dans la salle à manger de notre appartement, et je l'entendais lui dire sans arrêt cette phrase qui revenait comme un leitmotiv : « Tu-n'es-pas-en-situation. »

Ce fut ma première leçon de dramaturgie et la raison de mon différend avec Granier-Deferre. Je dois à un vieil auteur franco-russe à l'élocution morcelée mon obsession de la situation. Une obsession qui enferme les personnages dans une dynamique où il y a difficilement de la place pour un envol de mouettes.

Mademoiselle Fanny a été montée quelques années plus tard au Théâtre des Mathurins, et c'est à l'occasion de sa création que j'ai eu mon premier contact avec un acteur. Un contact assez brutal.

Ma mère et Gabriel Arout devaient rejoindre la troupe à un dîner donné par le théâtre chez Dominique, un restaurant russe de Montparnasse. Elle me proposa de l'accompagner. J'avais alors dix-huit ans, je redoublais ma première année de médecine, et j'ignorais tout du monde du spectacle. Il me séduisit immédiatement sous les traits de la jeune première de la pièce, Évelyne Rey, une très jolie fille aux épais cheveux blonds coiffés en queue-de-cheval. Elle me demanda ce que je faisais dans la vie et je restai si vague sur mon niveau d'études qu'elle crut comprendre que j'étais quasiment médecin. Elle me consulta sur une petite raideur qu'elle avait à la hanche, j'étais tout prêt à l'examiner mais je n'osais pas jouer au docteur avec elle en présence de ma mère.

Dominique était un restaurant où beaucoup d'acteurs se retrouvaient après le spectacle, un endroit fascinant pour moi qui passais mes journées entre le Jardin des Plantes et l'appareil urogénital de la grenouille. Bref, je ne m'ennuyais pas quand François Périer, un des grands comédiens de l'époque, entra dans la salle.

Il était accompagné de sa femme, Marie Daëms, et d'une bande d'amis et il était très saoul. Sa table devint rapidement la plus bruyante du restaurant, ça buvait sans discontinuer et, à un moment donné, Périer s'est mis à aspirer du yaourt avec une paille et à le souffler entre les cuisses d'une des filles assises près de lui.

Il y avait là de quoi attirer mon attention. J'observais la scène avec intérêt, et Périer s'en aperçut. Il lança alors d'une belle voix de théâtre :

– Qu'est-ce que c'est que ce petit con qui nous regarde ?

Il y eut un bref silence dans la salle, puis les conversations reprirent mais, moi, j'étais vraiment mortifié. Je me tournai vers Gabriel Arout :

– Périer m'a traité de con, qu'est-ce que je fais ?

Arout m'a répondu de sa voix hachée :

– Prends-ça-avec-humour.

N'étant pas très courageux, j'étais tout prêt à l'écouter, mais Évelyne Rey, la jeune première, s'est brusquement déclenchée. Elle avait pas mal bu elle aussi, elle s'est levée et est allée se planter devant l'acteur :

– Dis donc, Périer, pourquoi tu as traité ce jeune homme de con ?

Périer l'a toisée un petit instant, puis lui a demandé, montrant ma mère du doigt :

– Qu'est-ce que tu joues dans la pièce de cette femme ? Le rôle de la pute ?

Je ne pouvais plus me dégonfler. Je me suis approché

de sa table sans intention bien précise. Il s'est levé et s'est jeté sur moi. Mon poing est parti dans un geste réflexe.

Je ne savais pas me battre, mais j'étais jeune et en forme, Périer a reçu un direct dans l'œil et est allé s'écraser contre des rayonnages de bouteilles de vin, disposés le long du mur. Plusieurs bouteilles ont explosé sur le sol et on s'est mis à patauger dans le bordeaux. Marie Daëms est alors intervenue. Elle a bondi sur Évelyne Rey, l'attrapant par sa magnifique queue-de-cheval qui s'est détachée et a atterri dans la vinasse. C'était un postiche. J'en conçus une légère déception, mais de courte durée, parce que les serveurs m'empoignèrent et me virèrent du restaurant.

Mona Goya, une des interprètes de *Mademoiselle Fanny*, une grosse femme d'une soixantaine d'années spécialisée dans les rôles de belle-mère tonitruante, m'a rejoint sur le trottoir, compatissante :

— Ta mère doit rester avec la troupe mais, moi, j'allais rentrer et je peux te déposer.

Nous avons pris un taxi ensemble et j'ai été victime d'une deuxième agression. Mona Goya s'est jetée sur moi en soufflant d'une voix rauque :

— Toi, c'est pas une petite poulette de vingt ans qu'il te faut !

J'ai réussi à m'échapper et suis revenu chez moi un peu étourdi par ces premiers pas dans le merveilleux monde du spectacle.

François Périer jouait à l'époque une pièce appelée *Le Séducteur*. Le lendemain de notre rencontre, Carmen Tessier, la commère de *France-Soir*, écrivait dans sa colonne de potins : « À la suite d'un coup de poing dans la figure, François Périer devra jouer pendant quelque temps *Le Séducteur* avec un œil au beurre noir. »

Mademoiselle Fanny remporta un succès d'estime. En d'autres termes, ma mère a retrouvé ses romans plus vite qu'elle ne l'espérait. Quant à moi, j'ai revu Gabriel Arout quelques années plus tard à une réception à la Société des auteurs. J'avais déjà écrit quelques films et je lui ai dit combien son « tu-n'es-pas-en-situation » m'avait marqué. Il a souri et m'a répondu en hachant ses mots plus que jamais : « Tu-as-bien-retenu-la-leçon. »

« Je remercie Claude Berri... » Cette phrase entendue pendant tant d'années aux cérémonies des César, je voudrais la dire à mon tour aujourd'hui. Je remercie Claude Berri qui m'a poussé à devenir metteur en scène, ce qui a changé ma vie.

Je venais de terminer l'écriture du *Jouet* et se posait le problème du choix d'un réalisateur. Berri, qui était le producteur du film, me demanda alors :

— Pourquoi tu ne le fais pas toi-même ?

Je n'avais jamais pensé passer derrière la caméra et j'ai répondu spontanément :

— Mais je n'y connais rien !

Ça ne lui a pas fait perdre sa sérénité :

— Aucune importance, on va te choisir un bon conseiller technique et ça se passera très bien.

De tous les producteurs que j'ai croisés, Claude Berri est le plus inclassable. J'aimerais l'évoquer le plus objectivement possible et c'est difficile, parce qu'il est mort.

Quand une personnalité aussi marquante disparaît, on a du mal à faire son portrait sans glisser vers l'éloge funèbre. Je trouve que Berri mérite mieux que ça. Il a raconté lui-même ses zones d'ombre dans son *Autoportrait* et se contenter de dire de lui aujourd'hui qu'il a fait de beaux films, qu'il fut le parrain du cinéma français pendant plusieurs décennies et que la tragédie l'a frappé atrocement, c'est être en service minimum du souvenir.

Petit, trop vite chauve, au bord du bégaiement, il n'avait rien pour plaire et c'était un séducteur. *Claude*, le livre-déclaration d'amour de sa dernière compagne, Nathalie Rheims, en est la plus belle illustration. Et elle résume bien la magie de Berri : tout ce qui semblait lui être un handicap se changeait en avantage. Piéral, un acteur nain célèbre, avait dit un jour : « Si je gravissais l'Himalaya, je serais vraiment le plus fort, parce que je partirais de plus bas. » Claude Berri, issu d'une modeste famille juive du Sentier, aussi éloignée que possible du show-business, est vraiment parti de très bas pour gravir son Everest à lui.

Sa vie professionnelle pourrait se résumer en deux mots : rapacité et générosité. Je n'emploie pas ici le mot « rapacité » dans le sens appât du gain, mais pour cette violence de prédateur qu'il déployait quand il voyait poindre un talent à l'horizon. Il se précipitait, carnet de chèques à la main, pour le mettre sous sa coupe. Ils sont nombreux les jeunes réalisateurs à qui il a téléphoné en leur disant cette phrase restée célèbre : « Surtout, ne signe avec personne » Et je suis sûr qu'il agissait ainsi par amour de l'art.

Il n'était pas moins généreux quand il mettait en scène. Je me souviens du désarroi d'Alain Poiré, coproducteur de *Jean de Florette*, auquel Berri, qui tournait en Provence, avait demandé de faire peindre dans des teintes plus claires la rocaille en fond d'image. Poiré s'énervait :

– Pourquoi il veut des rochers plus blancs, cet abruti, ça ne se verra pas à l'image et ça va nous coûter une fortune !

Berri a eu gain de cause et si vous revoyez *Jean de Florette*, les pierres trop blanches qu'on distingue à peine dans le lointain sont sa peinture, délayée par les larmes d'Alain Poiré.

Un autre trait de son caractère, et peut-être le plus surprenant pour moi : son naturel, voire son indécence. Il a perdu un jour son pantalon, sous mes yeux, sans manifester le moindre trouble. Ça se passait à l'époque où il avait comme cantine un grand restaurant de poissons, boulevard Raspail, et où, pour lui faire plaisir, ses amis, le cuisinier, tout le monde se relayait pour le gaver comme une oie. Il avait beaucoup grossi et quand il revenait au bureau, il dégrafait sa ceinture pour pouvoir respirer.

Il m'avait donné rendez-vous après déjeuner, j'étais assis en face de lui et je l'avais entendu ouvrir sa fermeture Éclair pour libérer son ventre. Pezet, son distributeur, est alors entré à l'improviste, Berri s'est levé pour l'accueillir et son pantalon est tombé sur ses chaussures. N'importe qui aurait marqué une certaine confusion. Lui pas. Il a remonté son pantalon, sans cesser de parler à Pezet, comme si de rien n'était.

Il est venu habiter chez moi pendant trois semaines après sa séparation d'avec Anne-Marie, sa première femme. Là encore, j'ai été frappé par sa décontraction. Le matin, il sortait de sa chambre, vêtu d'un long tee-shirt orné du portrait de Droopy, un chien qui avait l'air aussi optimiste que lui, il me rejoignait dans la salle à manger, l'air embrumé, en se grattant les parties à travers le tee-shirt.

Je sais que ce genre de souvenirs a un côté « Napoléon vu par son valet de chambre », mais ils sont trop présents dans ma mémoire pour que je les passe sous silence.

Il me faut encore ajouter un fait troublant : Berri était exactement le même en sortant de la douche qu'en y entrant. L'eau et le savon ne semblaient pas avoir d'effet sur lui.

Aux alentours de la cinquantaine, il a été atteint par deux maladies, l'une grave, le diabète, l'autre insolite, l'art contemporain. La deuxième m'est trop mystérieuse pour que j'en parle. En revanche, sur la première, j'ai malheureusement des lumières : mes grands-pères ayant été diabétiques, je sais le terrible inconfort d'avoir cette épée de Damoclès en sucre au-dessus de sa tête.

Un soir où je dînais avec lui, Berri s'est levé en cours de repas pour aller faire sa piqûre d'insuline. Il avait déjà eu un premier accident vasculaire, il faisait peine à voir, mais il était encore – et malgré une dépression lourde – plein d'énergie et de projets.

Lors d'un de mes passages à Paris, j'appris qu'il tournait en extérieur, pas loin de mon hôtel. Je suis allé le saluer. C'était un tournage de nuit. Il faisait froid et je l'ai trouvé affalé dans son fauteuil de metteur en scène, emmitouflé dans une couverture, un passe-montagne posé de travers sur la tête. Il était visiblement au bout du rouleau et il continuait à se battre. Un deuxième AVC a eu raison de lui et pour conclure ce portrait, je ne vois rien de mieux à dire, moi aussi, que : « Je remercie Claude Berri. »

Pendant que je préparais *Le Jouet*, j'ai perdu un homme auquel je tenais beaucoup : mon oncle, Serge Veber.

Serge était le frère cadet de mon père, mais il avait commencé par être sa sœur cadette. Leur mère, qui désirait une fille, l'avait habillé en robe jusqu'à la puberté. J'ai vu des photos de lui enfant, il était adorable, avec ses longues anglaises sur les épaules et sa petite jupe plissée. Et je me dis que s'il y avait pris goût, mon oncle aurait été ma tante.

Mais il n'y a pas pris goût. À l'adolescence, il est vite sorti des jupes de sa mère et des siennes, refusant d'être une femme ratée pour devenir un homme à femmes.

Il était séduisant et léger. Le contraire de mon père. Et, malheureusement, mon contraire aussi. Sa recette : ne pas trop s'investir dans son travail et consacrer le plus de temps possible au plaisir. Pour moi, qui ai porté lourd toute ma vie, Serge était un modèle de réussite.

Sa vie à lui n'était pas gâchée par l'ambition. Il s'était spécialisé dans l'opérette, un genre qui ne demandait pas trop d'efforts sur le plan de la création. Belle époque où les auteurs dits légers mettaient sans complexe leur intelligence en veilleuse. On cherchait après

Titine, on se faisait pouet-pouet, on se disait viens poupoule, viens, et ça suffisait. Belle époque où Serge avait pu écrire dans une de ses opérettes cette réplique pour Tino Rossi qui entrait en scène, portant un grand plateau de coquillages :

— Elles sont pas lourdes, ces palourdes.

J'envie ce temps où, si on ne pouvait pas rire de tout, on savait s'amuser d'un rien.

On m'a prénommé Francis à cause d'un drame qui est arrivé à Serge. Il a perdu la plus jeune de ses deux filles, Francine, morte de leucémie à l'âge de onze ans. Il adorait cette enfant et tenta l'impossible pour la sauver, passant de médecins impuissants à des charlatans crapuleux. Et il m'a bouleversé quand il m'a raconté qu'un soir il était entré dans la chambre de son enfant, squelettique et frissonnante dans son lit. Il s'était déshabillé et avait pris le petit corps martyrisé contre lui. Entre les bras de cet homme séduisant, dans la force de l'âge, elle s'était assoupie, le visage enfin détendu, la douleur momentanément oubliée.

La photo de Francine n'a pas quitté Serge jusqu'à la fin de sa vie. Il avait repris son existence papillonnante, allant de conquête en conquête, mais le portrait encadré, posé sur sa table de nuit, montrait que la blessure ne pouvait pas se refermer.

Jusqu'à sa mort, à quatre-vingts ans, il eut des maîtresses, ce qui lui valut une fin de vie navrante. Ses conquêtes étaient de plus en plus douteuses. J'ai connu la dernière et la pire de toutes. Elle avait vingt-deux ans et il l'aimait. Elle n'attendait qu'une chose, la fin du mois, pour lui piquer sa retraite. Il lui pardonnait tout, mais il m'a quand même dit un jour, pensivement :

— Je me demande si elle n'est pas un peu intéressée.

Je n'ai pas réagi et il m'a cueilli de nouveau en ajoutant :

– Si seulement j'avais cinq ans de moins.

À quatre-vingts ans, il regrettait ses soixante-quinze ans, laissant supposer qu'il était, à ce moment-là, au pic de sa forme.

La fille le détroussait régulièrement et, n'ayant plus de quoi vivre, il me demandait de lui avancer un peu d'argent, ce que je faisais volontiers, mais il le lui reversait immédiatement. Ça me rappelait, toutes proportions gardées, les amours de Trujillo, l'ex-dictateur de Saint-Domingue, avec l'actrice américaine Kim Novak. Les États-Unis accordaient une aide à Saint-Domingue, qui passait aussitôt dans la poche de Kim Novak. Un sénateur américain avait alors demandé avec humour pourquoi on ne versait pas directement l'aide à l'actrice. J'ai fait la même proposition à Serge, mais il était trop désemparé pour en rire.

Un soir, sa fille aînée m'a appelé :

– Papa ne va pas bien.

J'ai compris au son de sa voix que c'était grave et je me suis précipité chez lui. Il était allongé sur son lit et j'ai reconnu la respiration des agonisants, brève, précipitée, prenant l'air à petites goulées, comme les gens qui aspirent les dernières gouttes d'un verre presque vide. Serge m'a souri, il savait qu'il était mourant, mais il était incroyablement courageux. Je lui ai proposé, affectant de ne pas voir le côté désespéré de son état, de venir habiter avec moi pendant l'été, au moment où ma famille serait partie en vacances. Il a eu la force de me répondre, toujours souriant :

– D'accord, mais à condition qu'il y ait des filles.

Ce fut la dernière phrase d'un homme que j'ai aimé plus que mon père, et qui a su mourir comme il avait vécu : avec légèreté.

J'ai commencé le tournage du *Jouet* aidé, comme convenu, par un bon conseiller technique, que j'ai remercié au bout de deux semaines. Il pensait que je voulais faire de la mise en scène comme Marie-Antoinette élevait des moutons. Transformé en fantôme sur le plateau, je le regardais réaliser le film à ma place et j'ai mis fin à notre collaboration. Quand il est parti, j'ai eu l'impression d'être dans un avion dont j'avais viré le pilote. J'étais aux commandes mais je n'y connaissais rien.

C'était passionnant et terrifiant à la fois. Passionnant parce que je découvrais la direction d'acteurs. Je pouvais leur demander de me restituer la musique que j'avais dans la tête quand j'écrivais leurs dialogues. Le mot interprète prenait alors là tout son sens. Terrifiant, parce que passer du scénario à la réalisation, c'est passer du silence au vacarme. Finie la solitude favorable à l'inspiration. Vous êtes brusquement confronté à une foule de gens, comédiens, techniciens, qui posent tous des questions, et il faut faire semblant d'avoir les réponses.

Les quelques semaines de ce premier tournage, je les ai passées dans la peur. Peur de prendre du retard, peur de voir l'équipe s'emparer du pouvoir à cause de mon incompétence, peur de voir les acteurs devenir hostiles parce que inquiets.

Mais ces quelques semaines, je les ai passées aussi dans le bonheur de voir la nouvelle que j'avais écrite des années auparavant, quand j'étais encore à l'armée, prendre vie sous mes yeux.

On a eu du mal au début, Pierre Richard et moi. Il jouait comique. Il courait en levant haut les genoux et bégayait ses répliques pour gagner en drôlerie. C'était le contraire de ce que je voulais. Je lui disais que jouer comique dans une situation comique était un pléonasme, il le comprenait, mais il peinait à se débarrasser de ses tics. Il y est parvenu à force de travail et j'ai eu le bonheur de le voir passer de la peau d'un mime, d'un danseur et d'un clown, à celle d'un comédien.

Le Jouet fut un demi-succès et, aussitôt, Radio-Fouquet's se déchaîna. Le Fouquet's était à l'époque l'endroit où se retrouvait toute la crème du cinéma, et aussi la mousse, ces producteurs, réalisateurs ou acteurs qu'on voyait rarement aux génériques des films, mais qui avaient un avis sur tout, et en particulier, à la sortie du film, sur ma carrière : « Veber n'est pas fait pour la mise en scène, qu'il revienne à sa vraie place qui est celle de scénariste. »

Le Jouet avait fait un million quatre cent mille entrées, un score honorable mais décevant en comparaison de mes résultats quand j'écrivais pour les autres. Les ondes négatives du Fouquet's se répandirent dans toute la profession et je dus attendre quatre ans avant de me voir confier une autre réalisation.

À vrai dire, je n'en avais pas très envie. L'accueil réservé au film par les « spécialistes » m'avait vraiment fait du mal. Des jugements comme « Rien de plus triste qu'un *Jouet* qui ne fait pas rire » ou « Moins drôle qu'un Molinaro ou un Lautner, un comble ! » ne m'encourageaient pas à repasser derrière la caméra.

Je suis donc retourné au scénario, me mettant au service de Molinaro pour *La Cage aux folles*.

Après des années de triomphe au Palais-Royal, *La Cage aux folles* n'avait toujours pas trouvé d'acquéreur pour le cinéma. J'ignore ce qui retenait les producteurs d'acheter les droits de ce chef-d'œuvre, et c'est finalement un Italien, Marcello Danon, qui s'en empara.

Danon confia la mise en scène à Molinaro et demanda à Jean Poiret, l'auteur de la pièce, d'écrire l'adaptation.

J'avais une grande admiration pour Jean Poiret, je trouvais irrésistible son humour à mi-chemin entre l'esprit français et le non-sens anglo-saxon et j'aurais payé cher pour avoir eu l'idée d'une pièce comme *La Cage aux folles.*

Poiret se mit au travail sur l'adaptation et fit une dépression nerveuse. Je n'exagère pas. Molinaro, qui lui rendait visite régulièrement, me raconta qu'il le trouvait prostré devant sa table de travail, bourré d'anxiolytiques et incapable de faire passer son merveilleux concept de la scène à l'écran.

Ce n'est pas simple d'adapter sa propre pièce. Je l'ai fait pour *L'Emmerdeur* et *Le Dîner de cons* et, chaque fois, j'ai eu l'impression de m'emparer d'un corps vivant, l'œuvre théâtrale, et de le dessécher pour le mettre dans cette boîte de conserve qu'est le cinéma.

Le problème, c'est qu'il faut couper, attaquer la pièce à la hache, pour l'amener au format d'un film. Certaines situations dont on sait qu'elles sont drôles sont sacrifiées et les rires qu'elles ont provoqués sur scène viennent mourir dans la corbeille à papier. Pour un auteur, adapter sa propre pièce, c'est s'automutiler.

Voyant que Jean Poiret ne s'en sortait pas, et sur les conseils d'Édouard Molinaro, Marcello Danon me demanda de me charger de l'adaptation.

Ce fut d'autant plus difficile avec *La Cage* que Jean Poiret était un grand improvisateur. Quand il était en forme, la pièce pouvait durer une demi-heure de plus. Il se lançait brusquement dans une improvisation irrésistible, le public était par terre de rire, mais c'était un de ces rires irrécupérables au cinéma.

Le producteur Marcello Danon était un personnage insolite, d'origine bulgare. Obsédé par le surpoids, il faisait des kilomètres à pied dans les rues de Rome, de Paris, ou de New York, se nourrissant presque exclusivement de cacahuètes. Il avait en plus une drôle de tête, comme s'il portait en permanence un bas sur le visage pour faire un hold-up.

Je lui remis mon adaptation de *La Cage* et il ne fit qu'une réserve, mais elle me surprit :

— C'est bien, mais ça manque de femmes.

Je tentai de lui expliquer qu'il y avait peut-être un fond d'homosexualité dans la pièce, mais Danon faisait partie de la vieille école de producteurs, ceux qui pensaient que, pour assurer le succès d'un film, il fallait quelques filles déshabillées, un chien d'aveugle et un enfant abandonné. C'était trop difficile à caser dans *La Cage* et je n'ai pas récrit l'adaptation.

Le film se tourna dans les studios de Cinecittà, à Rome, et fut un cauchemar pour Molinaro. À cause d'Ugo Tognazzi. Et aussi à cause de Molinaro, qui paraissait inviter certains acteurs à le persécuter.

Tognazzi était un méchant. Il savait être charmant quand c'était nécessaire, mais sur un plateau, au moindre signe de faiblesse du réalisateur, il devenait impitoyable.

J'ai assisté à la rencontre Molinaro-Tognazzi à Rome, et j'ai tout de suite senti que ça partait mal. Tognazzi avait plus de soixante ans à l'époque, et il était accompagné d'une très jeune et très jolie femme. Molinaro l'a regardé, attendri, et a demandé à Tognazzi : « C'est ta fille ? » Tognazzi n'a pas répondu, il a juste eu un sourire indulgent où on pouvait lire : « Comment peut-on être con à ce point-là ? »

La scène avait lieu dans un grand restaurant où nous avait conviés à dîner Marcello Danon. Nous sommes passés à table et Tognazzi, qui observait Molinaro comme un prédateur soupèse une proie, lui confia qu'il adorait cuisiner et l'invita à venir goûter chez lui ses meilleures spécialités. J'ai vu alors Molinaro se rapprocher un peu plus du précipice.

— Tu es gentil, Ugo, mais je fais un petit régime en ce moment, et j'essaye d'éviter les bonnes choses.

Tognazzi a eu à nouveau un sourire indulgent, mais il y avait quelque chose dans son regard qui annonçait la curée.

L'enfer. Pendant des semaines, Tognazzi arrivait sur le plateau et injuriait Molinaro devant toute l'équipe. À l'italienne, hurlant, arrachant des pages du script, s'attrapant les couilles à pleines mains, pour mieux montrer son mépris. J'étais revenu à Paris et Molinaro m'appelait régulièrement pour me raconter son calvaire. Le producteur lui avait loué un petit appartement dans une résidence et il rentrait tout seul le soir y manger une tranche de jambon, les oreilles encore pleines d'injures italiennes.

Je me promenais avec Molinaro quelques années plus tard – je l'avais rejoint dans sa maison de campagne pour mettre en chantier un autre film – et nous étions suivis par un chien du coin qui nous avait pris en sympathie. Un gentil bâtard qui, pour autant que je m'y connaisse en chiens, me paraissait être le croisement d'un bâtard et d'un bâtard. Il portait une inscription sur son collier, « Bantalacci ». Ça devait être le nom de son maître et comme nous ne connaissions pas son nom à lui, nous l'appelions Bantalacci.

Un jour, nous sommes passés devant la grille d'une propriété et un molosse a surgi brusquement derrière les barreaux, bavant de colère et couvrant Bantalacci d'aboiements féroces. Bantalacci s'est recroquevillé craintivement et Molinaro m'a dit :

— Tu vois, ça, c'est moi en face de Tognazzi.

À Hollywood, il y a une liste où sont répertoriés les acteurs-bourreaux. On l'appelle : « *The life is too short list* » ou, en traduction libre : « La vie est trop courte pour tourner avec des malades pareils. » Tognazzi aurait pu y figurer en bonne place.

Pour tout arranger, il refusa de jouer en français. Il s'y était engagé par contrat, mais voyant à quel point Serrault était prodigieux dans son rôle, il décida de lui donner la réplique en italien. Cela posa un double problème, au tournage d'abord, au doublage ensuite. Serrault ne parlant pas italien, il devait guetter le dernier mot de la réplique de Tognazzi pour enchaîner. Et Tognazzi, soit par perversité, soit parce qu'il savait mal son texte, changeait souvent ce dernier mot. S'il devait dire « marmelade », il disait « confiture » et Serrault se mettait à patauger.

Au doublage, ce fut un véritable casse-tête. Il y a toujours une syllabe de plus en italien. « Vin » devient *vino* et « putain », *putana*. Beaucoup d'acteurs tentèrent de doubler Tognazzi; c'est finalement Pierre Mondy qui fit la performance la plus acceptable, compte tenu des difficultés.

Malgré tous ces aléas, *La Cage aux folles* fut un triomphe mondial, couronné d'une nomination aux Oscars. Pour la meilleure adaptation. Comme il s'agissait de mon travail, j'ai appelé Danon afin de partager ma joie avec lui et lui demander qui allait se rendre à la cérémonie. Il m'a répondu : « Moi. »

Sachant que Molinaro était retenu en France par le tournage d'un film, j'insistai : « Mais qui de l'équipe artistique ? », sous-entendu « Est-ce que je serai du voyage ? » Il m'a répondu : « Tu peux y aller si tu veux. » Je savais bien que je pouvais y aller, mais j'attendais de la production qu'elle m'invite. Danon ne m'a laissé aucun espoir : « Si on avait été nommé pour le meilleur film, on t'aurait invité, mais la meilleure adaptation, ça ne nous intéresse pas. »

Le mépris de Danon pour ce que j'avais pu apporter au film montre bien le peu de cas que les producteurs font des scénaristes. Ce sont, pour la plupart, les parents pauvres du cinéma. Les Américains ont une anecdote à ce sujet : un type se gare dans le parking d'un studio de Hollywood, prenant une place réservée aux handicapés. Il descend de voiture et un vigile le repère : « C'est une place pour handicapé, monsieur. » Et le type répond : « C'est bon, je suis scénariste. »

M'étant engagé à écrire la suite de *La Cage*, je mis de côté ma rancune pour Danon et m'attaquai au scénario, avec, cette fois, l'aide de Jean Poiret qui s'était remis de sa dépression.

J'ai adoré travailler avec Poiret, un des hommes les plus drôles que j'ai rencontrés. Nous sommes partis pour La Baule où Françoise passait les vacances d'été avec les enfants. Ils habitaient dans une petite maison au bord de la mer et comme mes fils étaient toujours aussi bruyants, on avait loué, Poiret et moi, un studio au cinquième étage d'un grand immeuble moderne.

Je le répète, c'était un bonheur de travailler avec lui. Quand nous avions fini une scène, il la jouait, interprétant les rôles des deux folles. Je le voyais passer des glapissements hystériques de Zaza Napoli à l'accablement de son « mari » Renato, et je ne me suis jamais autant amusé à écrire un script. Mais quand je pensais être seul à profiter de la performance de Poiret, je me trompais. Les murs du studio étaient tellement minces qu'il jouait sans le savoir pour tout l'immeuble.

C'était un immeuble de vacanciers normaux, avec planches à voile et filets à crevettes. Et il y avait au cinquième étage deux hommes qui n'étaient pas du tout dans la note, un drôle de couple qui passait la journée à s'invectiver d'une voix suraiguë, se jetant à la tête des apostrophes du style :

— Oh la vilaine ! Oh la vilaine ! Non mais regardez-la, la vilaine qui tourne autour de moi comme une grosse guêpe. Oh la vilaine grosse guêpe !

Et une voix plus haut perchée encore qui hurlait en retour :

— Mon rimmel, tu me fais pleurer, regarde ce que tu fais de mon rimmel !

Quand nous sortions pour prendre l'air après une séance de travail, les gens « normaux » se postaient à leurs balcons pour nous observer. Ils voyaient un homme à cheveux gris qui s'éloignait vers la plage avec un type plus jeune et un peu louche – moi – et j'ai clairement entendu une fois le commentaire d'un des voisins :

— Ce sont les pédés du cinquième.

Malgré ce qu'il avait vécu sur la première *Cage*, Molinaro accepta de tourner la suite, donc de se retrouver en face de Tognazzi. Une situation qui avait un côté cauchemar récurrent. Pour se rassurer, Molinaro espérait qu'après le succès du film, Tognazzi n'aurait plus de raisons de le persécuter. D'autant que son interprétation lui avait valu un Donatello, l'équivalent italien de l'Oscar.

Tognazzi reçut le script en Amérique où il tournait un film. Nous le rencontrâmes à l'hôtel Pierre à New York, et Molinaro s'aperçut très vite qu'il ne s'était pas calmé du tout. Nous nous sommes assis, script en main, autour d'une table et Tognazzi, au lieu de s'intéresser à son personnage, préféra reprendre son rôle de bourreau. Il se mit à éructer des critiques incompréhensibles et j'ai vu le moment où il allait s'attraper les couilles à pleines mains. Molinaro qui avait repris, lui, son rôle de dominé, se recroquevillait sur sa chaise.

Si les remarques de Tognazzi avaient été justifiées, je ne serais pas intervenu, mais comme elles n'étaient fondées que sur ses rapports sado-maso avec Molinaro, je me suis énervé, avec une véhémence qui m'a surpris moi-même :

— Ugo, tout ce que tu racontes est très con et il faut arrêter d'emmerder Molinaro, maintenant !

Il s'est figé, visiblement cueilli, et j'ai enchaîné :

— Aucun film ne t'a apporté autant que cette *Cage*, alors, fais ton métier et fous-nous la paix !

On a repris la lecture et Tognazzi n'a plus ouvert la bouche. Il me jetait de temps en temps des regards en coin. À un moment donné, je suis allé dans la salle de bains et Molinaro m'a raconté qu'après mon départ Tognazzi s'était adressé à lui à voix basse :

— Dis-lui de ne pas me parler sur ce ton, moi je n'ose pas le faire parce que je suis italien, donc très lâche.

J'ignore si c'est grâce à cette scène dans un palace new-yorkais, mais Molinaro a eu un tournage beaucoup plus confortable sur *La Cage aux folles 2*.

Quand on demande à Jean-Jacques Annaud pourquoi *Coup de tête*, qui passe aujourd'hui pour un de ses meilleurs films, tient aussi peu de place dans sa filmographie, il répond : « Parce que c'est un petit grand film », et c'est une très bonne réponse.

Coup de tête avait été accepté avec réticence par Alain Poiré qui arguait que les films sur le sport n'avaient jamais marché en France (*Rocky* n'était pas encore sorti). Il n'accorda que sept semaines de tournage à Annaud qui fut contraint de tourner le match de foot en une nuit, là où les Américains auraient mis deux semaines. Le résultat, c'est effectivement un petit grand film, petit parce que réalisé avec trop peu de moyens, grand par la performance de Patrick Dewaere et le scénario, basé sur une idée originale d'Annaud et de son coauteur habituel, Alain Godard.

Si l'on excepte les confidences de la call-girl qui m'avait aidé à écrire *Le Téléphone rose*, *Coup de tête* est le premier film où j'ai dû faire de la documentation. Je ne savais rien de ces équipes de foot qui vivent « la belle aventure », passant des profondeurs du classement aux matches de première division. Nous avons fait, Annaud et moi, une tournée en province, et ce que j'ai découvert au cours de ce voyage a été d'un grand secours pour l'écriture du scénario. Le monde parodique et attendrissant de ces sponsors locaux qui promettent à la mi-temps un four autonettoyant ou une console de jeux vidéo au joueur qui marquera un but, ces entraîneurs à peine rémunérés et totalement dévoués à leur club, ces joueurs qui voient le ballon comme une boule de cristal leur prédisant l'avenir d'un Zinedine Zidane.

Je revois ce petit stade où nous avons assisté à une rencontre qui, pour les gens du coin, avait l'importance d'une Coupe du monde. Non seulement je le revois, mais j'en sens encore l'odeur : un anneau de vinasse à couper au couteau, encerclant le terrain, flottant autour des gradins. Et les trognes violacées, turgescentes des supporters hurlant de toutes leurs forces : « Aux chiottes l'arbitre ! » L'arbitre, un pauvre petit bonhomme en short noir sur des jambes rouges de froid, qui, à chaque coup de sifflet était sommé d'aller au même endroit.

À la mi-temps, j'y suis allé, et qui j'ai rencontré là-bas ? L'arbitre. C'était presque trop beau, l'arbitre était aux chiottes.

Je garde un bon souvenir de *Coup de tête.* Annaud a peut-être fait un petit grand film, mais c'est un grand grand réalisateur.

Avec *La Chèvre,* je suis redevenu metteur en scène. La route n'a pas été facile. J'avais construit mon scénario sur un schéma qui m'était désormais familier, le clown blanc et l'Auguste, un duo qui fonctionnait d'autant mieux que le clown blanc était un homme impressionnant physiquement.

J'avais eu Ventura dans *L'Emmerdeur,* je crois avoir assez dit à quel point il était chiant, mais comme il était le meilleur, j'ai replongé.

Il m'a accueilli très gentiment. Il aimait bien le concept de *La Chèvre* et accepta de jouer Campana, le détective privé qui partait au Mexique avec le malchanceux.

Je lui proposai d'essayer de nous passer de producteur et de monter le film ensemble. Avant d'envisager cette possibilité, j'avais été salarié sur une quinzaine de scénarios et je savais la précarité d'une vie d'auteur quand il n'est pas intéressé aux bénéfices de son travail. Le manque d'inspiration, la maladie, la vieillesse, et il peut se retrouver sur la paille. Michel Audiard, qui avait négligé ce danger, devait mourir quelques années plus tard dans un quasi-dénuement après avoir été le dialoguiste le mieux payé du cinéma français.

Lino accepta sans difficulté de se passer de la tutelle d'un studio, bref, nos retrouvailles ressemblèrent à une lune de miel, mais ça n'a pas duré. Quand il s'est agi de trouver un acteur pour jouer François Perrin (il ne s'appelait pas Pignon dans *La Chèvre*), les ennuis ont commencé.

Je pensais confier le rôle à Jacques Villeret, mais Ventura a dit non. Pourquoi ? Je ne sais pas. Il ne voulait pas de Villeret, un point c'est tout.

J'avais eu l'imprudence de parler du projet à Jacques et il était enthousiaste. Il a fallu lui annoncer que le film se ferait sans lui. Il m'en a voulu pendant très longtemps, au point de me faire attendre, vingt ans plus tard, plusieurs semaines avant de lire *Le Dîner de cons* que j'avais écrit pour lui.

J'étais un peu en froid avec Pierre Richard, parce que *Le Jouet* n'avait été qu'un demi-succès. Avant de revenir à lui, j'ai proposé plusieurs noms d'acteurs à Lino, mais c'était toujours non.

Finalement, on se mit d'accord sur Pierre Richard et je m'apprêtais à écrire le scénario, lorsque je m'aperçus que j'avais un vrai problème : je n'avais pas d'argent. D'ordinaire, je travaillais pour des producteurs qui me versaient une avance, et je pouvais survivre pendant les mois d'écriture mais, cette fois, je n'avais plus les moyens d'entretenir ma famille.

J'expliquai mon problème à Lino. Une aide de sa part me permettrait de me mettre au travail. J'avais calculé mes besoins au plus juste et je lui demandai une somme très modeste, mais il dit de nouveau « non » : son argent était placé et il n'avait pas de disponibilités pour m'aider.

C'est ce jour-là que la production de *La Chèvre* nous échappa. À lui comme à moi. Je dînais le soir même avec Alain Poiré qui me demanda si j'avais une idée de scénario. J'étais désemparé par l'attitude de Lino, et je lui racontai mon sujet. Il sortit immédiatement son carnet de chèques et j'eus mon avance.

Je prévins Lino que nous n'étions plus producteurs du film, mais désormais employés par Gaumont. Il parut accepter la situation de bonne grâce mais se montra infernal lors de la discussion de son contrat. Il exigeait un cachet exorbitant, alors que ses précédents films avaient tous été des échecs. Poiré refusa et Lino abandonna le projet. Je rêvais d'un film avec Ventura et Villeret, et je n'avais plus ni l'un ni l'autre.

Restait Pierre Richard. Mais manquait le clown blanc, l'homme fort, et je ne voyais vraiment pas qui pourrait remplacer Ventura.

Jean-Louis Livi, mon agent, me suggéra Gérard Depardieu.

Je connaissais les qualités d'acteur de Depardieu, à travers des films comme *Sept Morts sur ordonnance* ou *La Dernière Femme*, mais il n'avait jamais joué dans une comédie et personne ne savait s'il était capable de faire rire. Je confiai mon inquiétude à Livi qui me conseilla :

– Invite-les à dîner et tu verras comment le couple fonctionne.

Je les amenai tous les deux dans un restaurant de poissons sur les bords de Seine et me mis à les observer.

Quand Pierre Richard mange, non seulement il se salit lui-même, mais, dans le feu de la discussion, il salit aussi celui qui est en face de lui. À la fin du repas, Depardieu était couvert de sauce tomate et de miettes d'œuf dur, et il a eu pour la première fois le regard incrédule de Campana sur Perrin. Mon couple était né.

Pendant que Lino tergiversait sur *La Chèvre*, j'eus le temps d'écrire un autre scénario : *Partners*.

J'avais situé l'action à West Hollywood, le quartier gay de Los Angeles. Un *serial killer* y sévissait et le chef de la police envoyait un de ses meilleurs hommes enquêter sur place. Et pour qu'il s'intègre bien au paysage, il lui adjoignait un partenaire homosexuel. Je pensais que le sujet pouvait éventuellement intéresser les Américains.

C'est ce qui arriva. Paramount optionna le scénario et je fis une courte escale à Los Angeles avant d'aller tourner *La Chèvre* au Mexique.

Je ne connaissais pas la ville et je n'en vis pas grand-chose pendant le peu de temps que je passais à retravailler le script avec mes deux collaborateurs, Don Simpson, un exécutif du Studio, et Aaron Russo, le producteur.

Simpson était un type très brillant, mais il vivait en permanence sous influence. Il traversait la vie sur les montagnes russes de la drogue, hyper-excité par moments, sombrement atone à d'autres. Ça ne l'empêcha pas de devenir avec Jerry Bruckheimer un des producteurs les plus influents de Hollywood, avant de mourir d'un arrêt cardiaque sur le siège de ses toilettes. L'autopsie révéla une quantité ahurissante de substances toxiques dans son organisme, son sang avait été pendant trop d'années un rendez-vous de dealers.

Aaron Russo était énorme. Il pesait au minimum deux cents kilos. Il avait été le manager et l'amant de Bette Midler, produisant pour elle un très beau film, *The Rose*. Mais ce qui m'épatait le plus chez lui, c'est qu'il était arrivé troisième au championnat de bras de fer des États-Unis, catégorie super-lourd.

Nous travaillions dans une des petites salles de conférences de Paramount. Simpson surgissait par moments, suggérait deux, trois modifications, en général intelligentes, et disparaissait en reniflant comme les gens qui ont toujours le nez entre deux lignes.

Un jour, au cours d'une séance de travail, j'ai eu un coup de folie. J'étais assis en face d'Aaron Russo, il avait posé son bras monstrueux sur la table, et je me suis dit : « Je peux le battre. »

Et c'est devenu une certitude. Il représentait la force brute et moi, l'intelligence. En allant chercher au plus profond de moi-même tout ce que j'avais comme puissance de concentration et de volonté, je pouvais le battre, même s'il pesait cent trente kilos de plus que moi :

— Aaron, on fait un bras de fer ?

Il a paru un peu surpris, puis il a répondu :

— Pourquoi pas ?

S'il avait ri, j'aurais trouvé ça vexant, mais c'est très sérieusement qu'il a appuyé son coude sur la table et qu'il a dit :

— *Let's do it.*

J'ai mis ma main dans la sienne. J'ai eu l'impression d'être englouti dans un énorme jambon, mais j'ai continué à penser : « Je peux le battre. »

Je me suis alors lancé dans un effort inhumain, j'ai poussé de toutes mes forces pendant dix secondes. Il me regardait, intéressé, et il m'a dit d'une voix paisible :

– *You tell me when you start.* (Tu me dis quand tu commences.)

Et sans aucun effort apparent, il a couché mon bras sur la table, en ayant la délicatesse de ne pas le casser. Depuis ce jour, je ne suis plus très sûr de la prédominance de l'intelligence sur la force brute.

Partners se tourna à Los Angeles, pendant que je filmais *La Chèvre* au Mexique. Cette première expérience américaine fut un échec, et ce malgré un bon casting : Ryan O'Neal (*Barry Lindon*) pour jouer le flic hétéro, et John Hurt (*Elephant Man*) le flic gay. Le metteur en scène, James Burrows, faisait là ses premiers pas au cinéma, et moi, mon premier film américain. Une association de novices qui me rappela le ratage de mon premier film français, *Appelez-moi Mathilde.*

Comment parler de Depardieu ? C'est un tel morceau qu'on ne voit pas bien par quel bout commencer.

Ce qui me paraît le plus simple, c'est de le débiter en tranches, en fonction de mes souvenirs.

Je revois le tournage au Mexique de cette scène que Depardieu appréhendait. Un « tunnel », comme on dit au théâtre. Mais là, il n'était pas au théâtre, il était perdu dans la forêt mexicaine avec Pierre Richard, par 40 °C à l'ombre, et il devait crier sa révolte d'avoir accepté cette stratégie absurde : se servir d'un malchanceux pour retrouver une malchanceuse.

C'était un des tournants de *La Chèvre* et Gérard, comme tous les grands acteurs, avait le trac. La maquilleuse n'arrêtait pas d'éponger son visage ruisselant d'une sueur qui n'était pas due uniquement à la chaleur. Il était beau, à cette époque-là, délié et puissant comme Marlon Brando au début de sa carrière. Et puis, les deux ont suivi le même chemin dans l'embonpoint, comme si leur trop-plein de talent devait inexorablement se transformer en matière grasse.

J'ai dit « action » et Depardieu a plongé dans sa longue tirade. Et les animaux de la forêt, oiseaux, singes, insectes, se sont tus. C'est toujours ce qu'ils font pendant quelques secondes au moindre bruit qui les inquiète mais, cette fois, j'ai envie de penser que c'était de l'admiration. Depardieu était prodigieux. Sa voix puissante et suave, sa diction si précise se posaient comme des feuilles d'or sur mon texte. Qu'on me pardonne cet élan poétique, mais dans le cauchemar de cette fournaise mexicaine, j'ai assisté à un moment de magie.

Il avait brillamment franchi l'obstacle, pourtant je sentais que l'angoisse était toujours là. J'avais vu des toreros sortir de l'arène après un triomphe, sans que la peur ait quitté leurs yeux. Je savais, depuis mes débuts dans la mise en scène, la difficulté du métier d'acteur. L'anxiété d'abord, puis cette énorme dépense d'énergie pour entrer dans le personnage. Je savais que Depardieu avait maintenant besoin de décompresser. Je savais enfin que c'était le moment de tous les dangers.

On est rentrés à l'hôtel, il s'est mis en maillot de bain et il est venu boire un verre sur le patio. Boire un verre, pour Depardieu, n'a pas la même signification que pour un consommateur ordinaire. Il a attrapé une bouteille de scotch, il a enfoncé le goulot dans sa bouche, et quelques secondes plus tard, la bouteille était vide. Il faisait toujours aussi chaud, et tous les regards étaient fixés sur lui avec inquiétude. Lui avait l'œil vague et il s'est mis à vaciller comme un arbre sur le point de tomber. Et il est tombé sur le ciment du patio, comme un arbre.

Les serveurs, une demi-douzaine de petits Mexicains, se sont précipités pour lui porter secours. Ils ont tenté de le remettre sur pied, mais quiconque a essayé de soulever un type de cent kilos, tout nu à part le slip et gluant de transpiration, peut comprendre le problème. Les Mexicains attrapaient à pleines mains la viande de Depardieu, mais ils n'avaient pas de prise. J'en étais à me demander si on n'aurait pas besoin d'un treuil quand, toujours inconscient, il a brusquement détendu ses bras de lutteur, envoyant tous les Mexicains s'écraser comme des mouches contre les murs.

Je me suis alors approché de lui et j'ai commencé à lui parler :

— Gérard, il faut que tu te lèves, maintenant. Tu vas te lever et venir avec moi dans ton bungalow, tu m'entends ?

Il m'a entendu, et je sais pourquoi : je le dirigeais toute la journée, la voix qui traversait la barrière du scotch était la voix de son maître et, en bon acteur, il s'est appliqué, dans sa semi-inconscience, à suivre mes directions.

Il s'est remis debout péniblement, j'ai pris sa grosse main dans la mienne et nous sommes partis lentement vers son bungalow. J'avais l'impression de guider les premiers pas d'un bébé géant. Malheureusement, sur le chemin, nous avons croisé Patrice Viers.

Viers, le caméraman du film, était lui aussi une espèce de colosse. Quand il filmait, caméra à l'épaule, on l'appelait la tour humaine. Il avançait paisiblement à notre rencontre, un verre de cognac à la main. Il a souri en voyant l'état de Depardieu et, pour me rassurer, il m'a dit, de sa voix éraillée :

— T'inquiète pas, tout va bien se passer.

Allez savoir pourquoi, Depardieu a bondi sur lui. Je crois avoir l'explication, il avait envie de se battre, mais il lui fallait un adversaire à sa taille. Il s'est écroulé avec Viers, dont le verre de cognac a volé en éclats. Et immédiatement, comme par magie, les petits Mexicains ont surgi, un balai à la main pour nettoyer les débris de verre.

Viers, fou de rage, était couché sur Depardieu et hurlait : « Mais je vais lui casser la gueule, à ce con ! » J'ai immédiatement paniqué – avec la gueule cassée, Depardieu ne serait plus raccord – et j'ai plongé entre ces deux masses comme un thermomètre. Je repoussais Viers, criant de toutes mes forces : « Non ! » Là encore, c'était la voix de son maître, Viers s'est calmé.

J'ai repris Depardieu par la main et on est enfin arrivés au bungalow qu'il partageait avec Pierre Richard. Pierre occupait le rez-de-chaussée et lui, le premier étage. Il pesait de plus en plus lourd et je ne me voyais pas monter un escalier avec lui. J'ai choisi de le déposer dans l'appartement du bas et il s'est endormi sur le lit de Pierre Richard comme une masse.

Pierre arriva quelques minutes plus tard. Il n'avait pas assisté au psychodrame parce qu'il était allé dîner au restaurant avec une camarade. Une belle jeune fille, mais qui était du genre à vous faire payer la différence d'âge et le fait qu'elle était jolie, en se montrant, par moments, un peu chiante. Pierre l'appelait « Amour » et on pouvait être attendri par leur bonheur. On pouvait aussi vomir.

Le matin, ils bêtifiaient tous les deux en prenant leur petit déjeuner. Pierre demandait à Amour :

– Elle veut de la tuture sur sa 'tite biscocotte ?

Et Amour en rajoutait d'une façon charmante dans le côté demeuré :

– Oh oui, elle veut beaucoup, beaucoup de tuture sur sa 'tite biscocotte.

Depardieu et moi avions surpris ce genre d'échange et un matin, arrivant avant eux à la table du petit déjeuner, Depardieu a commencé à les imiter :

– Il veut de la tuture sur sa 'tite biscocotte ?

Je suis tout de suite entré dans le jeu, faisant la même moue charmante qu'Amour :

– Oui, oui, oui, oui, tuture-moi la biscocotte !

Nous ne nous sommes pas rendu compte que Pierre et Amour étaient arrivés en silence derrière nous et nous observaient, l'air sévère.

On a tendance à penser que les comiques, comme les anges, n'ont pas de sexe. C'est archifaux. Chaplin, Harold Lloyd, Buster Keaton étaient des grands séducteurs et c'est sans doute parce qu'ils ressemblaient à des jouets pour enfants qu'on leur prêtait l'innocence de l'enfance.

Comme l'histoire que je raconte date d'il y a près de trente ans, je peux penser qu'il y a prescription et révéler que Pierre Richard, sur le tournage, était en permanence en rut. Les techniciens disaient de lui qu'il se comportait sur *La Chèvre* comme un bouc. Il faisait l'amour partout, y compris dans la loge de maquillage, et ce pendant que Depardieu se faisait maquiller. Caché derrière un rideau, il imprimait à la remorque qui servait de loge un mouvement de va-et-vient et, à chaque coup de reins, Depardieu recevait un coup de pinceau de la maquilleuse dans l'œil, et hurlait de cette voix qui avait perdu toute suavité :

— C'est pas bientôt fini, bande de salauds !

Donc, Pierre a surgi avec Amour à la porte du bungalow. Je me suis précipité pour lui dire à voix basse :

— Pierre, Gérard est dans ton lit, ivre mort. Il ne faut pas le réveiller, il est dangereux. Montez dormir chez lui, cette nuit, c'est plus prudent.

Amour est alors intervenue avec sa charmante moue boudeuse.

— Je veux pas dormir chez lui, je veux dormir dans mon lit.

J'ai tenté de la raisonner, mais elle m'a interrompu pour dire à Pierre :

— Il n'a pas à dormir chez nous, va lui casser la figure.

Pierre ne s'y est pas risqué, sinon j'aurais dû appeler Villeret en urgence pour le remplacer.

Pendant que l'un buvait et que l'autre était en Amour, moi je courais. J'étais tombé malade à mon arrivée au Mexique. À cause de Depardieu. La cuisine internationale du Sheraton de Mexico ne l'excitait pas beaucoup et il nous entraînait, Pierre Richard et moi, dans la Zona Rosa, le Pigalle de la ville, où on dînait dans des cantines surchauffées qui servaient pour le même prix de la couleur locale et des amibes. Une gastronomie que j'ai gardée dans mes intestins pendant tout le tournage.

C'est au cours d'un de ces repas que je me suis mis à courir très vite. Nous étions à table, Depardieu avalait avec voracité plein de trucs suspects et Pierre Richard lui parlait affectueusement en crachant sur lui des haricots noirs quand j'ai ressenti brusquement un remue-ménage angoissant dans mon ventre. J'ai agrippé un serveur et lui ai demandé où étaient les toilettes. Il m'a regardé, incrédule. « Les toilettes ? », il a répété ma question aux habitués qui nous entouraient, ils se sont mis à rire et j'ai compris que j'avais surestimé l'établissement.

Nous étions venus à pied du Sheraton, je suis reparti en courant. Je regrette qu'on ne m'ait pas chronométré. Cette calamité, appelée ironiquement *la turista* par les autochtones, ne m'a pas lâché jusqu'à la fin du film.

La Chèvre étant une coproduction, nous devions travailler avec une équipe locale. Les techniciens mexicains étaient pour la plupart extrêmement vieux. La retraite n'existait pas chez eux à l'époque, ils étaient tenus de travailler le plus longtemps possible. Quand je voyais ces électros, ces machinos, presque centenaires, grimper sur les échelles, j'avais l'impression d'être transporté en

Afrique, dans ces tribus où on obligeait les vieillards à monter au cocotier.

J'ai eu plaisir à travailler avec eux. C'étaient des gens compétents et chaleureux. Et passionnants, quand ils racontaient les grands metteurs en scène américains venus tourner chez eux leurs westerns.

Le plus pittoresque était un géant surnommé Apache, qui s'était rendu célèbre parce qu'il avait couché avec Ava Gardner, au moment de *La Nuit de l'iguane*, le film de John Huston.

La caravane d'Ava était garée dans la cour du studio, mais « la plus belle femme du monde » ne voulait pas faire à pied les quelques mètres qui la séparaient du plateau. Elle exigeait d'être portée à bras d'homme. Apache, qui était le plus fort de l'équipe, fut affecté à cette tâche, et pendant plusieurs semaines il prit dans ses bras ce corps qui faisait rêver les hommes du monde entier. Et puis, un jour, Apache a trébuché et il est tombé sur Ava qui s'est retrouvée tout à coup avec un énorme type sur le ventre. Ça ne lui déplut pas, semble-t-il, puisqu'elle lui demanda de lui tomber dessus jusqu'à la fin du film.

J'eus de nouveau un problème de boisson avec Depardieu, à Acapulco. Plus grave, cette fois, parce qu'il s'était saoulé avant le tournage. Il s'est présenté ivre mort sur le plateau. Il avait un seul mot à dire : « Bagagiste. » Ce fut un cauchemar.

Je n'avais pas remarqué qu'il avait l'œil un peu vague et qu'il n'était pas très solide sur ses jambes. La scène se passait de nuit dans un hôtel. Pierre Richard, qui venait d'être roué de coups par des malfrats, surgissait à quatre pattes dans la porte-tambour. Il s'écroulait aux pieds de Depardieu qui appelait un bagagiste pour le porter dans sa chambre.

Le premier assistant a dit « moteur », j'ai dit « action » et Depardieu a dit : « Baga... gaga... gabagiste. » J'ai alors dit « coupez » et j'ai demandé :

– Ça ne va pas, Gérard ?

Et lui, menteur comme un acteur – c'est leur métier –, a répondu :

– Si, si, très bien.

Deuxième prise : « Baba... baba... bagiste. » Je ne pouvais pas me cacher plus longtemps qu'il était complètement saoul, mais je me suis entêté pour ne pas perdre une journée à cause d'un mot. Vingt-deux prises. Il a buté sur « bagagiste » vingt-deux fois, et j'ai arrêté le tournage.

Le lendemain, je l'ai retrouvé sur le tarmac d'un aéroport pour la scène où Pierre Richard se fait piquer par une guêpe. Il me regardait par en dessous, penaud comme un enfant qui sait qu'il a fait une bêtise. Je l'ai pris à part et je lui ai dit :

– Écoute-moi bien, Gérard, si tu bois encore, ne serait-ce qu'une seule fois, sur le tournage, je m'en vais, je rentre à Paris, je laisse tomber le film. Le cinéma, je m'en fous, j'ai débuté au théâtre, je retournerai au théâtre. C'est clair ?

Il n'y avait pas un soupçon d'énervement dans ma voix, j'étais froidement déterminé et il l'a compris. Il m'a regardé, l'air pensif, et il a tourné les talons sans un mot. De ce jour, il n'a plus jamais bu sur mes tournages. Nous avons fait cinq films ensemble où il a été la sobriété personnifiée, et sachant ce qui se passait sur le plateau des autres, je me rends compte que j'ai bénéficié d'un exceptionnel traitement de faveur.

Il y a une scène dans *La Chèvre* où Pierre Richard s'enlise dans des sables mouvants. Le trucage imaginé par les techniciens mexicains était ingénieux. Ils avaient enterré un tonneau rempli d'eau. L'eau était recouverte de liège en poudre, couleur sable, et une plateforme mobile permettait à Pierre de s'enfoncer dans le tonneau, le liège se reconstituant aussitôt autour de lui.

Est-ce parce que les clowns ont l'habitude de prendre des baffes pour rire dans la vie professionnellc qu'on s'imagine qu'ils sont insensibles dans la vie tout court? Toujours est-il que nous avons fait une bonne dizaine de fois cette prise où Pierre était immergé tout habillé, et jusqu'au cou dans l'eau, et qu'on l'oubliait régulièrement dans son tonneau.

À chaque prise, les techniciens et moi discutions des améliorations possibles, et le clown, coincé dans sa prison, tentait d'attirer notre attention, sans trop déranger. Il disait « s'il vous plaît? », d'une petite voix, et je me rappelle m'être tourné vers lui avec irritation :

– Qu'est-ce qu'il y a encore!

Il me répondit de la même petite voix qu'il avait le corps qui marinait dans l'eau pleine de liège et le visage qui grillait au soleil.

Toute l'équipe s'est mise à rire. Sacré Pierre! Quel comique !

On l'a tout de même aidé à sortir de son tonneau mais, à chaque nouvelle prise, on continuait à l'oublier. Et quand il protestait, tout le monde se mettait à rire.

Nous avons quitté Acapulco pour Manzanillo. Nous habitions dans un endroit au nom inquiétant : *Los Angeles Locos de Tenacatica* (« Les anges fous de Tenacatica »). Ce n'était pas un hôtel mais la résidence d'été du Syndicat des sucriers, une grande bâtisse au bord de la mer, que j'avais trouvée plutôt séduisante à première vue. Mais quand j'ai passé la porte de ma chambre, j'ai dérangé une douzaine d'énormes cafards. Des cafards volants qui ont tendance à vous prendre pour un terrain d'atterrissage. Ce sont des insectes très sociables. Quand ils vous voient arriver, au lieu de se réfugier modestement dans un coin d'ombre, ils se précipitent sur vous avec une grande bonne humeur. Je me serais bien passé de leur affection.

Mais c'est un autre genre d'insecte qui m'a causé le plus de soucis. Un soir où nous étions allés prendre l'air, Depardieu et moi, après le dîner, il a crié brusquement :

— Merde, je suis mort !

Il avait l'habitude de se promener pieds nus et il avait marché sur un scorpion. Un gros, qui n'avait pas survécu aux cent kilos de Depardieu, et dont le venin coulait désormais dans le sang d'une des vedettes de mon film. Le médecin de l'équipe est arrivé avec sa trousse d'urgence, mais son discours ne m'a pas rassuré. Il hésitait à faire une piqûre antivenin parce que le sérum pouvait se révéler plus dangereux que le scorpion lui-même. Il me demanda de rester auprès de Depardieu pour vérifier s'il se mettait à étouffer, auquel cas il ferait la piqûre.

Toute l'équipe s'est mise à surveiller sa respiration. Et lui s'est mis à boire comme un trou, ce qui était formellement contre-indiqué. Je lui demandais régulièrement :

— Est-ce que tu étouffes, Gérard ?

Et il me répondait :

— Non, non, mon Francis, tout en avalant de grandes rasades de pastis.

Ce fut une nuit difficile où j'ai compris qu'il faudrait beaucoup plus d'un scorpion pour venir à bout d'un Depardieu.

J'ai eu une autre émotion sur *La Chèvre,* cette fois à cause d'un singe. En fait, d'un homme déguisé en singe, pour la scène où Pierre se fait enlever par un gorille.

Le singe était un cascadeur américain, spécialisé dans les rôles de singe, un type musculeux et austère, d'une quarantaine d'années, qui venait de l'Utah, le berceau des mormons. Il débarqua sur le tournage avec son déguisement de gorille et – les mormons sont polygames – ses deux épouses, qui lui servaient d'assistantes.

Il aimait visiblement un certain type de femme parce que les siennes se ressemblaient comme deux gouttes d'eau. Aussi moches l'une que l'autre. Des grandes grosses Américaines, à la peau trop rose. En les voyant, on pouvait se demander pourquoi ce type avait choisi de multiplier par deux si peu de séduction.

Avec des gestes bien rodés, elles entreprirent de transformer leur mari en gorille. Elles commencèrent par lui noircir le pourtour des yeux, puis lui enfilèrent un passe-montagne en laine, insolite dans la chaleur inhumaine de la forêt. Le mormon n'avait pas encore revêtu sa peau de singe qu'il ruisselait déjà de sueur. Pierre Richard, qui surveillait l'opération, s'est tourné vers moi, inquiet :

– Tu crois qu'il va pouvoir me porter ?

J'ai répondu, autant pour le rassurer que pour me rassurer moi-même :

– Mais oui, c'est un cascadeur américain, ce sont de grands professionnels.

Une des épouses a sorti de ses bagages une bonbonne d'un liquide aussi rose qu'elle, une solution de potassium pour recharger le mormon qui se déminéralisait à vue d'œil. La température devait sans doute dépasser les 50 °C, et quand il est entré dans sa peau de singe, j'ai eu le sentiment qu'on n'allait pas tarder à le perdre.

Pierre cachait bien son jeu sur le plan du poids. Un visage mince et un corps dodu. Le mormon tout équipé et flageolant sur ses jambes s'est arrêté de téter frénétiquement du potassium pour hisser le grand blond sur son épaule. Et il s'est écroulé immédiatement. Les deux épouses l'ont relevé, elles avaient des gestes de soigneurs sur un ring de boxe. Pierre s'est tourné vers moi et j'ai pris les devants :

– On va te trouver une doublure.

Le promontoire d'où le mormon et Pierre devaient se lancer faisait facilement cinq mètres de hauteur, une chute pouvait mettre le film en sinistre. J'ai choisi le plus malingre des Mexicains de l'équipe, on l'a habillé comme Pierre, on l'a coiffé d'une perruque blonde et on l'a chargé sur l'épaule du mormon qui entre-temps avait vidé la bonbonne de potassium. Le mormon a dit : « *I am OK* » et il s'est de nouveau effondré.

J'étais toujours persécuté par la turista et je n'avais pas beaucoup de force moi non plus. Je n'avais plus qu'une envie, aller me reposer pendant quelques années dans un réfrigérateur. Mais le spectacle devait continuer. On a relevé le mormon et j'ai demandé à l'accessoiriste de nous fabriquer le mannequin le plus léger possible pour venir à bout de cette cascade.

L'accessoiriste bricola une créature étrange qui n'avait plus rien à voir avec Pierre, mais qui ne pesait que quelques centaines de grammes. Ça me paraissait à la portée du mormon. Je décidai de faire un plan très large pour qu'on ne voie pas à quel point le faux gorille et le faux Pierre Richard étaient bidons.

On chargea le mannequin sur l'épaule du mormon qui, cette fois, ne s'effondra pas. J'ai repris espoir et suis allé m'asseoir, épuisé, sous la caméra. J'ai dit : « Action. » Le mormon a agrippé la liane qui devait le transporter dans les airs. Ses deux grosses épouses se sont mises à prier silencieusement, et ça ne m'a pas rassuré. Nous avions prévu que leur mari lâche la liane à un moment où il ne tomberait pas de trop haut, mais il n'a pas pu tenir jusque-là, il a eu une faiblesse dès le début de l'envol, à plusieurs mètres du sol, et il s'est écrasé comme un sac de patates.

J'étais assis sur mon cube, à quelques mètres. Je regardais le gorille inerte et je n'arrivais pas à bouger. Les amibes, la chaleur et l'émotion m'avaient coupé les jambes et je pensais, avec un détachement inquiétant : « Il est mort. »

Les mormones me jetaient des regards chargés de procès, et je me disais que cette cascade qui paraissait si simple quand je l'avais écrite dans le confort de mon bureau venait peut-être de faire deux veuves d'un coup.

L'équipe tentait de ressusciter le singe et je restais vissé sous la caméra, me répétant, avec le même détachement : « Il est mort. » J'ai finalement pu me lever et, ce qui est plus important, le mormon aussi. Il n'était pas blessé, juste sonné mais, ce jour-là, j'ai failli entrer dans la liste des réalisateurs responsables d'un décès sur leur plateau.

Le tournage déborda sur les fêtes de Noël et Depardieu demanda à Alain Poiré si la production pouvait faire venir sa femme et ses deux enfants. Il n'était pas encore une star à l'époque et son cachet sur le film était modeste. Poiré, qui était un farouche gardien du capital de Gaumont, répondit non. C'était négliger l'énorme capacité de rancune de Depardieu.

La Première de *La Chèvre* eut lieu à Nice, dont le député-maire était alors Jacques Médecin. C'est à l'occasion de cet événement que j'ai pu constater l'incroyable souplesse des hommes politiques. Tout l'état-major de Gaumont s'était déplacé, il y avait une réception à la mairie avant la projection et Médecin avait préparé un discours de bienvenue.

Nous étions une trentaine de gens de cinéma dans un beau salon lambrissé, Médecin a commencé son speech et nous nous sommes regardés surpris. Il nous disait que la ville de Nice et lui-même avaient toujours eu à cœur de promouvoir la musique et qu'il était ravi de recevoir ses plus dignes représentants. Il s'était trompé de discours. Un adjoint a surgi, affolé, lui a chuchoté quelque chose à l'oreille, et Médecin a embrayé avec un naturel parfait · « Je disais donc que le cinéma, qui a toujours été une des priorités artistiques de la ville de Nice, etc., etc. »

J'imaginais un acteur qui entrerait en scène en jouant *Phèdre*, et qui, voyant en coulisses des gens consternés lui faire des signes, enchaînerait, sans l'ombre d'une gêne, sur *Le Cid*.

On a fait souvent le parallèle entre les politiques et les comédiens, ce jour-là, Jacques Médecin méritait un prix d'interprétation.

La Chèvre fit sept millions d'entrées et Poiré, comblé, nous invita, Pierre, Gérard et moi, chez Taillevent, un des grands restaurants parisiens. Il avait complètement oublié son refus de payer le voyage de la famille Depardieu au Mexique. Depardieu pas.

Le sommelier vint présenter la carte des vins et Poiré, qui connaissait le prix des grands crus, fit, comme d'habitude, preuve de prudence :

— Donnez-nous un petit bordeaux léger.

Depardieu tenait sa vengeance. Il demanda innocemment à Poiré :

— Pourquoi petit ? Pourquoi léger ?

Puis il se tourna vers le sommelier et lui prit la carte des mains. Je vis Poiré pâlir. Il avait immédiatement compris qu'il pouvait s'attendre au pire. Et il ne fut pas déçu. Depardieu étudia un petit instant la carte et son gros doigt atterrit sur un pétrus 61. Il leva les yeux vers le sommelier :

— Ça a l'air pas mal, ça.

Le sommelier eut un sourire de connivence :

— Ça se laisse boire, monsieur.

Les billets d'avion auraient coûté à peine le tiers du prix de la bouteille de vin. Poiré, qui était trop intelligent pour ne pas comprendre qu'il était en train de se faire entuber, tenta une faible défense :

— C'est peut-être dommage, du pétrus avec du poisson.

Depardieu lui sourit, rassurant :

— T'inquiète, ça va avec tout.

Puis, au sommelier :

— Vas-y, mon garçon, apporte-nous ça.

Le sommelier revint, portant le pétrus comme une nurse porte un enfant de sang royal. Il le déboucha et voulut le faire goûter à Poiré, mais Depardieu lui prit la bouteille des mains :

— Laisse-moi faire.

Il remplit à toute vitesse les quatre grands verres ballons, vidant le pétrus d'un seul coup. Puis, au sommelier :

— Apportes-en une autre, mon garçon.

Poiré était de la couleur de la nappe et on pouvait lire sur son front en lettres de néon : « Je hais les acteurs. »

À propos de rancune, je n'avais pas oublié le refus de Danon de m'inviter à la cérémonie des Oscars. Et puis un jour, il m'offrit la possibilité de le lui faire savoir.

Molinaro et moi avions décliné la proposition de travailler sur une nouvelle *Cage aux folles*, la deuxième était déjà moins bonne que la première, pourquoi une troisième ? Danon décida de se passer de nous, il engagea Lautner à la mise en scène et confia l'écriture du film à Audiard. Il fut catastrophé en recevant le scénario. J'ai déjà dit toute l'admiration que j'avais pour Audiard et tout ce que je pensais de son côté cachetonneur. En l'occurrence, sur la troisième *Cage*, il s'était surpassé et Danon se retrouvait, à quelques jours du tournage, avec un script impossible.

Il m'appela à la rescousse, et il y avait des fleurs autour de chacune de ses répliques, comme dans les bandes dessinées :

– Francis, tu sais à quel point je t'estime, tu es le meilleur, etc., etc.

En bref, il me demandait de récrire le scénario d'Audiard.

Je n'avais pas grand espoir dans cette consultation. Le sujet me paraissait débile, mais j'étais heureux de voir Danon dans la même position que Poiré face au problème pétrus. La consultation devait se passer à Rome et durer dix jours. Danon faillit avoir une attaque quand j'ai posé mes conditions. Je lui demandai entre autres une suite dans le meilleur hôtel de la ville et une machine à ramer dans ma chambre, pour faire un peu d'exercice entre deux séances de travail. Danon a répondu d'une voix éteinte qu'il allait réfléchir et il a raccroché. Mais il savait qu'il était coincé. Il a rappelé deux, trois jours plus tard pour me dire, d'une voix plus éteinte encore :

– Bon, je te donne l'argent que tu me demandes, tu as ta suite au Grand Hôtel et une machine à ramer dans ta chambre.

Pour plaisanter, j'ai répondu :

– Et j'aimerais dîner avec le pape, mercredi.

Il y a eu un long silence au bout du fil, puis la voix de Danon, qui n'était plus qu'un murmure :

– Le pape, je peux pas.

J'avais entendu dire qu'un distributeur allemand avait offert une Ferrari à Belmondo pour *Le Professionnel,* et que Lelouch, après *Un homme et une femme,* avait eu droit à un superbe voilier. Aussi, quand Alain Poiré a annoncé à Françoise que, pour me récompenser du succès de *La Chèvre,* il voulait me faire un beau cadeau, me suis-je mis à rêver.

Le soir même, il appelait à la maison. J'ai laissé Françoise répondre, il lui a demandé :

— Est-ce que tu penses qu'un porte-clés lui ferait plaisir ?

Elle est restée pétrifiée un petit instant, puis a improvisé une réponse improbable :

— Il n'a pas de clé.

Poiré a marqué un temps. Sans doute un peu de perplexité. Et puis il a dit :

— Bon, eh bien, je vais trouver autre chose.

Quelques jours plus tard, il me téléphonait, visiblement désemparé :

— Ça fait deux semaines que je me creuse la tête pour te trouver un cadeau, il faut qu'on en parle, est-ce que je peux passer te voir dimanche ?

Le coup du porte-clés m'avait un peu bloqué sur le plan du rêve, mais si je n'espérais plus une Ferrari ou un yacht, je me demandais tout de même ce qu'il allait bien pouvoir me proposer. Il est arrivé chez moi et m'a demandé :

— Qu'est-ce que tu penserais d'un stylo ?

Là, j'ai perdu tout humour :

— Alain, ça fait des années que j'écris, et à chaque Noël, chaque anniversaire, les gens qui ne veulent pas se casser la tête m'offrent un stylo.

Poiré est reparti, soucieux.

La semaine suivante, il nous invita à déjeuner, Pierre Richard, Gérard Depardieu et moi au Grand Véfour. Une fois à table, il ouvrit son attaché-case et sortit trois porte-clés identiques : côté pile une petite chèvre, côté face le sigle Gaumont. Je ne sais pas s'il s'attendait à une explosion de joie de notre part, mais il nous a sûrement trouvé un visage un peu fermé.

Le soir même, nous dînions avec Jean Carmet qui fit cette réflexion en voyant nos porte-clés :

— Il est con parce que chaque fois que vous mettrez votre clé dans la serrure, vous penserez « quel enfoiré ».

Ce serait malhonnête de définir Alain Poiré par ces petites mesquineries. Je le répète, c'était un grand producteur et un être humain exceptionnel. Il m'avait invité un soir où j'étais très déprimé, à dîner chez Prunier, avenue Victor-Hugo. J'avais un problème personnel, une histoire avec une fille, que j'aurai peut-être le courage de raconter par la suite. J'étais détruit, ce soir-là, et il tentait de me consoler. Voyant que les mots ne servaient à rien, il a fait un geste que je n'oublierai jamais. Il avait soixante-dix-huit ans, et il souffrait d'une tumeur au poumon qui allait l'emporter. Il s'est levé, m'a pris par le bras et m'a amené dans le couloir du restaurant devant une grande glace murale. Et là il m'a dit :

— Regarde.

Il y avait deux hommes, dans le miroir, lui, livide, transparent, tellement vieilli, et moi, jeune et insolent de santé. Il a ajouté :

— Regarde-toi, regarde-moi, tu as la vie devant toi, je t'en prie, ne sois pas triste.

Ce cadeau d'un homme âgé qui se servait de sa détresse physique pour me réconforter est sûrement le plus beau qu'on m'ait jamais fait. Alain Poiré nous a quittés depuis longtemps, j'ai gardé le porte-clés. Quand je mets ma clé dans la serrure, je ne pense pas « quel enfoiré », mais « quel dommage ».

Dans *Les Compères*, Pierre Richard s'appela pour la première fois Pignon, et je tombai amoureux de ce nom au point de le garder dans tout ce que j'ai pu écrire par la suite, que ce soit pour le théâtre ou pour le cinéma. Seule exception, *Tais-toi !*, où Depardieu s'appelle Quentin, parce que je n'étais pas l'auteur de l'idée originale.

Pourquoi Pignon ? Je ne sais pas. On m'a souvent posé cette question et je n'ai jamais trouvé de réponse satisfaisante. Je crois que c'est simplement parce que j'aime le nom, et que j'ai fini par le considérer comme un porte-bonheur.

J'ai su qu'il y avait onze François Pignon en France, des vrais, et on m'a dit qu'ils s'étaient constitués en association. Leur but était de me faire interdire d'utiliser leur nom dans mes histoires. Ils en avaient assez d'être sujets à moqueries. J'ai mieux compris le problème le jour où j'ai reçu une lettre d'un des onze, qui m'écrivait : « On a commencé par me traiter d'emmerdeur, puis de pédé, à cause du *Placard*, et maintenant on me traite de con à cause du *Dîner*, je vous en prie, arrêtez cette persécution. »

Il y avait le numéro de portable de mon correspondant dans sa lettre ; je l'ai appelé. C'est un geste très schizophrénique pour un auteur que de téléphoner à son héros. Je me suis entendu dire : « Allô, est-ce que je pourrais parler à François Pignon ? » Je suppose que Ian Fleming aurait eu le même problème s'il avait dû dire : « Allô, passez-moi James Bond » ou Conan Doyle : « J'aimerais dire un petit mot à Sherlock Holmes. »

François Pignon m'a répondu :

— C'est de la part de qui ?

— Francis Veber.

Il y a eu un long silence au bout du fil, comme si lui non plus n'y croyait pas, puis cet « emmerdeur », ce « pédé », ce « con » de Pignon m'a demandé gentiment :

— Comment allez-vous ?

J'étais soulagé. Parce que ce Pignon de la réalité ressemblait à mon personnage, il était gentil. Et c'est là-dessus que j'ai embrayé. Je lui ai dit que Pignon, à l'écran ou sur scène, n'était jamais méchant, et que je sentais dans sa voix qu'il avait la même qualité humaine que mon héros. Il m'a répondu :

— Peut-être, mais ça n'empêche pas qu'on me traite de con toute la journée.

— Monsieur Pignon...

Il m'a coupé :

— Appelez-moi François.

Cette conversation était totalement irréelle, j'ai enchaîné quand même :

— Quel est votre second prénom, François ?

— Paul.

— Je préfère François.

— Moi aussi, a répondu Pignon.

On s'est mis à rire et quand j'ai raccroché je crois qu'il m'en voulait un peu moins.

J'avais eu des soucis avec Depardieu sur *La Chèvre* à cause de la boisson, j'allais en avoir d'autres sur *Les Compères* à cause de la bouffe.

J'emploie ce mot-là à dessein, parce que Depardieu, quand il n'est pas en période de régime, ne mange pas, il bouffe. Il était très beau dans notre premier film, il est arrivé sur le deuxième gros comme un cochon.

Je devais découvrir que de tournage en tournage, on ne savait jamais dans quel état on allait le retrouver. Il pouvait prendre ou perdre cinquante kilos en quelques semaines. Vous l'attendiez pour jouer Don Juan et c'est Falstaff qui arrivait.

Si certains ont des hauts et des bas, Depardieu, lui, a des larges et des étroits. Louis Jouvet disait qu'un bon acteur est un logement vide. Il se laisse meubler par le personnage et une fois le rôle terminé, il redevient un logement vide. L'ennui avec Depardieu, c'est que c'est un logement à superficie variable.

Il était sûrement sincère quand il m'avait promis qu'il serait aussi séduisant dans *Les Compères* que dans *La Chèvre*. Mais, entre-temps, il était parti avec Barbara en tournée à travers la France et, en tournée, après le spectacle, pour décompresser, il n'y a pas grand-chose d'autre à faire que de chercher le meilleur restaurant de la ville.

J'ai été catastrophé quand je l'ai vu arriver à la maison. Il portait une ample parka noire pour dissimuler son ventre, et il avait l'air d'une femme enceinte. Quelqu'un d'un peu myope lui aurait cédé sa place dans le métro.

Il m'avait dit une fois ne pas aimer le sucre : « Il y en a trop dans ce que je bois pour me taper en plus des desserts. » Il s'est contredit ce jour-là. Posée sur un guéridon, une coupelle de chocolats, mais de ces chocolats laissés pour compte. Pas tentants parce que trop noirs, et en plus, avec le temps, très poussiéreux.

Nous étions face à face, je lui faisais des reproches et il avait l'air penaud, et brusquement, il a plongé sa grosse main dans la coupelle et il a enfourné dans sa bouche tous les chocolats d'un coup, poussière comprise. Une pulsion incontrôlable. La frénésie d'un vampire devant une gorge de jeune fille.

Distrait, funambule, Pierrot lunaire, voilà les étiquettes qu'on collait régulièrement à Pierre dans la presse, ça finissait par l'énerver et pourtant, ces clichés avaient un fond de vérité. Surtout pour ce qui est de la distraction. Pierre est vraiment distrait, et j'en veux pour preuve qu'il oubliait souvent sa carte de crédit quand il sortait avec des amis. Très souvent. Nous nous en étions fait la remarque avec Carmet et Depardieu pendant le tournage des *Compères* et Depardieu a décidé de soigner Pierre à sa façon.

Il l'a appelé et ne s'est pas embarrassé de périphrases :

– Je déjeune demain avec Carmet et Veber, t'es libre ?

Pierre était libre. Gérard a ajouté :

– OK, on t'attend, et viens avec ta carte de crédit.

Pierre a eu l'air surpris :

– Pourquoi tu me dis ça ?

Gérard a conclu :

– Pour rien, à demain, et n'oublie pas ta carte.

Pierre nous a rejoints au restaurant le lendemain et ni lui ni nous n'avons fait allusion à la carte pendant tout le repas. Et puis, le moment de l'addition est arrivé, et Pierre a eu un très beau regard ailleurs. Détaché des contingences. On le surveillait tous les trois avec une attention qui aurait pu être gênante, mais ses beaux yeux bleus étaient fixés sur l'infini, et Depardieu a cru bon d'intervenir : « Ta carte, Pierre. »

Il a eu l'expression de l'homme dérangé dans une méditation élevée par des considérations bassement prosaïques : « Quoi donc ? » Depardieu a répété : « Ta carte » et la main de Pierre est partie au ralenti vers sa poche, il a sorti une Carte bleue qui n'avait visiblement jamais été malmenée car elle paraissait toute neuve. Il l'a posée sur la table et a repris sa méditation, mais son visage était, semble-t-il, un peu plus crispé.

Le maître d'hôtel a pris la carte et l'addition. Nous avons remercié Pierre avec un peu trop d'effusion. Quand le maître d'hôtel est revenu, Carmet s'est emparé de la note et j'ai su par la suite qu'il en avait fait des photocopies et les avait envoyées à tous nos amis communs avec, en légende : « Pierre Richard a payé une addition. »

Quand Depardieu a décidé de séduire quelqu'un, qu'il soit président de la République ou clochard, il parvient toujours à ses fins.

Le tournage des *Compères* se passait dans le Midi et nous avions loué, Pierre Richard, lui et moi, une maison près de Nice, une propriété agréable qui n'avait qu'un défaut, son gardien, un gros type d'une quarantaine d'années, la panse pendant sur un vieux short informe, la cigarette papier maïs imbibée de salive au coin des lèvres, et un regard où on pouvait lire clairement : « Moi, les vedettes, j'en ai rien à foutre. » Il nous a reçus avec dédain et j'ai pensé : « Ça ne va pas être simple de vivre avec ça pendant plusieurs semaines. »

Depardieu a alors pris les choses en main, il s'est planté en face de l'ennemi et il a simplement dit :

— Tu es trop gros, toi, je vais te mettre au régime.

L'autre s'attendait à tout sauf à ça. Même Pierre Richard et moi, qui connaissions la « méthode Depardieu », avons été surpris. Depardieu a ajouté :

— Je dois maigrir moi aussi, ça sera plus facile si on le fait ensemble.

Il n'y avait plus aucune hostilité sur le visage du gardien, il fixait Depardieu, bouche bée, son mégot baveux sur le point de se décoller. Depardieu lui a envoyé un petit coup de poing amical dans le bide.

– Allez, en route, on va préparer le repas de ce soir.

Pendant deux mois, ils ont mangé léger tous les deux. Le gros maigrissait à vue d'œil et, surtout, il s'attachait de plus en plus à Depardieu. Quand il le retrouvait en cuisine pour concocter leurs menus basses calories, il avait un air radieux qui montrait qu'il vivait là les meilleurs moments de sa vie.

À la fin du séjour, le gardien était mince, il portait un short neuf et il était très triste. Son copain s'en allait et il sentait qu'il avait peu de chances de le revoir. Depardieu l'a embrassé distraitement et il est parti vers d'autres séductions.

Pendant le tournage des *Compères*, nous avons eu à plusieurs reprises la visite de Jean Carmet. « Le petit homme », comme l'appelait affectueusement Depardieu, arrivait les bras chargés de bouteilles de vins de Loire et, dans ces moments-là, je me disais que le métier de metteur en scène n'était pas si pénible que ça.

Carmet nous apportait beaucoup de chaleur humaine et un peu de gueule de bois, et on l'aimait bien.

Un matin, il nous a rejoints au bord de la piscine et le silence s'est fait à son apparition. Il portait une invraisemblable robe de chambre en velours rouge, le genre de vêtement d'intérieur des vieux séducteurs dans les pièces de boulevard. Nous avons échangé un regard, Pierre, Gérard et moi, et j'ai vu arriver l'incident. Carmet est passé entre Depardieu et la piscine, le gros pied de Depardieu s'est détendu, et Carmet a disparu dans l'eau.

Le meilleur acteur du monde n'aurait pas su simuler la noyade aussi bien que lui. Alors on a compris qu'il se noyait vraiment. On a plongé tous les trois et on l'a sorti de l'eau, suffoquant et furieux. C'était sa superbe robe de chambre de vieux beau qui semblait le préoccuper le plus. On a eu honte, on l'a déshabillé et on s'est mis à essorer de toutes nos forces le velours gorgé d'eau. On a alors entendu un craquement sec et Carmet a gueulé :

— Mes lunettes !

Nous avions chacun notre spécialité dans la maison des *Compères*. Depardieu s'occupait de tout ce qui était ménager, avec une autorité et un savoir-faire admirables, Pierre Richard continuait à se compliquer la vie avec les femmes – mais y a-t-il moyen plus agréable de se la compliquer ? Et moi, je m'inquiétais. De quoi ? De tout. Pourquoi ? Parce que.

Depardieu, qui, sous ses dehors de brute, cache une finesse insoupçonnable, m'a perçu du premier coup d'œil. Je me souviens de la définition qu'il avait donnée de moi un jour où il était venu installer dans mon bureau un appareil de gymnastique. Un gros truc à poulies et à poids, qui devait être fixé au mur. Pour ce faire, il fallait virer ma bibliothèque. Depardieu parvint à me convaincre que j'avais trop de culture et pas assez de muscles, et me proposa de me débarrasser de la bibliothèque dont il pourrait avoir usage dans une de ses maisons.

Il descendit l'escalier qui menait à mon bureau, portant sans aucune difficulté huit rayonnages d'un coup, pendant que moi je titubais sous le poids d'une étagère. Depardieu s'est retourné, m'a regardé un petit instant et a simplement dit :

— Tu portes lourd.

Il venait de définir ma vie. Tout ce qui m'était arrivé, le bon comme le mauvais, je l'avais porté lourd. C'est toujours le cas aujourd'hui, et j'ai même l'impression que c'est de plus en plus lourd.

De nous trois, Pierre Richard était apparemment le plus léger. Il était aussi le plus déroutant. Champion incontesté du box-office pendant des années, il n'a jamais eu un comportement de star. On peut même dire qu'il est l'antistar par excellence.

Je me souviens avoir fait avec lui un voyage de promotion à l'étranger. Le distributeur nous avait pris deux billets en classe touristes. Pierre n'ayant pas l'air de s'en formaliser, j'ai cru bon de lui dire :

– Pierre, tu es une vedette et les vedettes voyagent en première.

Mais visiblement, il s'en foutait. Alors, j'ai voulu enfoncer le clou :

– C'est comme si tu prenais le métro pour te déplacer dans Paris.

Sa réponse m'a désarmé :

– Mais je prends le métro.

Drôle de type à qui le succès offrait le côté ensoleillé du trottoir et qui préférait marcher à l'ombre.

Il l'a confirmé le jour où il s'est laissé pousser la barbe. Il était au faîte de sa popularité et il planquait un des visages les plus populaires du cinéma français sous les poils. Je n'aurais pas trouvé moins absurde que Sharon Stone, au moment de sa plus grande beauté, se soit mise à porter une burqa.

S'il était populaire en France, il l'était encore plus à l'étranger. Il m'a raconté qu'un jour, au Brésil, où *Le Grand Blond* avait fait un triomphe, il était allé au stade de Macarena assister à un match de foot. Quand on a annoncé son arrivée, les cent vingt mille personnes du stade se sont levées pour lui faire une ovation. Il racontait ça sans aucune vanité. Il m'a dit aussi qu'à cette occasion il avait vécu une aventure qu'on pourrait qualifier de « pignonesque ».

Il était placé un peu loin de la pelouse et, voyant qu'il y avait des places libres devant, il demanda à ses accompagnateurs pourquoi personne n'en profitait. Ils eurent l'air un peu embarrassés et lui donnèrent comme explication que ces places n'étaient pas protégées du soleil. Pierre répondit que le soleil ne le gênait pas et il alla s'asseoir plus près de la pelouse. Il sentit alors un liquide tiède lui couler dans le cou, et il comprit pourquoi les places étaient libres. Au-dessus, il y avait un auvent et des resquilleurs lui pissaient sur la tête.

Mais là où Pierre était peut-être le plus célèbre, c'était en Russie. *La Chèvre* y avait fait trente-cinq millions d'entrées, et tous nos films prenaient régulièrement la tête du box-office, devant les comédies venues du monde entier. J'étais particulièrement fier de dépasser sur cet immense territoire qu'était l'URSS ces génies que j'admirais tant, les Capra, les Billy Wilder, les Preston Sturges. Et puis quelqu'un m'a dit que je ne battais pas vraiment les génies en question parce que leurs films étaient interdits en URSS. C'était la guerre froide et le public derrière le rideau de fer n'avait pas le choix. Alors, il se rabattait sur mes films. Ma tête a dégonflé aussitôt.

Nous sommes allés ensemble, Depardieu, Richard et moi, présenter *Les Compères* au Festival de Moscou.

Le film devait passer au Pushkinsky Theatre, le plus grand cinéma de la ville, qui pouvait accueillir plusieurs milliers de spectateurs. J'étais particulièrement curieux de voir le film doublé en russe, parce que, à l'époque, c'était la même personne qui, assise près de l'écran avec un micro, interprétait tous les rôles à la fois.

Avant la séance, nous sommes montés sur scène. Depardieu et Richard ont eu une ovation à leur crever les tympans, mais c'est moi qui ai déclenché la réaction la plus chaleureuse, en disant à quel point j'étais touché d'être dans ce pays pour la première fois, parce que ma mère était née à Saint-Pétersbourg, et j'ai ajouté, plus pute que jamais : « *Ya vas lioubliou* », qui signifie « je vous aime » en russe.

Le public a fait un bruit de volcan en éruption et l'âme slave s'est mise à couler, brûlante, dans la salle. Les gens m'applaudissaient, pleuraient, riaient. Quand je suis descendu de scène pour rejoindre mon fauteuil, des mains se tendaient vers moi pour me toucher comme une relique. J'avançais avec un sourire plein de bonté, j'ai guéri au passage quelques lépreux et, une fois assis, j'ai dit à mes acteurs qu'il était temps que le film démarre, parce que je commençais à avoir une indigestion d'âme slave.

La salle s'est enfin éteinte et là, surprise, deux grosses filles sont apparues sur l'écran en dansant. Les organisateurs s'étaient trompés de film. À la place des *Compères*, ils projetaient ce qui semblait être une comédie musicale mexicaine. Je me suis tourné, affolé, vers notre interprète et elle m'a dit une phrase qui revenait souvent dans son vocabulaire : « Je suis désolée, vraiment désolée. »

Il n'y avait rien à faire pour arrêter les Mexicaines qui continuaient à danser, parce que la projection était automatique et je m'étonnais que des gens aussi maladroits aient pu envoyer Gagarine dans l'espace. Nous sommes partis en rampant vers la sortie, applaudis au passage par les spectateurs. Je n'ai pas pu voir *Les Compères* au Festival de Moscou, je regrette surtout d'avoir raté l'homme qui doublait à lui seul tous les rôles.

Les organisateurs avaient prévu pour le lendemain un voyage à Saint-Pétersbourg, avec visite de l'Ermitage, l'un des plus beaux musées du monde. Le voyage en avion aurait duré une heure, mais, pour des raisons mystérieuses, on nous a imposé de le faire en train, une nuit entière dans un tortillard poussif, avec à chaque extrémité du wagon une *babouchka* en faction devant un samovar, offrant sans cesse du thé à Depardieu, dont ce n'était pas la boisson favorite et qui devenait de plus en plus nerveux, d'heure en heure.

Nous sommes finalement arrivés dans la ville natale de ma mère et j'ai tout oublié : les grosses danseuses mexicaines qui avaient piétiné *Les Compères*, les babouchkas à qui on n'osait pas refuser leur thé et qui nous avaient fait pisser toute la nuit, j'ai tout oublié de cette Union soviétique dont le rideau de fer se posait sur vous comme une chape de plomb, pour voir apparaître, sur la perspective Nevski, le visage de la petite Arménienne qui m'avait mis au monde.

Pierre et Gérard n'avaient pas les mêmes raisons d'être émus. Ils avaient hâte d'aller voir les Rembrandt et les Titien de l'Ermitage. Nous sommes arrivés, très excités, à la porte du musée. Il était fermé.

Les organisateurs avaient oublié que le mardi était jour de relâche pour Rembrandt et ses collègues. Une nuit de train pour se retrouver devant des portes closes, j'ai compris ce jour-là que Gagarine n'était jamais allé dans l'espace. Les Soviétiques nous avaient menti, c'était du bluff, un montage, les Russes étaient beaucoup trop lourds pour mettre qui que ce soit en apesanteur.

Notre interprète répétait : « Je suis désolée », mais Depardieu l'a attrapée par la gorge, comme s'il allait l'étrangler. Et il lui a dit :

– Écoute-moi bien, je ne bougerai pas d'ici tant qu'on n'aura pas ouvert ce putain de musée, c'est clair ?

L'interprète a compris qu'elle n'avait plus intérêt à être désolée et elle s'est mise à appeler tous les dignitaires du Parti jusqu'au plus haut niveau. C'était Depardieu versus Andropov, et Depardieu a gagné. Les portes du musée se sont ouvertes pour le plus petit nombre de visiteurs que l'Ermitage ait jamais connu et je ne sais pas ce qui m'a épaté le plus ce jour-là : les chefs-d'œuvre accrochés aux murs ou Depardieu attaquant à lui tout seul l'URSS et l'amenant à capituler.

Le tournage des *Fugitifs*, dernier film de la trilogie Depardieu-Richard, a eu lieu à Bordeaux et j'ai failli, quelques années après mon mormon de *La Chèvre*, tuer un autre acteur.

Jean Benguigui jouait un patron de bar. Il essuyait tranquillement des verres derrière son comptoir et il voyait débouler sur lui Depardieu, lancé à pleine vitesse dans une camionnette. Depardieu devait pulvériser la porte du bar, traverser la salle à soixante à l'heure et s'arrêter à un millimètre du comptoir. Facile à écrire. Parfait exemple de l'auteur-réalisateur se piégeant lui-même. Il a fallu construire une cage en fer, pour protéger Benguigui et équiper la camionnette d'une chaîne « incassable » en cas de défaillance des freins.

On a mis Benguigui en cage, il n'avait pas l'air rassuré. On peut même dire qu'il était mort de peur. Depardieu, en revanche, était tout joyeux, ravi de faire cette cascade. Il a dit en rigolant à Benguigui :

– Je vais t'écrabouiller, mon pote !

Et Benguigui a répondu d'une voix étouffée :

– Ta gueule.

J'ai bien insisté auprès du cascadeur :

– Aucun risque que la chaîne casse ?

Il m'a rassuré :

– J'ai déjà balancé un autocar dans un ravin au bout de cette chaîne, et il est resté suspendu dans le vide.

Depardieu est monté dans la camionnette et le silence s'est fait sur le plateau. Benguigui a commencé à essuyer ses verres, mais on sentait que le cœur n'y était pas. Il ressemblait moins à un barman qu'à un type devant un peloton d'exécution. J'ai dit : « Action. »

La porte du bar a explosé, la camionnette a traversé la salle beaucoup trop vite et ne s'est pas arrêtée. Elle s'est écrasée contre le comptoir et Benguigui a disparu.

Les raisons de l'accident : les vitres de la porte n'étaient pas en verre, mais en résine, une matière qu'on utilise pour les cascades. Depardieu avait freiné à mort, mais ses roues avaient fait de l'aquaplaning sur les éclats de résine et la chaîne « incassable » s'était cassée. Toute l'équipe cherchait frénétiquement à sortir Benguigui des décombres et j'avais les jambes coupées comme au Mexique, après la chute de mon singe mormon. Je me disais avec le même sentiment de fatalité : « Eh bien, voilà, il est mort. »

Benguigui a alors surgi des ruines comme un diable de sa boîte. Il était vivant et furieux. Il n'avait qu'une blessure superficielle à la tête et injuriait tout le monde. J'ai attendu qu'il se calme et je l'ai entraîné dans un coin du studio :

– Jean, je me sens très mal après ce qui vient de t'arriver, et je me sens encore plus mal à l'idée de te demander ce que je vais te demander.

Il m'écoutait, méfiant, un filet de sang barrant sa joue gauche. J'ai ajouté :

– Cette prise est inutilisable, tout va trop vite, ça ne donnera rien sur l'écran. Je comprendrais que tu refuses, mais...

Il ne m'a pas laissé finir ma phrase :

– Tu peux crever, je ne ferai pas une deuxième prise.

Je ne pouvais pas lui en vouloir, je lui ai dit :

– Je vais mettre un cascadeur à ta place.

On a choisi un cascadeur qui, de loin, pouvait vaguement ressembler à Benguigui et on l'a mis dans la cage. Benguigui observait la scène, pensif. Il était évident que le plan aurait beaucoup moins d'intérêt sans lui. On a rafistolé et rééquipé la camionnette et au moment où j'allais dire « Action », Benguigui a crié :

– Attendez !

Il est revenu vers la cage et a fait signe au cascadeur de lui laisser la place.

– Je vais la refaire moi-même.

Cette fois la cascade s'est bien passée et j'ai découvert ce jour-là que Benguigui n'était pas seulement un bon comédien, mais quelqu'un de courageux. Je le lui ai dit, et il m'a répondu, encore sous le coup de l'émotion :

– Va te faire foutre.

Nous nous sommes séparés, Pierre Richard et moi, après *Les Fugitifs*. Je me suis exilé en Amérique, le temps a passé, et son Pignon a atteint la limite d'âge. Frank Price, le patron des Studios Universal, m'avait dit un jour :

– Il ne faut pas vieillir avec ses acteurs. Un réalisateur a besoin de sang neuf.

Ce côté Dracula de la mise en scène pouvait paraître inhumain, mais Price parlait d'expérience, il venait de produire le remake de *L'Emmerdeur* où Billy Wilder s'était entouré de ses deux trop vieux complices, Jack Lemmon et Walter Matthau, pour faire son dernier et plus mauvais film.

Ma séparation d'avec Pierre m'a posé un problème. Je me suis demandé si notre association ne lui avait pas fait plus de mal que de bien. Avant que je le dirige dans *Le Jouet*, il avait réalisé des films comme *Le Distrait* et *Les Malheurs d'Alfred*, qui marquaient des débuts prometteurs dans la comédie. Mais il s'est arrêté d'écrire et de mettre en scène en travaillant avec moi, et je me souviens qu'il avait dit dans la presse : « Ma chance et ma malchance, c'est d'avoir rencontré un auteur. »

En l'entraînant dans mon univers, je l'avais privé du sien. Peut-être aurait-il pu devenir un de ces acteurs-auteurs comme Jean Poiret, Jacques Tati ou Sacha Guitry. Cette question me tracassait et je m'en suis ouvert à Depardieu.

– Est-ce que tu crois que j'ai coupé l'herbe sous le pied de Pierre ?

Depardieu m'a répondu avec son sens de la formule :

– Je ne sais pas si tu lui as coupé l'herbe sous le pied, mais, en tout cas, tu lui as rapporté beaucoup de blé.

De tous les acteurs que j'ai rencontrés, Depardieu est celui qui peut le mieux inspirer l'attraction-répulsion. Il est grandiose et dégoûtant à la fois, c'est un homme qui n'a pas de défaut dans la cuirasse, toute la cuirasse est un défaut et elle protège mal le génie qui l'habite.

Nous avons fait cinq films ensemble. J'ai beaucoup d'admiration et d'affection pour lui. J'ai aussi de la compassion. Je me demande si cette angoisse, cette goinfrerie qui le font se jeter sur la bouffe, la boisson, les femmes, l'argent, avec la même voracité, si cette boulimie d'ogre lui a valu autant de bonheur que de pontages.

Dans *Amadeus*, Miloš Forman nous montre un Mozart grossier, salace, une sorte de voyou, mais un voyou qui a été touché par le doigt de Dieu.

Le petit dur de Châteauroux qui, à quatorze ans, faisait le coup de poing avec les GI's de la base américaine a été touché lui aussi par le doigt de Dieu, et le souvenir que je vais rapporter maintenant peut expliquer pourquoi il me fait penser à Mozart.

Ça se passait au Festival de Cannes où il était venu avec Maurice Pialat présenter *Sous le soleil de Satan.* Sachant que j'étais dans le coin, il m'a téléphoné :

– Mon Francis, je suis au Majestic, viens vite, j'ai très envie de te voir.

J'y suis allé et il m'a accueilli à bras ouverts. Il s'était déjà fait la tête de Cyrano qu'il allait jouer dans la foulée, cheveux longs, moustache et barbiche de cadet de Gascogne. Il ne lui manquait que le nez, et encore, le sien aurait presque fait l'affaire.

Il y avait deux autres invités dans la suite, Michel Denisot, son vieux copain, originaire comme lui de Châteauroux, et notre ex-agent, Jean-Louis Livi.

Depardieu avait visiblement déjà pas mal bu et il m'a dit, fébrile et touchant :

– Mon Francis, il faut que je te lise la scène du balcon.

Il a ouvert un tiroir, sorti le scénario et nous a prévenus :

– Comme Cyrano est très ému de dire à la place de Christian des mots d'amour à Roxane, je vais le jouer essoufflé.

Il s'est assis et il a commencé la lecture.

Quel privilège, pour Denisot, Livi et moi, de voir en exclusivité le plus grand acteur français interpréter une des plus belles scènes de théâtre jamais écrites.

Sa voix magique a commencé à remplir le salon de cette suite du Majestic. Il jouait effectivement la gorge serrée.

– « Un baiser, mais à tout prendre qu'est-ce ? Un serment fait d'un peu plus près, une promesse plus précise... »

Et tandis qu'il lisait, je remarquai qu'il se soulevait par moments légèrement de son fauteuil.

— « ... Un aveu qui veut se confirmer... »

Nouveau petit mouvement ascendant sans interrompre la lecture.

— « ... Un point rose que l'on met sur l'*i* du verbe aimer. »

Je n'ai pas pu m'empêcher de lui demander .

— Gérard, est-ce que tu es en train de péter ?

Son visage s'est éclairé, il m'a répondu « Oui ! » avec une joie enfantine et il a repris sa merveilleuse lecture.

Ce mélange de profane et de sacré, c'est l'essence même de Gérard Depardieu. Il est capable de tutoyer les anges d'un côté et de se soulager en même temps de l'autre. Il peut marier sans difficulté Rostand et cassoulet et je suis sûr qu'en l'entendant lire avec un tel génie et péter en même temps, même Edmond Rostand aurait applaudi.

Claude Berri avait changé ma vie en m'amenant à la mise en scène, Gilles Jacob la changea une deuxième fois en m'invitant au Festival de Cannes.

Je venais de terminer *Les Fugitifs* quand il m'appela pour m'offrir de faire partie du jury. Il ne savait pas alors, et moi encore moins, que cette proposition allait me propulser en Amérique pendant les vingt-cinq années à venir.

Je suis parti pour Cannes avec Françoise. Le jury, cette année-là, était présidé par Miloš Forman et la Palme d'or fut attribuée à Emir Kusturica pour *Papa est en voyage d'affaires*.

À cette occasion, j'eus pour la première fois l'impression d'exister un peu auprès des gens de cinéma. Isolé depuis des années parce que j'avais choisi un genre suspect, la comédie, et que j'avais du succès, j'étais enfin reçu comme si j'étais « de la famille ».

J'ai aimé voir les films en smoking. Ça avait un côté colonial anglais s'habillant pour boire le thé dans la brousse. Et c'est en tenue de soirée que j'ai découvert un cinéma que je ne connaissais pas, autrement dit, le cinéma du monde entier.

Mon souvenir le plus fort fut la projection de *Détective* de Jean-Luc Godard. Je n'ai rien compris à l'histoire, ce qui ne m'étonne pas trop, mais j'ai surtout pu assister à un phénomène troublant : j'ai vu des gens siffler en s'endormant. Je n'invente rien, certains spectateurs, terrassés d'ennui, avaient leur tête qui basculait en avant, tandis que les sifflements, vigoureux au départ, s'éteignaient peu à peu sur leurs lèvres.

Quand vint le moment des délibérations, mes collègues jurés se demandèrent quelle récompense attribuer à Godard. Je mourais d'envie de poser une question : « Pourquoi attribuer une récompense à Jean-Luc Godard pour un film où les gens sifflaient comme des somnambules ? » Je me retins de me manifester, par peur de redevenir le comique pestiféré, imperméable au génie. *Détective* n'a pas obtenu de prix, mais je jure que je n'y suis pour rien.

Dans ce Festival, j'ai pu aussi admirer l'incroyable diplomatie de Gilles Jacob qui, s'il quittait ses fonctions de président, pourrait facilement devenir ambassadeur dans un coin plus tranquille, l'Afghanistan par exemple.

À Cannes, j'ai surtout rencontré Jeffrey Katzenberg, un des exécutifs les plus importants de Hollywood. Il était à l'époque un des hauts responsables des productions Disney et il y faisait un travail remarquable. C'était un homme de petite taille avec une tête trop grande pour lui. Une mâchoire de barracuda sur un corps de sardine. Il est venu me voir et il m'a dit :

– J'aime beaucoup vos films, vous seriez bienvenu dans nos studios.

La trilogie *Chèvre-Compères-Fugitifs* avait été en tête du box-office et je m'étais trouvé alors confronté à une dépression tout à fait inattendue, la dépression du succès.

Belmondo m'avait confié qu'à la sortie de *L'As des as* – soixante-douze mille entrées le premier jour – il avait connu un moment d'abattement profond, il s'était dit : « Je ne pourrai jamais aller plus haut. » J'étais dans le même état d'esprit quand Katzenberg m'a fait son offre.

Quelques jours plus tard, je partais pour Los Angeles.

Je louai un petit appartement dans West Hollywood. Françoise et les enfants étaient restés à Paris. Je voulais m'assurer avant de les faire venir que mon départ n'était pas un coup d'épée dans l'eau.

Le propriétaire du logement s'appelait Larry et c'était un de ces monstres que l'Amérique produit à la chaîne. Un ancien obèse qui avait perdu une centaine de kilos et qui ressemblait maintenant à un carlin, ces chiens qui ont l'air d'avoir deux fois trop de peau.

Larry se prétendait agent artistique. Pourquoi pas. En fait, il faisait partie des innombrables mouches qui se jettent sur Hollywood comme sur un gâteau et qui n'ont pas d'autre compétence que leur ambition. Larry et ses semblables se livrent entre eux un impitoyable combat de nains et les rares vainqueurs acquièrent un pouvoir démesuré sans avoir pour autant plus de compétence.

Ma première leçon d'Amérique, c'est Larry qui me l'a donnée. J'avais besoin d'un appartement plus grand pour accueillir ma famille et je lui rendis les clés du sien. Il était censé me rembourser ma caution, je ne la revis jamais. Chaque fois que je l'appelais, il me répondait : « Le chèque est dans le courrier », une phrase bien connue de tous les pigeons du monde.

J'ai finalement perdu patience et suis allé lui demander des explications, il m'a accueilli avec un grand sourire et m'a dit : « *Sue me* » (Faites-moi un procès). Il savait que j'hésiterais devant la perte de temps et les frais d'avocat, et il me volait comme au coin d'un bois avec une joie évidente. Et sur son front, je pouvais lire : « *Welcome to Los Angeles.* »

J'aime Los Angeles. C'est une ville imprécise. Il est difficile d'en trouver le centre, elle n'est qu'une périphérie. Et dans cette suite de faubourgs qui s'étalent interminablement : Hollywood, qui a l'air d'une fausse perle posée sur une grosse huître pas très fraîche.

Pourquoi pas très fraîche ? Parce que Los Angeles, dans sa presque totalité, est aussi déjetée que les agglomérations de son voisin, le Mexique. Quand on traverse la frontière à Tijuana, on ne voit pas de différence. Los Angeles est une ville incohérente, secouée de tremblements de terre, condamnée à redevenir un jour le désert d'où elle a surgi, et c'est pour ça que je l'aime.

Hollywood me fait penser à l'assemblage hypertrophié de deux quartiers parisiens, le Sentier et le Marais. Mon père étant juif, je ne peux pas être soupçonné d'antisémitisme en constatant qu'une grande partie du cinéma est entre les mains de gens qui auraient aussi bien réussi dans le prêt-à-porter. Tous les grands studios ferment leurs portes au moment de Kippour, c'est le côté Sentier de Hollywood. Pour ce qui est du Marais, les jours de Gay Pride, on a l'impression que les gens qui défilent sont plus nombreux que les spectateurs.

Dans les restaurants, j'ai été surpris par la séparation des sexes. À une table, cinq femmes dînent en filles, à la table voisine, cinq hommes dînent en garçons. Et les deux tables ne s'adressent pas la parole. On dirait des soldats ennemis, embusqués dans leurs tranchées et appréhendant le début des hostilités, qui s'appellent ici le mariage.

Los Angeles, c'est Sodome, Gomorrhe et Mickey Mouse.

J'ai découvert un aspect inattendu de la vie politique américaine au Beverly Wilshire Hotel où Disney m'avait installé le temps de retrouver un appartement. Un jour, je n'ai pas pu entrer dans ma chambre, ma clé n'ouvrait plus la porte. Un garçon d'étage a d'abord tenté de m'aider avec son passe, sans succès. Je suis alors allé demander un double à la réception, mais la porte est restée obstinément close. Finalement, on m'a envoyé le détective de l'hôtel, avec le *general pass*, la clé à laquelle aucune porte n'était censée résister.

En Amérique, les gens ont à cœur de ressembler à leur fonction. Un politicien doit avoir une tête de politicien, avec de beaux cheveux blancs, et en cas de manque, de beaux implants blancs, comme Joe Biden, le vice-président d'Obama. Le détective de l'hôtel s'appliquait visiblement à ressembler à un détective. Quand il est apparu dans le couloir, j'ai eu l'impression d'être plongé dans un épisode des *Incorruptibles*. Il avait le visage impassible et le regard méfiant d'Eliott Ness, il m'a toisé comme si je planquais du whisky prohibé dans ma chambre, et il s'est mis à trifouiller dans ma serrure avec sa clé magique.

La serrure avait dû être forcée parce qu'il eut un certain mal à ouvrir ma porte. Quand elle céda, il s'immobilisa sur le seuil, et perdit d'un coup son impassibilité et son regard méfiant.

Il y avait un homme dans mon lit. Eliott Ness a dit d'une voix affolée :

— *Jesus Christ, the Senator !*

L'homme ronflait paisiblement. Il avait de beaux cheveux blancs de politicien, mais un nez trop rouge de pochetron. Je devais apprendre que c'était effectivement un sénateur américain qui, ivre mort, s'était trompé de chambre et avait faussé ma serrure en entrant chez moi. Trop saoul pour se rendre compte que la chambre était habitée, il avait retiré son pantalon et plongé dans mes draps.

Eliott a sorti avec ménagement le sénateur de mon lit, et j'ai découvert un vieil homme qui ressemblait à W. C. Fields, un des grands comiques de Hollywood, qui avait la réputation d'être assez porté lui aussi sur la bouteille. Eliott l'a ramené dans sa chambre, on a changé mes draps et ma serrure, et depuis, quand on me parle de politique en Amérique, je repense à ce sénateur, dont je ne sais pas à quel État il appartenait, mais dont je suis sûr qu'il était dans un drôle d'état.

Mon bureau chez Disney se trouvait dans un bâtiment massif et pompeux, qui aurait pu être l'œuvre d'un architecte du IIIe Reich. Mais un architecte devenu fou en concevant le dernier étage. Les cariatides de rigueur dans ce genre de construction avaient été remplacées par les sept nains de Blanche-Neige.

J'avais un beau bureau d'angle, signe de considération, parce qu'il avait plus de fenêtres que les autres. Jeffrey Katzenberg ne me laissa pas longtemps sans rien faire. Il me présenta aux principaux exécutifs du studio et leur annonça que je serais désormais consultant sur tous les films à venir.

J'ai découvert là l'extraordinaire ouverture d'esprit des Américains. Ces gens, qui fabriquent le cinéma le plus performant du monde, faisaient venir un petit Français pour juger leurs projets. Je n'ai eu aucun problème avec les scénaristes dont je relisais les scripts. C'étaient pourtant des gens qui avaient brillamment fait leurs preuves. J'ai reçu, entre autres, dans mon bureau, les frères Zucker, qui étaient les rois du burlesque, avec des films comme *Y a-t-il un pilote dans l'avion ?* ou *Y a-t-il un flic pour sauver la reine ?* Ils avaient écrit un scénario pour Bette Midler et Danny DeVito, *Ruthless People*, et ils venaient, en toute simplicité, écouter mes critiques.

Cette consultation-là a failli mal se passer. *Ruthless People* était l'histoire d'une femme qui se faisait kidnapper et dont le mari refusait de payer la rançon. Or, c'était exactement le sujet de ma première pièce, *L'Enlèvement*, écrite une vingtaine d'années auparavant. Les frères Zucker étaient persuadés de l'originalité de leur histoire, et quand je leur ai dit que je l'avais déjà traitée, il y a eu un moment de gêne.

Les deux Américains sympathiques se sont fermés brusquement. Dans ce pays où tout le monde traîne tout le monde en justice, je devenais l'homme qui allait immanquablement leur faire un procès en plagiat. Je n'étais plus un consultant mais un ennemi. Je les ai rassurés tout de suite, je n'avais pas la mentalité chicanière de leur pays, ils pouvaient faire leur film en toute tranquillité, je ne leur enverrais pas mes avocats. Ils sont aussitôt redevenus sympathiques et leur film a été un beau succès.

En Amérique, pour décrire quelqu'un de malhonnête, on dit : « Il a une conscience toute propre, elle n'a jamais servi. » Cette définition pourrait s'appliquer à une grande partie de Hollywood qui semble considérer le sens moral comme une sorte de handicap. J'ai personnellement rencontré deux acteurs, et pas des moindres, qui m'ont volé comme au coin d'un bois : Eddie Murphy et Warren Beatty.

Quelques pages écrites par Art Buchwald furent à l'origine de ma rencontre avec Murphy. Buchwald, le chroniqueur le plus célèbre des États-Unis, avait eu une idée de film, l'histoire d'un roi africain qui arrive en voyage officiel à Washington au moment où un coup d'État a lieu dans son pays. Il est détrôné et tous les politiciens américains qui lui faisaient des courbettes le lâchent aussitôt. Privé de sa couronne, le roi n'est plus qu'un Noir ordinaire, sans travail, sans argent, à Washington – qui n'est pas la ville idéale pour les Noirs ordinaires sans travail et sans argent.

Buchwald envoya les quelques pages à son ami Alain Bernheim, qui avait produit le remake de *L'Emmerdeur*. Bernheim m'offrit d'écrire le scénario. Je rédigeai une première mouture, Paramount s'intéressa au projet et contacta Eddie Murphy qui se montra très enthousiaste, au point de m'inviter dans sa propriété du New Jersey pour que nous nous mettions sans attendre au travail.

La veille de mon départ, Murphy s'est décommandé. Cavalièrement. Il avait décidé de partir avec une fille dans un quelconque paradis des Caraïbes et me ferait signe à son retour. Plusieurs semaines passèrent, je n'avais aucune nouvelle, et puis un jour, un appel indigné d'Alain Bernheim : Murphy s'était approprié le scénario et le faisait récrire par ses auteurs habituels. En d'autres termes, il nous virait du projet.

C'était tellement énorme que je n'y ai pas cru. Le sujet de Buchwald était déposé, j'avais signé mon contrat, Paramount ne pouvait pas suivre Murphy dans une démarche aussi illégale. J'avais tort, Murphy était la star du moment, Paramount l'aurait suivi jusqu'en enfer. Alain Bernheim fit un procès au studio, mais c'était la lutte du pot de terre contre le pot de fer. Bernheim se cogna à une armada d'avocats, le procès pouvait durer des années et coûter des fortunes. Il dut se résoudre à accepter un *settlement*, un arrangement avec Paramount, et Murphy put tourner tout à son aise *King for a Day* (*Roi d'un jour*), une comédie que je m'abstiendrai de juger, mais dont je dois avouer qu'elle ne m'a pas fait rire. Je sais en tout cas maintenant qu'Eddie Murphy a une des consciences les plus propres du cinéma américain.

Mon deuxième traître était une légende de Hollywood. J'admirais Warren Beatty pour ses performances d'acteur dans des films comme *Bonnie and Clyde*, ou son talent de réalisateur dans *Reds*. Oui, je l'admirais avant d'avoir affaire à lui. L'homme qui nous mit en présence s'appelait Jules Verne.

De Broca avait filmé *Les Tribulations d'un Chinois en Chine* quelques années auparavant et il ne me paraissait pas avoir tiré le meilleur parti du sujet. Je proposai à la Fox d'en faire un remake. Le projet plut au studio. L'histoire de ce jeune homme trop beau, trop intelligent, trop riche, qui aime si peu la vie qu'il demande à un vieux Chinois de l'assassiner, pouvait séduire un DiCaprio ou un Brad Pitt, qui avaient à l'époque l'âge du rôle.

Je signai un contrat avec la Fox et me mis à l'écriture du scénario. J'étais à peu près à mi-parcours quand je reçus un appel ébloui de Roger Birnbaum, un des exécutifs du studio. Il avait déjeuné avec Warren Beatty pour lui proposer un choix de sujets, et le seul qui avait accroché la star était *Les Tribulations*.

Je crus d'abord que Birnbaum plaisantait. Beatty avait une soixantaine d'années, il me paraissait un peu mûr pour le rôle. Le fait qu'il demande à un vieux Chinois de l'aider à en finir avec la vie, alors qu'il avait déjà fait le plus gros, me semblait tirer l'histoire vers le comique. J'en fis la remarque à Birnbaum mais, apparemment, il ne m'entendit pas. Il répéta de la même voix radieuse :

– Warren Beatty veut jouer dans *Les Tribulations*.

Il le répéta encore deux, trois fois et, à bout d'arguments, je raccrochai, pensant qu'il ferait bien d'aller se reposer.

Le téléphone resonna presque aussitôt, c'était Rosalie Swedlin, mon agent de l'époque, qui m'annonça d'une voix extatique :

– Warren Beatty veut jouer dans *Les Tribulations*.

J'eus l'impression d'être cerné par des malades mentaux. Tout ce que je pouvais dire pour empêcher une erreur de casting manifeste se heurtait au fait que la star voulait jouer le rôle. Je commençai à m'énerver quand Rosalie me demanda de faire un petit effort, Warren Beatty voulait déjeuner avec moi. Ça n'engageait à rien de le rencontrer.

Il m'attendait dans le restaurant italien d'un centre commercial, sur Mulholland. Un tout petit bistro dont la porte était comme un trou dans le mur. Il s'était fait beau pour avoir l'air jeune. Moi aussi. Il s'était lavé les cheveux et avait mis une belle chemise. Moi aussi. Je me suis assis en face de lui, on avait l'air de deux vieilles putes.

Pendant tout le repas, il a tenté de me séduire, mais je ne me faisais aucune illusion, je n'existais pas pour lui, non, ce qu'il ne supportait pas, ce qu'aucun acteur ne supporte, surtout quand il est une star, c'est d'être rejeté. Lui, habitué à voir producteurs et réalisateurs se mettre à genoux pour qu'il joue dans leurs films, me faisait la grâce de me donner son accord et je lui refermais la porte sur le pied !

Il ne pouvait pas faire plus dans le numéro de charme. Il m'offrit de m'aider à construire le scénario et si, pendant le tournage, j'avais un problème de mise en scène, il serait à mes côtés, précisant avec une modestie touchante qu'il s'y connaissait un peu en réalisation. Tu parles, il avait eu un Oscar pour *Reds* !

Je regardais cet homme qui avait eu les plus belles femmes de Hollywood et qui usait sur moi des mêmes inflexions caressantes qui les faisaient tomber, et je ne savais pas comment lui dire ce qu'elles ne tarderaient pas à lui dire elles aussi :

— Mon pauvre Warren tu es trop vieux pour le rôle.

J'ai tout de même fini par avoir le courage de le lui dire. Avec le plus de ménagement possible : il était beau, talentueux, je ne lui aurais jamais donné son âge (aïe, maladroit, ça, il a froncé les sourcils, mais j'ai plongé quand même) :

— Warren, l'histoire ne veut rien dire si ce n'est pas un homme très jeune, un homme qui n'a pas encore vécu, qui signe ce pacte avec le Chinois.

Il a souri, en approuvant de la tête, mais j'ai vu quelque chose de maniaque dans son regard, quelque chose qui pouvait se traduire par : « Cause toujours mon con, je ferai ce film quoi qu'il arrive. »

Ça se confirma quand il me dit à la fin du repas :

— Donnez-moi ma chance, faisons quelques séances de travail à la maison et je suis sûr que vous changerez d'avis.

La maison était une gigantesque propriété sur Mulholland Drive. Je retrouvai Beatty dans un living-room de la taille d'un terrain de tennis que des éclairages indirects laissaient en permanence dans une demi-pénombre. Il portait un survêtement gris et ne se déplaçait qu'en trottinant. Il ressemblait au lapin Duracell égaré dans une grande pièce trop sombre.

Nous eûmes trois séances de travail et comme il n'en sortait pas grand-chose, je lui proposai de me laisser finir seul la première mouture. Il accepta et nous convînmes de nous revoir dès que j'aurais terminé.

J'avançais bien dans mon travail quand Rosalie, mon agent, m'a appelé. Elle n'avait pas cette fois une voix extatique, mais embarrassée. Warren Beatty était en train d'écrire le script de son côté avec ses auteurs habituels, il n'avait plus besoin de moi. Je me trouvais dans la même situation qu'avec Eddie Murphy et, là encore, on me fit comprendre que quels que soient mes droits, le studio ne prendrait jamais parti contre Warren Beatty. Je jouais de nouveau la fable du Loup et de l'Agneau et, à Hollywood, celui qui a toujours le rôle de l'agneau, c'est le scénariste.

Les Tribulations sont devenues *Bulworth*, un film que je ne suis pas allé voir, mais dont on m'a dit que Beatty était un peu trop vieux pour le rôle.

À Los Angeles, il y a plus d'éléphants qu'en Afrique et en Inde réunies. Ceux-là, on ne les braconne pas, parce qu'ils n'ont pas d'ivoire. On peut les observer dans leurs points d'eau que sont les supermarchés. Ils avancent péniblement, s'appuyant sur leur Caddie comme sur un déambulateur : ces éléphants s'appellent ici des obèses, et ils symbolisent, d'une manière angoissante, le trop-plein de l'Amérique.

Cohabitant avec ces mastodontes, un autre animal qui est lui aussi un stéréotype des États-Unis : le rat. Ou plus exactement, le *gym rat*, le maniaque de la forme physique.

Marty est producteur. Nous nous sommes connus chez Disney et nous avons sympathisé. À l'époque, il m'avait paru normal : un Américain d'une quarantaine d'années, un peu empâté, mais sans rien d'alarmant.

Et puis, un jour, il a été saisi par le sport, comme d'autres par la débauche. Depuis, Marty se lève à quatre heures du matin et se « supplémente » avant d'aller au gymnase. Vingt-huit pilules en tout – vitamines, sels minéraux, protéines –, tout ce qui est censé l'amener au pic de sa forme, mais qu'il prend dans des proportions cent fois supérieures aux besoins quotidiens. Son but, comme celui de tant de Californiens, est d'être le plus proche possible d'un surhomme.

De taille modeste, il me fait penser à un petit avion monomoteur qui chercherait à faire le plein de kérosène d'un Boeing. J'ai essayé de lui dire qu'il se chargeait peut-être un peu trop, mais il m'a répondu, avec une lueur inquiétante dans l'œil, qu'il était en pleine forme. Je n'ai pas insisté, mais je continue à me demander comment le foie et les reins de Marty parviennent à filtrer tout ce qu'il ingurgite en début de journée.

Je me suis demandé aussi pourquoi il se levait à quatre heures du matin pour aller au gymnase. Et puis j'ai su que son club avait déménagé et que Marty, qui y avait ses habitudes, préférait traverser toute la ville, une heure de trajet, pour se retrouver dans un cadre familier, avec ses amis et son coach.

La première victime de cette folie est sa femme, Megan. Élevée dans la doctrine qu'une épouse doit suivre son mari, elle est debout aux aurores elle aussi. Je ne sais pas si elle se « supplémente », mais elle part comme une somnambule avec Marty, qui déplore qu'on la retrouve endormie dans tous les recoins du gymnase, les douches, les toilettes, et parfois même sur les appareils de musculation. Je n'ai connu Megan qu'envapée, l'élocution pâteuse et les paupières qui se fermaient. Elle avait épousé un Popeye en permanente perfusion d'épinards, et elle en payait le prix.

Marty est devenu maigre et musculeux, son visage s'est émacié comme celui des moines les plus pénitents, et tous les effets d'une gymnastique extrême – tendinite, arthrose, et les mille douleurs qui s'installent dans un corps qu'on surentraîne trop tardivement – lui sont tombés dessus.

Marty est un de mes rares amis à Los Angeles, mais j'ai peur de le perdre très vite s'il continue à s'acharner comme ça sur lui-même.

Que ça reste entre nous

Si j'ai si peu d'amis à Hollywood, c'est parce que la plupart des gens du métier ne sont que spéculation. Ils ne vous fréquentent que s'ils voient en vous un bénéfice possible. Ils sont alors d'une amabilité, d'une générosité qui vous font croire que vous avez rencontré la crème de l'humanité. Mais le jour où ils ne se font plus d'illusions sur vous, ils vous rayent de leur vie sans la moindre hésitation.

Il y a heureusement des exceptions. Je pense à Bob Chartoff, le producteur entre autres des *Rocky* et de *Raging Bull*. Le genre d'homme qui vous fait oublier tout ce que la profession peut avoir de caricatural. Bob, déjà père de quatre enfants, a adopté une petite Noire que sa mère célibataire n'avait pas les moyens d'élever. Il a fait construire une école en Inde qui a sorti de la misère des centaines de *slumdogs*. Humaniste, cultivé, il est une des exceptions qui prouvent qu'à Hollywood le cœur ne sert pas seulement à faire des infarctus.

Après quelques mois de consultations, j'ai commencé à ressentir à nouveau l'envie de réaliser, et Katzenberg, qui avait acheté les droits des *Fugitifs*, me demanda, à la manière de Claude Berri :

— Pourquoi vous ne faites pas le remake vous-même ?

J'ai cru d'abord que c'était une bonne idée. Je me disais : « J'ai fait le brouillon en France, je vais faire le propre en Amérique. » Je devais me rendre compte par la suite que c'était un peu simplet comme raisonnement. Le charme d'un film réside autant dans ses qualités que dans ses défauts. Tenter d'en gommer les imperfections pour réussir un remake parfait est aussi illusoire que ces opérations de chirurgie esthétique qui effacent les rides et vous font ressembler à un poisson-lune.

Si je m'étais fait cette réflexion à l'époque, je ne me serais sans doute pas lancé dans le lifting de mes *Fugitifs*. J'avais une autre raison d'hésiter : le remplacement d'acteurs aussi parfaits dans leur rôle que Depardieu et Pierre Richard, par des acteurs américains, aussi doués fussent-ils.

Disney m'offrait Nick Nolte pour Depardieu et, pour Pignon, un comique d'origine canadienne, Marty Short.

Nolte et Depardieu avaient un air de famille, et ça me gênait plus qu'autre chose. J'aurais été moins enclin à comparer si le rôle avait été tenu par un petit brun comme De Niro, par exemple, mais Nolte était costaud et blond, et en le regardant jouer, j'avais l'impression de tromper Depardieu avec un clone.

Il est entré sans difficulté dans ce personnage de dur qui se faisait kidnapper par Pignon, et je ne peux pas dire qu'il était moins convaincant que Depardieu. Mais il lui manquait ce quelque chose d'indéfinissable qui fait qu'un acteur est « rare ». Si je devais comparer leurs talents respectifs, je dirais que Nolte faisait très bien ce qu'il savait faire, tandis que Depardieu pouvait tout faire.

Nolte était un homme cultivé, sensible et facile à vivre. Quand il était sobre. Et puis, le gentil Docteur Jekyll s'installait dans un bar et c'est Mister Hyde qui en ressortait quelques heures plus tard.

Je ne voudrais pas faire de peine à Depardieu, mais j'ai l'impression que Nolte buvait plus que lui. Il commandait à la fois une triple vodka et un verre de tequila, il les avalait cul sec et il remettait ça toute la nuit. Je comprenais mal le verre de tequila. La triple vodka me paraissait être à elle seule une voie express vers la cirrhose, alors pourquoi l'accélérateur tequila ? En faisant ce remake avec Nolte à la place de Depardieu, j'ai eu l'occasion d'assister à un impressionnant championnat franco-américain d'autodestruction.

Sur le plan bouffe, ils étaient à égalité. Depardieu avait pris trente kilos sur *Les Compères,* Nolte en fit autant sur *Les Fugitifs.* Il était arrivé au début du tournage beau comme un dieu, grâce à des amibes. Il les avait attrapées en Birmanie sur *Farewell to the King,* un film de John Milius, et elles l'avaient ramené en quelques semaines à son poids de jeune homme. C'était un bonheur de le voir essayer les costumes du film, je n'avais jamais eu un acteur aussi séduisant. Et puis, après les essayages, on est allés déjeuner ensemble. Et là, j'ai compris que mon bonheur serait de courte durée. Il a commandé des côtes de porc et il y en avait tellement qu'elles débordaient de l'assiette, même la table était trop petite. Il s'est mis à les arroser de ketchup et pour les faire passer, il a bu sept ou huit bières, et quand il a commandé un *sundae*, une de ces glaces américaines crémeuses qui baignent dans le chocolat, je me suis dit que la costumière aurait très vite un gros travail de retouches à faire.

Le film commençait par un hold-up. J'ai filmé l'entrée de Nolte dans la banque au début du tournage, et sa sortie, à la fin. La scène dure deux minutes et en deux minutes, il prend trente kilos. Les effets spéciaux n'auraient pas pu faire mieux.

J'avais tourné l'original à Bordeaux, le remake s'est fait à Tacoma, dans l'État de Washington. Tacoma, voisine de Seattle, était une ville morte. Je ne sais pas quelle industrie l'avait désertée, mais il n'en restait qu'une coquille vide qui faisait penser à ces cités fantômes de la ruée vers l'or.

Le seul endroit animé de Tacoma était l'hôtel où nous étions descendus. Outre toute l'équipe du film, techniciens et acteurs, il y avait une convention de lanceurs de fléchettes. Une centaine de couples qui partageaient la même passion : lancer des fléchettes dans des cibles, en avalant le plus possible de bière, quitte à perdre un peu de précision dans le tir. Grâce à eux, j'ai fait connaissance avec l'Amérique profonde. Ceux qu'on appelle les « Cous rouges », les *Red Necks*, le soleil des grands espaces les frappant à la nuque qui prend la teinte de la brique. Pour compléter la description, le *Beer Belly*, un ventre qui pend sur la ceinture et dont on pourrait tirer des dizaines de demi-pression. Et avec ça, une grande cordialité, qui peut se transformer sans avertissement en grande brutalité. Je ne dirai que trois mots sur leurs épouses : elles étaient hideuses.

Je n'ai pas encore parlé de Marty Short, le Pignon américain, parce qu'il était complètement éclipsé par Nolte. Pas dans la comédie, où je n'avais rien à lui reprocher, si ce n'est un léger déficit de charme par rapport à Pierre Richard. Non, c'est dans la vie qu'il était écrasé par Nolte. Marty Short, mari fidèle, père de famille modèle, n'existait pas en face de l'ogre à l'existence cabossée qu'était son partenaire de jeu.

Quand nous rentrions à l'hôtel le soir, les fléchettes volaient bas dans le hall. Les joueurs, tous vêtus du même gilet de chasseur, avec une poche poitrine pour stocker leurs munitions, rotaient joyeusement leurs bières, en tirant un peu dans tous les sens, comme dans les saloons de la belle époque. Je crapahutais prudemment vers l'ascenseur. J'avais eu une longue journée de tournage, je ne voulais pas me prendre en plus une fléchette dans le cul. Marty Short, aussi raisonnable que moi, rampait lui aussi vers sa chambre. Nolte, en revanche, commençait sa nuit.

Il avait pour complice Jack, un vétéran du Vietnam, censé lui servir d'assistant, mais qui était en fait un compagnon de beuverie. Jack suivait Nolte au bar et la valse triple vodka-tequila commençait. Elle durait toute la nuit et j'étais inquiet. Sachant les joueurs de fléchettes de plus en plus flous au fil des heures, je redoutais de voir ma vedette subir le martyre de saint Sébastien.

L'arrivée de Nolte, le lendemain matin sur le tournage, était spectaculaire. Il surgissait sur un brancard poussé par le vétéran du Vietnam. Il s'était, disait-il, esquinté le dos des années auparavant en jouant au golf et ne pouvait se reposer qu'allongé. Je comprenais moins bien le pyjama d'hôpital verdâtre qu'il portait en permanence, même quand il allait se suicider en public au bar de l'hôtel.

J'avais beaucoup de mal, le matin, avec lui. Je me demande lequel de nous deux souffrait le plus de sa gueule de bois. Il était impossible à diriger, mes indications aggravaient visiblement sa migraine, et je voyais mon film se noyer peu à peu dans la vodka-tequila. Quelques années après *La Chèvre,* je me retrouvais dans la même situation qu'avec Depardieu quand il ne parvenait pas à articuler le mot « bagagiste ». C'est vrai qu'il arrive à l'histoire de repasser les plats, pour ne pas dire les bouteilles.

Je suis allé confier mon désarroi à Marty Short, qui m'a simplement montré le brancard en me disant :

– Va lui parler.

Facile à dire. Aller m'expliquer, et en anglais en plus, avec ce type qui grognait comme une bête, chaque fois que j'ouvrais la bouche, me faisait peur. Toute l'équipe m'observait, il a bien fallu m'exécuter. Je me suis approché du brancard, Nolte a ouvert un œil et je lui ai dit :

– *Nick, I have to talk to you.*

J'ai eu l'impression d'avoir réveillé un grizzli. Il s'est redressé lentement, avec un grognement plus caverneux que jamais. Je l'ai entraîné un peu à l'écart et, comme avec Depardieu, j'ai été obligé de faire preuve de courage en face de cette montagne en pyjama vert :

– Nick, je ne peux pas vous diriger, vous arrivez le matin sur le set dans un tel état que je perds tous mes moyens. Alors, j'ai pris la décision de diriger Marty et de vous laisser dans votre coin.

Et là, à ma grande surprise, le grizzli s'est transformé en enfant. Je revenais vers le set, il me suivait, disant d'une voix contrite :

— *No, Francis, please, direct me. I am a bit grumpy in the morning, but please, direct me.*

J'avais encore des lacunes en anglais (j'en ai toujours) et je ne savais pas ce que signifiait le mot « *grumpy* ». J'ai appris par la suite que ça voulait dire grincheux. Nolte a continué à boire toutes les nuits, mais il n'a plus jamais été grumpy le matin, et a suivi mes indications sans un grognement.

La solitude. Un mot qui a pris tout son sens pendant mes week-ends à Tacoma. Françoise m'avait rejoint une ou deux fois en début de tournage, mais me rendant compte que je n'avais à lui offrir que ma fatigue, plus l'ambiance funèbre de la ville, j'ai préféré qu'elle reste à Los Angeles.

J'étais d'autant plus seul que toute mon équipe était américaine, des gens vraiment gentils mais dont les loisirs, boire des bières en hurlant devant des matches de basket ou de hockey à la télé, ne faisaient qu'aggraver la situation. Ces samedis et ces dimanches, sans rien d'autre à faire qu'attendre le lundi, m'amenaient à trouver toute relative la formule : « Comme le temps passe. » Mon Dieu, comme le temps ne passait pas, à Tacoma.

Pour tromper l'ennui et évacuer le stress, je demandai à la production de me trouver une masseuse. On me dénicha dans la ville morte une femme qui ressemblait à un fantôme. Une Américaine d'origine japonaise, squelettique, qui avait dû avoir bien des malheurs avec les hommes, tant il était évident qu'elle les haïssait. Elle se vengeait de leurs sévices par le massage. Elle avait des doigts incroyablement durs et elle pratiquait le shiatsu comme un lanceur de couteaux. Ses ongles entraient comme des lames dans mes terminaisons nerveuses, ça faisait atrocement mal et elle me disait d'un ton sans réplique que c'était pour mon bien. Ne voulant pas être la dernière victime de la guerre du Pacifique, j'ai remercié la Japonaise et suis retourné à ma solitude.

Et puis, un dimanche après-midi, miracle, on frappe à ma porte. Je somnolais sur mon lit devant la télé et n'attendais personne. Qui pouvait bien venir me rendre visite un dimanche après-midi à Tacoma ?

J'ai enfilé à toute vitesse un peignoir de bain et suis allé ouvrir, plein d'espoir. Dans le couloir, deux femmes, sans aucun doute des épouses de lanceurs de fléchettes. Elles s'étaient faites belles pour l'occasion, arborant sur la tête des choucroutes qui me rappelaient Françoise le jour de notre mariage. Elles m'ont regardé avec dégoût, et j'ai compris le malentendu. Je partageais le dernier étage de l'hôtel avec Nolte et Marty Short et elles s'étaient trompées de porte. Elles espéraient entrevoir une star et elles se retrouvaient devant un petit Français inconnu en peignoir de bain. Elles n'ont prononcé qu'une onomatopée, qui pourrait se traduire par « Beurk », et elles ont tourné les talons. J'ai refermé ma porte, retiré mon peignoir et j'ai recommencé à somnoler devant la télé.

Nous avons filmé la scène où Nolte sort de prison à Staten Island, une petite île en face de Tacoma, où se dresse un pénitencier style Alcatraz. Un saut de puce en bateau, un saut dans l'éternité à la nage. Les détenus qui ont tenté la traversée sont tous morts d'hypothermie en quelques minutes.

Staten Island est une prison de haute sécurité, on n'y reçoit que les longues peines, en d'autres termes, les criminels les plus dangereux d'Amérique. Le pénitencier a fait une exception pour moi qui n'étais condamné qu'à une courte peine – quelques semaines de tournage – et un matin, ses lourdes portes se sont entrebâillées pour laisser entrer mon film.

Premier constat, le portique de sécurité de ce genre d'établissement n'a rien à voir avec celui des aéroports. Quoi que vous fassiez, vous sonnez. Vous avez retiré tout ce qu'il pouvait y avoir de métallique sur vous, vous sonnez quand même. Un détecteur à ce point perfectionniste vous amène très vite à la paranoïa, j'en arrivais à me demander si je devais arracher mes couronnes dentaires quand un gardien chef a calmé le portique et nous avons pu entrer dans l'univers carcéral américain.

Deuxième constat, les détenus sont énormes. Nous attendions l'arrivée d'un grand monte-charge qui devait nous emmener au cœur de la prison lorsque la porte s'est ouverte sur une vingtaine de prisonniers, enchaînés les uns aux autres. Ils étaient immenses. Une équipe de basket qui aurait commis un crime collectif. Nous nous sommes écrasés contre le mur pour laisser passer le troupeau et je n'oublierai jamais le regard paniqué de ma productrice, Lauren Schuller, la seule femme de l'équipe, fixé sur ces taulards gigantesques qui en arrivaient à peser plus lourd que leurs crimes.

La scène à tourner était brève. Nolte, libérable, traversait un couloir, sous le regard de figurants, qui étaient de vrais criminels, et j'avais eu l'idée de mettre derrière les barreaux un acteur censé faire ce que je croyais être une plaisanterie anodine. Il avait à dire, au passage de Nolte : *Yo, Lucas, be seeing you soon?*, ce qu'on peut traduire par : « Hé, Lucas, on te revoit bientôt ? »

On a placé la caméra, j'ai dit « Action », Nolte s'est mis en route, l'acteur a lancé sa réplique et, là, il s'est passé quelque chose que personne ne pouvait prévoir : tout le pénitencier a explosé de rire. Allez savoir pourquoi, mais pour ces centaines de colosses tatoués, c'était la plaisanterie la plus drôle du monde.

Le caméraman ayant sursauté, le plan était raté. Quand j'ai voulu le refaire, les colosses n'avaient plus envie de rire et la traversée du couloir de Nolte s'est faite dans un silence d'église.

Three Fugitives a été un succès, quarante-cinq millions de dollars de profit pour un film qui en avait coûté seize, il y avait de quoi satisfaire le Studio et mettre ma carrière américaine sur rails. C'est bizarrement à la faveur de cette réussite que j'ai compris combien j'avais raté mon coup.

Faire de sa vie professionnelle le centre de son existence est une aberration. Quand mon film a pris la première place au box-office américain, j'ai été l'homme le plus heureux du monde. Je n'avais pas encore compris qu'atteindre le nirvana parce qu'on a fait un succès, c'est se condamner à un enfer à la suite d'un bide, c'est traverser le monde en *scenic railway*, se privant de ses beautés pour des montées vertigineuses et des descentes trop brutales. Malgré tout l'amour que j'ai pour eux, je pense que j'ai fait passer en second ma femme, mes enfants, bref, la vraie vie, pour privilégier ces bulles de savon que sont mes petites histoires, peut-être amusantes à regarder, mais si faciles à crever.

Quelque temps après la sortie de *Three Fugitives*, j'appris que Billy Wilder voulait faire un remake de *L'Emmerdeur*. Billy Wilder, l'auteur de *Sunset Boulevard*, de *Certains l'aiment chaud*, de *La Garçonnière*, Billy Wilder, mon idole, une des légendes de Hollywood, s'intéressait à mon travail. *Titanic* n'était pas encore sorti, mais j'aurais pu, comme DiCaprio, me mettre à la proue du navire, les bras en croix, et hurler : « Je suis le maître du monde ! » Sans savoir, comme DiCaprio, que j'allais m'écraser la gueule contre un iceberg.

C'est ce qui nous arriva, à Billy Wilder d'abord, dont le remake fut une catastrophe, puis à moi, quelques années plus tard, en faisant pour des raisons idiotes le remake du remake.

Billy Wilder était un des hommes les plus spirituels que j'ai rencontrés. Il plaisantait à jet continu et il y avait peu de déchet. Il était de petite taille, il avait une tête de clown et, comme pour démentir le cliché du clown triste, il avait l'air d'un clown heureux.

Il m'a invité à déjeuner et j'ai été surpris par le choix du restaurant : une croissanterie. On a donc déjeuné d'un croissant et d'un café au lait dans un décor anonyme de snack bar, mais si l'endroit en soi n'avait pas grand intérêt, le dialogue de Wilder, en revanche, n'avait pas de prix. Sa conversation me faisait penser à un numéro de trapèze volant où l'acrobate ne cesserait pas une seconde d'être aérien. Il rebondissait d'un sujet à l'autre, avec la légèreté d'un Lubitsch qu'il admirait tant, et moi, qui tentais depuis toujours d'être drôle, je me sentais bien lourd en face de lui.

L'adaptation en comédie musicale de *Sunset Boulevard* venait de démarrer à Broadway. Il était allé voir le spectacle à la demande des producteurs, qui l'attendaient à la sortie avec l'anxiété qu'on imagine. Billy Wilder les a rejoints à la fin du show, ils ont dit : « Alors ? » et il a répondu, le plus sérieusement du monde :

– C'est pas mal, ça pourrait faire un bon film.

Nous avions fini nos croissants. Une vieille dame assise à la table voisine s'est levée et s'est approchée de nous :

– Je vous écoute depuis une demi-heure, c'était très intéressant, merci.

Elle est partie avec le sourire et j'ai pensé que cette vieille dame, c'était le bon côté de l'Amérique. Elle avait été heureuse de nous entendre et elle avait eu la gentillesse de venir nous remercier. J'imagine mal quelqu'un faisant ça en Europe où la timidité, la méfiance et tout un tas de blocages semblent interdire ce genre de spontanéité.

J'ai raccompagné Billy Wilder jusqu'à son bureau et il a proposé de m'envoyer le script qu'il avait écrit avec son scénariste habituel, I. A. L. Diamond. Il voulait avoir mon avis. J'ai accepté sans trop y croire. Pourquoi des gens comme Wilder et Diamond perdraient-ils leur temps à me demander des notes de lecture ?

J'avais tort, le lendemain matin, le scénario de *Buddy Buddy*, le titre américain de *L'Emmerdeur*, était dans ma boîte aux lettres. Je me suis jeté dessus, je l'ai dévoré, et j'ai vomi. Quand je dis que j'ai vomi, c'est bien sûr une image, mais je me suis senti vraiment mal, tant le scénario était mauvais. C'est là toute la fragilité de ce métier : mes deux génies avaient, en toute inconscience, travaillé comme des cochons.

Je me suis senti encore plus mal quand il a fallu le leur faire savoir. Wilder attendait ma réaction, et je ne me voyais pas décrochant mon téléphone pour lui dire qu'il avait raté son coup. Mais je ne pouvais pas me dérober. J'ai appelé et j'ai senti à sa voix qu'il n'avait aucune inquiétude sur mon verdict.

J'ai donc commencé à marcher sur des œufs, disant en préambule ·

– Dans l'ensemble, c'est très bien, Billy

Il m'a interrompu, ravi :

– Je savais que ça vous plairait.

Je ne pouvais plus me dégonfler et j'ai tenté une timide réserve :

– Peut-être qu'à la page 26, il y a une petite erreur de construction...

Il m'a interrompu de nouveau :

– *No !*

Un *no* qui avait toute la violence d'un « *Nein!* ». Il était d'origine autrichienne, et moi français, et il y avait toujours entre nous une bataille d'accents. Mais cette fois, c'était la guerre. J'ai lâchement battu en retraite :

– D'accord, Billy, c'est très bien comme ça, et... et à bientôt.

Buddy Buddy a été le dernier et le plus mauvais film de Billy Wilder. Il reste néanmoins un de mes cinéastes préférés, il a seulement eu le tort de mettre les pieds dans *L'Emmerdeur*, et pourtant, le mot dont est tiré le titre est censé porter bonheur.

J'avais beau savoir qu'il y avait de moins en moins de frères Warner, de Selznick ou de Thalberg à Hollywood, j'étais tout de même très impressionné en face de ces colosses aux noms magiques, MGM, Paramount, Universal, United Artists. Je me rappelle mon émotion, le mot n'est pas trop fort, lors de ma première visite à la MGM.

J'avais été invité par le responsable des productions pour parler d'un éventuel projet et j'écoutais à peine ce qu'il me disait tellement j'étais au cinéma. À une table voisine, Tom Hanks, un peu plus loin Julia Roberts et, autour d'eux, des serveurs et des serveuses qui rêvaient tous de devenir Tom Hanks ou Julia Roberts.

Et puis, la porte s'est ouverte sur David Begelman, le patron du studio. L'homme dont le lion rugissait sur tous les écrans du monde, le tycoon qui occupait le fauteuil de Samuel Goldwyn, en un mot, un géant.

En fait, il n'était rien de tout ça. Je l'ignorais à l'époque, mais il faisait partie de cette nouvelle race de dirigeants, ex-avocats ou ex-agents, dont le carnet d'adresses incitait les actionnaires à leur offrir un trône. Mais c'était un trône éjectable. Au premier bilan, ils pouvaient valser. Begelman devait d'ailleurs être éjecté un peu plus bas que les autres, puisque quelques mois plus tard, il atterrissait en prison pour escroquerie.

C'était un grand type au corps informe dans un costume admirablement coupé. Il a parcouru la salle avec le regard distrait d'un empereur romain assistant aux jeux du cirque, et il s'est approché de notre table.

Je me suis levé, très intimidé, l'exécutif avec qui je déjeunais m'a présenté, Begelman m'a brièvement prêté une main sans vie, et je me suis rassis. L'exécutif s'est alors mis à lui dire des choses flatteuses à mon sujet et Begelman a voulu me tapoter l'épaule, mais comme il était un peu loin de moi et qu'il n'avait pas renoncé à son attitude distraite, sa main tapotait dans le vide. J'ai fait alors ce qui me paraît être le comble de la servilité, je me suis redressé légèrement et j'ai avancé mon épaule pour qu'elle rencontre sa main.

J'ai connu aussi des vrais patrons à Hollywood, comme Michael Eisner qui dirigea les Studios Disney pendant plus de vingt ans et qui faisait partie des quelques hommes de cinéma qui avaient une vision. Pendant longtemps manager le mieux payé d'Amérique, il avait eu assez d'humour pour porter ce jugement sur lui-même : « Si j'avais dit oui à tous les films auxquels j'ai dit non et non à tous ceux auxquels j'ai dit oui, j'aurais probablement fait le même nombre de succès. »

Katzenberg, Spielberg et quelques autres, la liste des grands qui tiennent les commandes du cinéma est heureusement assez longue pour faire oublier les nains dont j'ai parlé précédemment.

À Hollywood, on dit que changer d'agent c'est comme changer de cabine sur le *Titanic*. J'ai pourtant été obligé de le faire parce que Rosalie Swedlin, qui m'avait représenté pendant des années, était devenue productrice. Elle m'a recommandé un de ses collègues. Je n'ai pas perdu au change. Il s'appelle Robert Bookman. Je sais que ses parents sont américains, je sais qu'il est né en Amérique, mais je suis sûr que c'est un imposteur.

Il lit des livres, des vrais, avec des couvertures et des pages dedans. Il parle couramment français. Il a été marié en premières noces avec une Française. Il a une cave à vins où les bordeaux et les bourgognes sont traités comme des rois. Il va en France à la moindre occasion, il est raffiné, cosmopolite, gastronome, ce qui m'amène à dire qu'il est un imposteur. Un Américain comme ça, ça n'existe pas en Californie. C'est un Français qui a subi l'ablation du béret et de la baguette, et ses copains peuvent l'appeler Bob tant qu'ils veulent, moi, je continue à l'appeler Robert et s'il persiste à aimer autant la France, je pense que je ne tarderai pas à l'appeler Bébert.

À part ça, Bob est un excellent agent et un ami.

Le succès de *Three Fugitives* m'apporta une renommée soudaine et les scénarios se mirent à s'entasser sur mon bureau. Hollywood tombe facilement amoureux et vous rejette encore plus facilement. Mais là, j'étais dans la phase ascendante du scenic railway, au moment où on peut rêver en regardant le paysage avant de se mettre à hurler de terreur dans la descente.

Mon deuxième film américain s'appelait *Out on a Limb* et ce fut une catastrophe.

Je n'avais jamais réalisé un scénario dont je n'étais pas l'auteur. Pourquoi celui-là, alors que j'avais reçu des projets sûrement plus intéressants ? Pure vanité. Le grand patron d'Universal, Tom Pollock, m'avait reçu dans son bureau et proposé le script en me disant :

– Lisez ça, c'est très drôle, et je ne vois personne au monde qui pourrait le faire aussi bien que vous.

J'ai été tellement flatté que quand j'ai lu le scénario, je suis parvenu à me cacher que c'était le contraire de ce que je savais faire. L'histoire était burlesque, un genre qui a toujours posé des problèmes aux Français, et je n'y retrouvais rien de ce qui était ma religion en matière de comédie. *Out on a Limb* était un récit dispersé, faisant la part belle au non-sens. Si je n'avais pas été décérébré par la flatterie de Tom Pollock, je ne me serais sûrement pas lancé là-dedans.

Je commençai la préparation mais, en me penchant d'un peu plus près sur le scénario, j'ai tout de même eu un début d'inquiétude. Je m'en suis ouvert aux auteurs, deux frères, et leur ai proposé de retravailler le script avec moi.

Les frères Goldin étaient des jumeaux incroyablement identiques. Heureusement, l'un d'eux avait eu la générosité de se laisser pousser une barbe, ce qui me facilitait la vie. Mais cette barbe est la seule chose que je puisse porter à leur crédit. Pour ce qui est de la réécriture, je me suis heurté à une telle résistance de leur part – ils ne voulaient pas changer un mot de leur texte – que j'ai commencé à avoir du mal à les supporter. Je me souvenais, en les voyant, d'une réflexion qu'avait faite Tristan Bernard à des jumeaux qui lui étaient antipathiques : « J'ai fait un cauchemar affreux, j'ai rêvé que vous étiez trois. »

Les frères Goldin avaient en plus trouvé un allié en la personne de Matthew Broderick, la vedette du film. Broderick, ne connaissant pas mes films français, me traitait comme un réalisateur débutant. Le tournage a été un enfer. Il n'écoutait pas mes indications, les jumeaux étaient en permanence sur le plateau, avec un petit sourire ironique qui me donnait de l'eczéma. J'étais tellement à bout de nerfs qu'un jour où Broderick me refusait un jeu de scène qu'il avait accepté pendant les répétitions, je me suis avancé vers lui, suffisamment menaçant pour qu'il se sauve dans sa loge et s'enferme à double tour. Son agent m'a immédiatement appelé pour me dire que ça n'était pas bien de frapper les acteurs. Je n'avais frappé personne, mais c'est dire dans quel état j'étais en filmant *Out on a Limb*. Et j'ai compris à cette occasion le martyre de certains de mes collègues que leurs acteurs ont décidé de persécuter.

Out on a Limb a été un bide mérité, et je suis passé à la phase descendante du scenic railway. J'avais déjà vécu ça en France après le demi-succès du *Jouet* et je connaissais le tarif : trois ans de purgatoire. Sachant que Hollywood me ferait payer le même prix, traumatisé par le cinéma, comme aujourd'hui après l'échec de mon remake de *L'Emmerdeur*, je décidai alors de revenir au théâtre.

Le sujet du *Dîner de cons* m'est venu tout aussi mystérieusement que les autres, un jour où je me promenais dans les collines de Los Angeles. J'avais entendu parler de ces repas qui réunissaient des méchants et des abrutis, les premiers invitant les seconds pour se moquer d'eux. Et, brusquement, la situation m'est apparue, bien plus nette que le paysage environnant, noyé dans le *smog*.

C'est pourtant en pleine incertitude que je me suis lancé dans cette pièce. Je n'avais pas écrit pour le théâtre depuis vingt-quatre ans, j'étais loin de la France, est-ce qu'une pièce de moi avait la moindre chance de succès? S'ajoutait à cette inquiétude une question qui était mon angoisse chaque fois que je m'attaquais à un nouveau projet : avait-il vraiment un potentiel comique ?

Chaque matin, je m'installais dans mon bureau et j'écrivais. Pas directement la pièce, mais tout ce qui me passait par la tête. Une sorte d'échauffement avant de commencer l'effort. J'écrivais : « J'ai mal dormi cette nuit, ce matin le café était tiède, ils vont commencer des travaux dans la maison à côté, etc. » J'alignais des insignifiances jusqu'au moment où Pignon se mettait brusquement à parler et Brochant à lui répondre. Et la pièce reprenait vie.

Quand Françoise revenait de faire les courses, je lui lisais des scènes, et là, à ma grande surprise, elle riait. Pourquoi à ma grande surprise ? Parce que Françoise n'est pas du tout une rieuse. Je n'ai jamais su si notre mariage était un handicap ou un avantage pour un auteur comique. Lire une scène qu'on espère désopilante à quelqu'un qui vous écoute avec la gravité d'un croque-mort peut vous amener soit à tenter d'être plus drôle pour lui arracher un sourire, soit à vous suicider. Mais là, elle s'amusait vraiment. Et c'était un moteur formidable, j'écrivais la pièce avec de plus en plus de plaisir et, en deux mois, j'avais terminé le premier acte.

Je décidai de marquer une pause avant d'attaquer la suite et je partis quelques jours en France. Alain Poiré, sachant que j'étais à Paris, passa me voir « juste pour dire bonjour ».

Il me demanda si je n'avais pas un sujet de film pour lui, je lui répondis que j'étais sur une pièce de théâtre. Voyant son œil s'allumer, je l'ai tout de suite prévenu :

— Ça ne peut en aucun cas faire un film.

— C'est quoi, le sujet ?

— C'est inadaptable au cinéma, je te dis.

Il en fallait plus pour le décourager :

— OK, c'est quoi, le sujet ?

— L'histoire d'un type bloqué par un tour de reins et coincé sur un sofa en face d'un con.

— Intéressant.

— Mais non, Alain, c'est un truc totalement claustrophobe, sans aucune possibilité d'aération. Et en plus, je n'ai écrit que le premier acte.

— Lis-le-moi.

Je savais qu'il ne lâcherait pas prise avant que je lui aie fait une lecture. Je l'ai faite et il a simplement dit :

— J'achète.

J'ai tenté un dernier argument : rien ne prouvait que je serais capable d'écrire la suite, je n'avais pour l'instant aucune idée de ce qui allait se passer dans le deuxième acte. Il m'a répondu :

— Viens déjeuner avec moi demain pour qu'on décide d'une date de tournage.

Le lendemain, je l'ai retrouvé à La Grande Haie, sa maison de campagne près de Pontchartrain. Il avait préparé un projet de contrat; j'ai tenté une dernière manœuvre pour le décourager :

— Imagine que la pièce soit un bide, qu'elle soit retirée de l'affiche après le mois syndical, tu auras l'air malin.

Il a souri :

— La pièce ne sera pas un bide et on va faire un bon film.

Je n'y croyais pas du tout, je suis rentré à Los Angeles écrire le deuxième acte et quelques semaines plus tard, j'envoyai la pièce, comme on jette une bouteille à la mer, à Jean-Louis Livi, mon ancien agent devenu producteur de théâtre. Livi l'a fait lire à Belmondo, qui avait acheté les Variétés, et tous mes doutes se sont dissipés. Belmondo accepta *Le Dîner* sans hésiter et en décida la création à la rentrée suivante.

J'ai donc eu, pendant les trois années que dura la pièce aux Variétés, une star comme directeur de théâtre. Quand Jean-Paul Belmondo surgissait sur le plateau pendant les répétitions, c'était le patron qui entrait en scène, pas le comédien, mais il m'est arrivé plusieurs fois de me dire : « Merde, le patron a plus de présence que mes acteurs. »

Pendant ces quelques années où je l'ai côtoyé, Belmondo montrait dans la vie les qualités qu'il avait sur l'écran. Difficile de résister à Bébel, à sa simplicité, sa gouaille, sa franchise. Difficile d'y croire complètement.

Il avait peu d'amis, quelques millions seulement. Les plus proches étaient ses copains du Conservatoire, une demi-douzaine de très bons acteurs comme Jean-Pierre Marielle, Jean Rochefort ou Pierre Vernier. Les autres étaient beaucoup moins proches, mais beaucoup plus dangereux ; ils avaient un nom commun : le public.

Dangereux parce qu'ils avaient offert à Belmondo un cadeau à la fois inespéré et empoisonné : la starification. Celle qui vous transporte au sommet du box-office, mais qui peut devenir une mangeuse de talent. Le Belmondo porté en triomphe par ses copains au concours de sortie du Conservatoire était un homme libre. La starification l'a très vite enfermé derrière ses barreaux. Il avait tenté de s'évader de cette cage dorée avec des films comme *Stavisky*, mais ses millions d'amis préféraient *Le Guignolo*, *Le Marginal*, ou *Le Professionnel* et il lui fallut vite revenir sous le boisseau.

Je ne porte pas de jugement de valeur sur ces films populaires, j'en étais moi-même le fournisseur avec les scénarios du *Magnifique* et de *Peur sur la ville*, ce que je juge, c'est la starification, qui arrive à la fois à enrichir un acteur et à l'appauvrir.

Courageusement, au sommet de sa gloire, Belmondo est revenu au théâtre. Par amour de la scène, et surtout par amour pour son père qui souhaitait le voir reprendre des grands rôles du répertoire. Il a prêté son talent à Cyrano ou à Kean, mais c'est toujours Bébel que le public venait voir.

En achetant les Variétés, Belmondo est sorti de son personnage. On sait à quel point le théâtre est une loterie, et pour un homme qui avait la réputation de ne jouer que gagnant, c'était un acte d'une témérité absolue. Je le trouvais étonnant, ce directeur de théâtre aux épaules trop larges et au visage de boxeur. Et comme pour ajouter à l'insolite, il lui était poussé dans la main une sorte d'excroissance poilue qu'on appelle, je crois, un yorkshire. Cette chose minuscule dans sa grosse main me paraissait aussi incongrue qu'un cigare dans la bouche de mère Teresa.

Aux Variétés, pour avoir du spectacle, je n'avais pas besoin d'aller dans la salle, il me suffisait de faire un saut dans le bureau du patron.

Jacques Villeret jouait la pièce depuis plusieurs mois quand il me proposa de venir déjeuner dans sa maison de campagne, en Normandie. Je n'en avais pas envie, on comprendra pourquoi plus tard, mais il insista tellement que je finis par accepter, et, un jour de relâche, nous partîmes, Françoise et moi, pour la Normandie.

Villeret était très excité à l'idée de ce déjeuner. Il me rappela avant notre départ pour me dire combien il était heureux de nous recevoir et il me demanda à quelle heure nous prenions la route pour partir un peu avant nous et nous accueillir lui-même chez lui.

Nous arrivâmes vers une heure dans une jolie maison normande. Villeret n'était pas là, c'est sa femme, Irina, qui nous reçut et comme il n'y avait pas beaucoup de trafic sur la route, je me dis qu'il ne tarderait pas à arriver.

À deux heures, toujours pas de Villeret, et on a commencé à s'inquiéter. À la fois pour lui et pour le gigot qui attendait lui aussi. À deux heures et demie, Irina, qui connaissait bien son mari, entreprit de téléphoner aux bistros qui se trouvaient sur le trajet. Elle le suivit ainsi à la trace, de Chaufour – trois bières – à Beaumont-le-Roger – quatre pastis – puis à Bernay – deux cognacs.

À trois heures, toujours pas de Villeret, mais nous étions sûrs d'une chose, il était maintenant plus plein que le réservoir de sa voiture. Irina, inquiète, décida d'appeler la gendarmerie, on lui répondit : « Rien à signaler », et elle se remit sur la piste de Villeret, où les cailloux du Petit Poucet étaient liquides et fortement alcoolisés.

Il arriva à quatre heures et demie. Il tenait à peine debout et je ne trouvais pas utile de lui demander pourquoi il avait gâché notre déjeuner. On ne demande pas à un zèbre pourquoi il a des rayures.

Villeret était un acteur rare, mais il avait soif, très soif. Plus que tous les interprètes que j'avais dirigés jusqu'alors. J'avais été enchanté quand il accepta de jouer dans *Le Dîner de cons*, je ne me doutais pas qu'allait commencer un douloureux parcours avec le plus fragile et le plus génial de mes Pignon.

La première rencontre s'était bien passée. Une lecture chez moi avec Pierre Arditi, à qui je proposai d'être son partenaire. Arditi déclina l'offre et la lecture suivante eut lieu au Théâtre des Variétés, avec Claude Brasseur.

J'arrivai un peu en avance galerie Vivienne, où se trouve l'entrée des artistes, et aperçus Villeret, qui avançait vers moi d'un pas incertain. Je le saluai et il ne me reconnut pas. J'avais passé une matinée entière avec Arditi et lui, l'avant-veille, et je voyais maintenant dans son œil brumeux qu'il ne savait plus du tout qui j'étais.

Je l'ai poussé dans un café et lui ai fait boire espresso sur espresso, dans l'espoir de le ramener sur terre. Il devait lire ma pièce quelques minutes plus tard et j'imaginais le gâchis. Je le remplissais fébrilement de cafés bien serrés et j'avais l'impression de gaver une oie atteinte de la maladie du sommeil. Et lui se justifiait d'une voix à peine audible, à l'aide d'une excuse qu'il ressortait depuis trente ans, chaque fois qu'il se saoulait : son père n'était pas son vrai père, sa mère avait eu une aventure avec un Maghrébin, il ne s'appelait pas Villeret, et n'était pas tourangeau, mais arabe.

Je l'écoutais avec une fausse bienveillance, j'avais plutôt envie de fesser ses grosses joues et de lui dire que saoul comme il était il avait plutôt l'air d'un Polonais que d'un Arabe. Mais il ne m'aurait pas entendu. Dans le combat que se livraient les vapeurs de l'alcool et la caféine, l'alcool avait largement le dessus.

Je l'ai tout de même amené à la table de lecture où l'attendaient ceux qui allaient participer à la pièce. Ils n'eurent aucun mal à constater que notre Pignon était complètement bourré. Il faillit d'abord rater sa chaise en s'asseyant, puis mon supplice commença. Il était incapable de lire une réplique, trébuchant sur tous les mots et empiétant sans arrêt sur le texte de Claude Brasseur. Je me rappelle avoir écrit : « C'est dur », sur un petit bout de papier et l'avoir passé à Pierre Mondy qui allait mettre la pièce en scène. Mondy m'a répondu sur le même morceau de papier : « Oui. »

Comment peut-on se présenter dans un état pareil à une des toutes premières lectures d'une pièce ? C'était là tout le mystère Villeret. Il donnait l'impression de se dégrader volontairement avant d'aborder les moments importants de sa vie, comme si son seul désir était d'être fustigé, méprisé, lapidé, par les témoins de son indignité.

Mondy s'est résolu à arrêter la lecture et nous sommes ressortis dans la galerie Vivienne avec un Villeret qui ne paraissait pas du tout affecté par ce qu'il venait de nous faire subir. Il nous a même proposé : « On va boire un verre ? » Et comme nous déclinions son offre, il s'est éloigné du même pas incertain, dégageant une pathétique impression de solitude.

Tous les génies ne sont peut-être pas fous, mais Villeret l'était. J'étais toujours mal à l'aise quand je l'approchais. Il m'offrait son visage d'angelot aux grands yeux innocents, mais j'y voyais des arrière-plans inquiétants.

Une ambiguïté qui lui permettait d'être aussi génial dans le rôle d'un serial killer que dans celui du brave type du *Dîner de cons.*

Villeret et Brasseur sont arrivés aux répétitions, texte su. Quand leurs démons respectifs les lâchaient un peu, ils pouvaient être très professionnels. C'était un bonheur pour Mondy de diriger un Villeret parfaitement sobre et nous commencions à nous rassurer quand un jour il s'arrêta au milieu d'une réplique pour crier :

— Je reçois des taxis dans les fesses !

Tout le monde s'est figé dans la salle, Mondy, les techniciens lumière, l'ingénieur du son et moi, et tout le monde a eu la même pensée : « Ça y est, il a replongé. »

Mondy s'est avancé prudemment vers la scène :

— Tu reçois quoi, mon Jacquot ?

— Des appels de radio-taxis dans les fesses, on vient de me demander une voiture pour le 15, rue Spontini !

Nous avons échangé un regard, Mondy et moi, puis il s'est tourné vers la scène avec une douceur de psychiatre .

— Mais non, mon canard, tout va bien, vous êtes merveilleux, Claude et toi, on reprend à : « Il s'appelle Juste Leblanc. »

Villeret a commencé à s'énerver :

— Je viens de recevoir 33, rue de Civry dans le cul, bordel !

Ça tournait mal. Pour calmer Villeret, Mondy a demandé à Brasseur s'il recevait lui aussi des appels dans les fesses. Brasseur a répondu :

— Non, par là, moi, j'entends rien.

L'ingénieur du son est sorti de sa cabine :

— C'est impossible, il ne peut pas y avoir d'interférence entre la rampe de micros de l'avant-scène et le sofa.

Villeret s'est levé ·

— Viens t'asseoir et tu verras.

Le technicien est monté sur scène, totalement incrédule. Il s'est assis à la place de Villeret et son expression a changé :

— Ah oui, 24, boulevard Richard-Lenoir.

Villeret n'avait pas bu. Le sofa, pour des raisons que le technicien eut bien du mal à expliquer, était entré en liaison avec un standard de radio-taxis.

Villeret s'est rassis. On l'a déconnecté et tout le monde s'est senti un peu mal à l'aise de l'avoir soupçonné alors qu'il était sobre.

Les répétitions ont repris sans encombre et, quelques semaines plus tard, la pièce passait au public.

Je ne crois pas avoir jamais eu un tel choc. J'étais ahuri par les torrents de rire qui déferlaient sur scène. Je me doutais que la pièce avait un potentiel comique, mais comment s'attendre à cette hystérie dans la salle, qui faisait que, par moments, les acteurs eux-mêmes avaient l'air perdus. Ils n'avaient pas encore appris à marquer les temps qui permettent de jouer sans être couvert par les rires, et ça leur faisait rater une partie de leurs effets. Et pour tout arranger, Brasseur riait lui aussi. J'ai découvert, ce jour-là, qu'il faisait partie des comédiens rieurs, ceux qui deviennent sans le vouloir les spectateurs de leurs partenaires, et Villeret était un Pignon tellement hilarant que Brasseur a passé une partie de la soirée à se tenir les côtes.

Il lui a fallu plusieurs représentations pour se calmer et je me souviens de l'indignation de Mondy quand un critique l'accusa d'avoir programmé ces fous rires. Qu'on puisse l'imaginer s'abaissant à ces vieilles ficelles de music-hall lui faisait vraiment de la peine. Non, Brasseur avait du mal à garder son sérieux parce qu'il était sans arrêt surpris par les trouvailles de Villeret, qui démontrait dans *Le Dîner de cons* son génie de la comédie.

Sauf quand il avait bu. Là, ça ne faisait plus rire personne. Il a fallu annuler une demi-douzaine de spectacles, parce qu'il était incapable de jouer, et je préférais qu'on annule plutôt que de le voir entrer en scène avec sa voix blanche des nuits blanches, sa voix qui s'arrêtait au deuxième rang d'orchestre. Je souffrais de voir des gens payer des places hors de prix pour assister à une représentation aussi indigne.

Depardieu, Nolte, Villeret, on pourrait croire en lisant ces Mémoires que je fais mes castings aux Alcooliques anonymes. On pourrait surtout se demander pourquoi tant d'acteurs boivent comme des trous. La réponse la plus évidente est qu'ils ont peur. Comme le boxeur qui va entrer sur le ring ou le torero dans l'arène... Non, les toreros boivent moins, ça laisserait trop de chances au taureau.

Un soir, Belmondo m'appelle :

— On est archicomplet, on lève dans une heure, et Villeret est au fond de son lit, complètement pété.

Il ajoute qu'il a essayé de le raisonner, qu'il lui a même envoyé son chauffeur-garde du corps, en pure perte. Villeret refuse de bouger.

Je téléphone sans grand espoir et je tombe sur sa femme. Elle n'est pas plus optimiste que Belmondo. Il ne veut rien entendre. Je lui demande de me le passer quand même et j'ai au bout du fil cette voix que je déteste, éteinte par le tabac et l'alcool :

— Allô ?

— Jacques, il y a une salle pleine qui t'attend, si tu ne peux pas y aller parce que tu es souffrant, je ne t'en voudrai pas, mais si c'est pour une autre raison...

Silence au bout du fil, et là, j'ai une inspiration dont je peux être fier : je me tais moi aussi.

Qui a expérimenté un silence au téléphone, un silence qui dure, sait à quel point c'est insupportable. J'ignore combien de temps le nôtre a duré mais ça m'a semblé une éternité. Françoise, intriguée, me demandait « Qu'est-ce qu'il dit ? » et j'imagine qu'Irina en faisait autant de l'autre côté. On ne disait rien, et finalement, c'est Villeret qui a capitulé, sa pauvre voix a enfin brisé le silence :

— Je ne peux pas supporter ça.

Il a lâché le téléphone. Irina l'a ramassé et m'a demandé stupéfaite :

— Qu'est-ce que tu as bien pu lui dire, il est en train de s'habiller.

Je suis sûr que si je lui avais dit quoi que ce soit, il serait resté au lit. Tenter de raisonner un névrotique, c'est renforcer sa résistance. Ce soir-là, ma meilleure arme de dialoguiste a été de me taire.

Tantôt grandiose, tantôt indigne, Villeret a été pour moi un stress permanent. Mais ce qu'il m'a apporté vaut largement le mal qu'il m'a donné. Il y a parfois une rencontre miraculeuse entre un acteur et un texte, ce fut le cas de Villeret avec *Le Dîner de cons*.

Il est venu me voir une fois, à Los Angeles. Il sortait d'une cure de désintoxication. La énième. Il passait régulièrement trois semaines en clinique et replongeait chaque fois.

Il avait, comme d'habitude, l'air un peu perdu. Il me faisait penser à E.T. Il semblait lui aussi s'être trompé de planète. Je l'ai emmené déjeuner au restaurant et au moment de commander, j'ai dit au garçon qui nous proposait la carte des vins qu'on ne boirait pas d'alcool. Villeret a eu l'air surpris :

— Pourquoi ?

J'aurais dû lui répondre qu'il avait failli crever quelques jours auparavant, qu'on l'avait amené d'urgence à la clinique, qu'il était diabétique et que se remettre à boire pouvait lui faire exploser le foie. Mais il savait tout ça et il s'en foutait. Il a commandé une bouteille de vin américain, bien fort en alcool, bien chargé en sucre, et le déjeuner s'est déroulé sans grande joie pour moi.

À la fin du repas, il était en mauvais état. Pas vraiment saoul, mais épuisé par le vin et le jet-lag. Il était grisâtre, mal rasé, l'œil injecté, s'il n'avait pas été Jacques Villeret, on aurait pu le prendre pour un clochard.

Et c'est ce qui s'est passé. Il m'a demandé si je connaissais un bon masseur pour le déstresser, et je lui ai conseillé le Beverly Hot Springs, des bains coréens où on trempe dans une grande piscine d'eau de source chaude, avant de se faire masser. J'ai pris rendez-vous au nom de « Jack Villerette » et je l'ai déposé devant l'établissement, dans le quartier coréen. Sachant qu'il en avait pour deux heures, je l'abandonnai pour faire quelques courses.

Les Coréens l'ont viré. Il s'est présenté à la réception, donnant son nom, et, malgré ma réservation, ils l'ont foutu dehors. Villeret n'était pas une vedette à Los Angeles. Juste un petit homme mal soigné, bizarre, et les Coréens n'ont pas voulu polluer leur piscine.

Quand je suis revenu le chercher, il m'attendait devant la porte, plus perdu que jamais. Dans ce quartier asiatique, E.T. paraissait bien loin de sa planète.

Quatre heures du matin. Je suis seul à Los Angeles, Françoise est partie pour quelques jours en France. J'ai en général un mauvais sommeil, mais cette nuit-là, équipé de la panoplie des insomniaques, masque et boules Quies, je dormais bien. Jusqu'au moment où la terre s'est mise à trembler.

Un séisme de force 7, il n'y a pas mieux comme réveille-matin. J'ai eu brusquement l'impression d'être un dé jeté sur une piste de 421, et je me souviens que ma première pensée a été : « Ça y est, j'y ai droit. » On annonçait depuis si longtemps le *Big One*, l'ultime secousse qui pulvériserait la Californie, que je me suis dit que le jour était venu.

L'alarme de la maison, une alarme vocale, est devenue folle. Programmée pour surveiller les portes et les fenêtres, elle ne comprenait pas pourquoi elles s'étaient toutes mises à trembler en même temps, et me donnait sans arrêt des ordres en anglais : « *Check right dining-room window! Check garage door! Check master bedroom!...* » Je me suis précipité sur le tableau de commande pour tenter de l'arrêter, mais j'avais l'impression qu'une énorme main me tirait le sol sous les pieds. Tant pis pour l'alarme, je me suis enfui sur la terrasse. Par chance les vitres de la chambre n'avaient pas explosé, j'étais pieds nus et marcher sur des débris de verre n'aurait rien arrangé.

Les lignes de téléphone étaient coupées, l'électricité aussi, toute la ville était plongée dans l'obscurité. Les seules manifestations de vie dans les rues étaient le vacarme des sirènes de police et des pompiers. Je me suis assis sur la terrasse, le jour commençait à se lever et j'ai remarqué que la piscine s'était un peu vidée dans la vallée. Quand on secoue un verre plein d'eau, il est normal qu'il déborde.

La terre ne tremblait plus, le séisme n'avait duré que quelques secondes, mais il ne m'avait pas paru trop court.

J'étais assis tout près de la haie de mon voisin, un juge de paix à la retraite que je trouvais aimable en temps normal, mais il avait acheté un kit de tremblement de terre, équipé d'un porte-voix, et ne sachant pas que nous n'étions séparés que par quelques centimètres de haie, il hurla dans mon oreille, d'une voix monstrueusement amplifiée : « *Eveything OK, down there?* »

Un séisme d'abord, puis un vieux juge qui vous éclate le tympan avec un haut-parleur, ça faisait beaucoup dans la même matinée, d'autant que les secousses avaient repris, par à-coups cette fois, ce qu'on appelle les répliques. J'étais ratatiné de peur dans mon fauteuil, et le téléphone s'est mis à sonner. Les lignes étaient donc rétablies, mais je n'osais pas aller décrocher. Je me disais que la maison, qui avait tenu jusqu'alors, risquait de me tomber sur la tête. Qui pouvait m'appeler si tôt le matin? Finalement, la curiosité l'a emporté sur la panique, je suis rentré chez moi sur la pointe des pieds, comme les chats dans les dessins animés.

C'était Pierre Mondy qui téléphonait de Paris. Il n'était pas du tout au courant du tremblement de terre, et m'appelait parce qu'il y avait eu un problème au Théâtre des Variétés, où se jouait toujours *Le Dîner de cons*. La caissière avait refusé une place gratuite à Odette Joyeux, la maman de Claude Brasseur.

J'ai tenté de l'interrompre, et je me rappelle que j'avais une voix un peu chevrotante de prêtre :

— Pierre, je viens d'avoir un tremblement de terre.

Il n'a pas enregistré l'information, il était trop dans son problème. Il a enchaîné :

— Tu comprends, c'est quand même honteux de faire payer trois cents francs à cette pauvre Odette...

J'ai ressenti alors une réplique un peu plus violente que les autres et j'ai chevroté : « Au revoir, Pierre », avant de raccrocher et de m'enfuir sur la terrasse.

Quelques heures plus tard, Mondy m'a rappelé, il venait de voir les informations à la télé et m'a dit, hilare :

— Je te parlais des trois cents francs d'Odette Joyeux alors que tu venais d'avoir un séisme de force 7 sur l'échelle de Richter !

Il y a eu relativement peu de dégâts dans la maison, mais beaucoup dans ma tête. Depuis cette nuit-là, je dors avec un survêtement et des chaussures près de mon lit, et j'ai acheté, comme mon voisin le vieux juge, un kit tremblement de terre. Mais j'espère n'avoir jamais l'occasion de lui crever le tympan avec mon porte-voix.

Le Dîner de cons fit une longue carrière au Théâtre des Variétés, obligeant Alain Poiré à patienter trois ans avant de pouvoir mettre le film en chantier. Il m'appela à Los Angeles pour me demander si je ne pouvais pas, en attendant, lui proposer un autre sujet. C'est ainsi que je me suis lancé dans l'écriture du *Jaguar*, et, un an plus tard, je partais pour l'Amazonie.

Sachant que le tournage allait être éprouvant, j'avais demandé à la production mon habituelle machine à ramer, et tous les matins, je me levais à six heures, je faisais une demi-heure d'exercice, et je partais travailler.

Au début, je ramais dans ma chambre d'hôtel, par crainte du paludisme, et puis, constatant qu'il n'y avait pas de moustiques en cette saison, j'ai posé mon rameur sur le balcon. Ma chambre donnait sur l'Amazone. Voir le soleil se lever sur le plus beau fleuve du monde compensait largement les problèmes que pouvait poser un tournage dans la Rainforest.

Un matin où je ramais, un Indien est passé sur le fleuve, ramant lui aussi. Sa pirogue glissait souplement sur l'eau et nos regards se sont croisés. Ce que j'ai pu lire dans le sien était très clair : « Mais que fait ce con à ramer comme un malade sur du ciment sans avancer d'un centimètre ? »

Cet échange de regards, c'était la rencontre de deux mondes. L'Indien allait chasser, il pagayait pour se nourrir, moi pour perdre du ventre. L'homme de la forêt s'est éloigné sur l'Amazone, dégageant une superbe impression de liberté, et moi, l'homme de la ville et du progrès, je suis resté sur place.

L'image de cet Indien sur sa pirogue est pour moi la plus forte du *Jaguar*, et elle n'est pas dans le film.

Patrick Bruel a dit que son expérience en Amazonie avait enrichi son âme, et je le crois volontiers. Elle a aussi enrichi son compte en banque, car il a rapporté de la forêt des musiques locales qui se sont très bien vendues en France. Ce double bénéfice définit parfaitement le personnage, un homme aussi attachant qu'irritant.

Pourquoi irritant? Eh bien, parce que trop de fées se sont penchées sur son berceau. Je les vois se bousculant autour du nourrisson et discutant des dons qu'elles vont lui attribuer. « Il sera comédien », dit l'une. « Non, il aura un gentil succès dans la chanson, écoutez, il est déjà en train de se casser la voix » reprend une autre. Une troisième intervient : « Ce sera un formidable homme d'affaires. » La discussion s'enlise et Bruel qui, bien que nouveau-né, est déjà incroyablement précoce, les interrompt pour proposer de régler ça au poker. Les fées sont d'abord surprises, mais finissent par accepter, et Bruel rafle toutes les mises.

Le résultat aujourd'hui, c'est qu'il est trop doué. S'il sort un disque, il est numéro 1 du Top 50, s'il joue dans un film comme *Un secret*, il mérite un César et quand il participe à une compétition de poker, il est champion du monde. Oui, c'est un peu irritant. Heureusement, pour ceux qui comme moi meurent de jalousie, il y a une petite consolation. Je sais que tous les matins, quand il se lève, il va devant la glace et demande : « Miroir magique, est-ce que j'ai perdu un peu de poids ? » Et le miroir répond : « Il y a encore un effort à faire. » Et Bruel, qui sait qu'en ouvrant le frigidaire il va prendre trois kilos sans rien toucher, juste en regardant, Bruel s'humanise, parce qu'il a enfin une chose à faire, pour laquelle il n'est pas aussi doué que pour le reste : la diète.

Un des rôles importants du *Jaguar* devait être tenu par un Indien d'Amazonie. Mais la comédie n'est pas vraiment une spécialité locale. Ceux qui passaient bien à l'image ignoraient tout du métier d'acteur et on pouvait craindre en plus le dépaysement d'un voyage en France où devaient se dérouler les trois premières semaines de tournage. Deux raisons qui nous poussèrent à nous rabattre sur l'Amérique.

Il s'appelait Harrison Lowe et il était navajo. Acteur professionnel, il ne croulait pas sous les propositions, le western, son fonds de commerce, se faisant de plus en plus rare. Aussi accepta-t-il avec enthousiasme de nous rejoindre sur *Le Jaguar*.

Harrison était parfait dans le rôle, mais il me posait tout de même un problème : il jouait en navajo. Je craignais qu'une partie du public ne soit choquée par le fait que mon Indien parlait le navajo dans la forêt amazonienne. Françoise, à qui je confiais mon inquiétude, trouva les mots pour me rassurer :

— Fais le compte des Navajos qui fréquentent les multiplex français et tu verras qu'il n'y a pas trop lieu de s'angoisser.

Les Indiens de la forêt me confirmèrent qu'ils n'étaient vraiment pas doués pour la comédie quand je voulus les embaucher comme figurants. Ils ne comprenaient rien, mais alors rien, de ce qu'on leur demandait. On faisait une prise et ils s'en allaient. Les assistants les rattrapaient tant bien que mal et tentaient de leur expliquer qu'il fallait la refaire, et ils répondaient :

— Pourquoi la refaire, on vient de la faire ?

Voyant que c'était sans espoir, je demandai à mon chorégraphe de danses indiennes d'aller chercher en ville des figurants plus évolués. Mon chorégraphe, qui était sans doute un des chorégraphes de danses indiennes les plus gays du monde, est parti pour Caracas et s'est mis à prospecter dans les gymnases et les hammams pour constituer la tribu de ses rêves.

Le résultat, c'est que tous mes farouches guerriers étaient homos. Ma tribu indienne s'était transformée en Cage aux folles. On avait beau les enduire de peintures de guerre terrifiantes, ils évoquaient plus la Zaza Napoli de Jean Poiret que le dernier des Mohicans de Fenimore Cooper. Et pour compléter le tableau, les assistantes qui les cornaquaient étaient des Vénézuéliennes trapues, compactes, devenues lesbiennes, m'expliqua-t-on, pour se protéger contre le machisme local. On pourrait croire que j'exagère, ce n'est pas le cas : en tournant *Le Jaguar*, j'ai vraiment vécu pendant plusieurs jours une Gay Pride dans la forêt amazonienne.

Je ne connais personne qui dise du mal de Jean Reno. J'aimerais bien être l'exception, mais il ne me facilite pas la tâche. Il ne boit pas, il ne sniffe pas, il ne pète pas, il ne prend pas quarante kilos pendant les tournages, il me fait penser à ces pâtisseries qu'on trouve dans les magasins de régime, sans beurre, sans sucre, sans farine, sans gluten, sans rien, et il y a tout de même un gâteau à l'arrivée.

Sans caprices, sans coups de charme inutile, sans ego surdimensionné, il y a tout de même un Jean Reno à l'arrivée, et, à la différence des gâteaux de régime, lui, il est très bon.

Tandis que je m'évertuais à être le plus drôle possible dans mes films, la vie de tous les jours m'écrivait un scénario d'une banalité et d'une tristesse affligeantes. L'histoire d'un cinéaste habitant Los Angeles, marié depuis des années avec une femme qu'il aime et qui la trompe avec une masseuse. Je ne vois pas un producteur qui pourrait s'intéresser à un sujet pareil.

Et quand je développe, c'est plus affligeant encore. J'avais mal au dos, quelqu'un me l'a recommandée, elle est venue me masser, et je ne peux même pas ajouter une touche d'érotisme à ce moment du récit, parce qu'elle faisait son métier de kiné sans la moindre fantaisie. Le *happy ending* de certaines de ses collègues n'était pas du tout son truc. Je le regrette parce que si ça avait été le cas, je ne me serais pas attaché à elle. Un massage érotique est du domaine de la prostitution, il n'est donc pas question d'y mêler du sentiment.

Pourquoi me suis-je attaché alors ? Sans doute parce qu'elle était russe comme ma mère. Elle s'appelait Olga, elle avait trente-cinq ans, elle était née à Moscou, du temps du rideau de fer, et était venue se réfugier en Amérique. C'était une petite femme, pas extraordinairement jolie, rien à voir avec ces créatures au physique improbable nées dans la Russie moderne, et qui ont envahi le monde de la mode, de la pub et de la galanterie, ces filles dont la beauté doit poser un problème aux généticiens : comment un peuple qui engloutit autant de vodka peut-il procréer des déesses pareilles ? Vénus est sortie de l'onde, pas d'un alambic.

Olga était beaucoup moins spectaculaire, donc beaucoup plus reposante. Et si je raconte notre histoire, c'est parce que Françoise a pardonné. Elle a compris que la petite masseuse qui avait apporté un peu d'oxygène dans ma vie n'avait jamais été un danger pour notre couple. Et si je regrette cette aventure, ce n'est pas à cause du mal que j'ai pu faire à ma femme, mais à cause du temps que j'ai fait perdre à Olga.

Un jour, elle en a eu assez de jouer interminablement *Back Street*, et elle m'a quitté. Et ce jour-là, j'ai eu la confirmation définitive que j'étais un malade mental. J'ai été aussi bouleversé par cette séparation que le jour où Françoise, bien des années plus tôt, m'avait avoué son adultère.

Comme tous les obsessionnels, je ne supporte pas d'être abandonné. J'aimais bien Olga, mais rien ne pouvait justifier l'enfer que j'ai vécu après son départ. Sauf peut-être qu'un scénariste, s'il est perfectionniste, est un obsédé professionnel. Mais ce qui est souhaitable dans mon métier, écrire et récrire la même scène jusqu'à épuisement ne l'est pas dans la vie. Olga s'est mise à grandir dans ma tête, au point de me vider le cerveau, la petite Russe est devenue une géante idée fixe, et moi, un ridicule damné de la passion.

Je n'ai pas arrêté de la harceler pendant des mois. Au début, elle répondait gentiment, et puis, comme elle avait trouvé un autre homme, elle m'a demandé de cesser de l'appeler. Je me jurai de ne plus le faire, et ma main rampait en même temps vers le téléphone. Mon Dieu, que je plains les passionnels, ils se croient amoureux, ils ne sont que malades.

J'étais en pleine crise quand j'ai commencé le tournage du *Dîner de cons.* Ironie du sort, il me fallait filmer ce que j'avais écrit de plus drôle à un des moments les plus sinistres de ma vie. En arrivant sur le plateau, j'étais comme le Paillasse de l'opéra, je devais me forcer à rire.

Comme je regrette de m'être gâché ces quelques semaines de tournage, parce que ce que je voyais sur le plateau était exceptionnel. Villeret, après trois ans passés au théâtre, me donnait mon texte d'une façon magique, et Thierry Lhermitte, un acteur qui ne buvait pas (il y en a), était ce que je pouvais rêver de mieux comme contrechamp de comédie. Le reste de la troupe était au diapason et leur jeu avait une telle force comique que même les techniciens, et c'est rare, s'esclaffaient en les filmant. Je me souviens notamment que la script, Laurence Lemaire, qui devait minuter la scène du coup de téléphone à Juste Leblanc (« Ah bon, il n'a pas de prénom ? »), a dû arrêter son chrono une douzaine de fois et quitter le décor parce qu'elle n'arrivait pas à garder son sérieux. Et c'est dans ce climat si euphorique que je me précipitais à la moindre occasion sur un téléphone, pour appeler une petite Russe qui ne demandait qu'à m'oublier...

Je l'ai finalement suppliée de changer de numéro, elle l'a fait et elle a disparu de ma vie.

Le Dîner de cons a fait près de dix millions d'entrées. En me poussant à adapter une pièce « inadaptable », Alain Poiré m'avait offert mon plus beau succès.

Le jour de la sortie du film, il a été opéré d'une tumeur au poumon. On m'a raconté qu'avant d'entrer en salle d'opération, il avait demandé : « Quelle est la recette Paris ? » et qu'à la fin de l'intervention, émergeant à peine de l'anesthésie, ses premiers mots avaient été : « Quelle est la recette France ? »

Alain Poiré est mort trois ans plus tard, au moment de la préparation du *Placard*.

Villeret aussi devait nous quitter trop vite, mais quand je pense à lui, j'ai un sentiment partagé. D'un côté, je me dis : « C'était un comédien sublime qui m'a gratifié de son talent, et je ne peux pas le blâmer pour son alcoolisme, parce que c'est une maladie. » Et d'un autre côté, je pense : « Salaud, qui nous a quittés trop tôt, en te donnant la mort à coups de bouteilles, alors que tu avais encore tellement de rires à nous offrir. »

Quand il a eu l'hémorragie qui l'a emporté, *Le Parisien* a titré : « François Pignon est mort. »

Je dois à Bob Chartoff l'usine de préservatifs du *Placard.* Nous déjeunions ensemble dans un de ces innombrables restaurants italiens de Los Angeles, quand je lui ai raconté le concept du film : un homme, viré d'une entreprise, parvient à garder sa place en se faisant passer pour homosexuel. Chartoff ne posa qu'une question :

— Quel genre d'entreprise ?

En bon producteur, il avait mis le doigt sur un des problèmes du scénario. Quel employeur pouvait hésiter à licencier un homo ? Certainement pas un transporteur routier, un chef de chantier ou un garagiste. Je passais en revue dans ma tête tous les corps de métier, Chartoff me fit alors un beau cadeau :

— Pourquoi pas le patron d'une fabrique de préservatifs ?

Grâce au producteur de *Rocky* et de *Raging Bull,* des milliers de préservatifs se déversèrent dans les studios d'Épinay. Ils arrivaient tous du Japon, la France, à l'époque, n'en fabriquait pas et se contentait de les emballer. Hugues Tissandier, le décorateur, construisit une usine sur le modèle japonais et j'attaquai le tournage du *Placard.*

Je l'attaquai avec appréhension, à cause du thème même du film. Traiter en comédie un sujet sur lequel il est politiquement incorrect de plaisanter est risqué. Jean Poiret l'avait brillamment réussi dans *La Cage aux folles*, je pouvais craindre le pire avec mon *Placard*.

Heureusement, j'avais un casting de rêve : Lhermitte, Depardieu et Auteuil. Je n'avais pas encore travaillé avec Auteuil, mais il me démontra très vite qu'il était un des plus grands comédiens de notre époque. Quant à Michèle Laroque, elle fut ma meilleure réponse à ceux qui me reprochaient de ne faire que des films d'hommes. Oui, ce casting me rassurait et plus j'avançais dans le tournage, plus je me disais qu'avec des acteurs pareils rien de catastrophique ne pouvait m'arriver. C'était mal connaître Depardieu.

Il devait nous rejoindre en quatrième semaine. Nous tournions donc déjà depuis plusieurs jours quand il est venu nous rendre visite sur le plateau. Il fit son entrée habituelle, tonitruante, pleine de vie, mais j'eus une sale impression. Je le trouvais beaucoup trop gros et son teint surtout m'inquiétait. Bleui, cyanosé. J'avais vu pendant mes années de médecine des insuffisants respiratoires ou cardiaques qui lui ressemblaient, mais j'ai voulu oublier cette impression, j'étais content de le retrouver et ravi de le diriger à nouveau quelques jours plus tard.

Nous sommes sortis ensemble dans la cour du studio et je l'ai raccompagné jusqu'à son scooter. Il n'avait pas une de ses motos habituelles, ces monstres que les assurances lui interdisaient de conduire pendant les tournages. Il a coiffé son casque et j'ai été triste de le trouver ridicule, assis sur son scooter comme sur des toilettes, son ventre de femme enceinte comprimé par le guidon. J'ai vu disparaître son visage bleuté derrière la visière, il s'est éloigné en me faisant un joyeux signe de la main et je me suis dit que je me faisais des idées, qu'il était en pleine forme, que tout se passerait très bien.

Il devait tourner le lundi suivant. Le samedi, je reçus un coup de fil de Bertrand de Labbey, Gérard avait été admis à l'hôpital Foch de Suresnes, pour un pontage cardiaque.

La chance de Gérard avait été de rencontrer, en sortant du studio, un ami commun, le docteur Jean-Pierre Tarot. Je pense que cette rencontre lui a sauvé la vie. Tarot le trouva si inquiétant qu'il l'obligea à aller d'urgence à l'hôpital pour un test d'effort. Le test ne dura que quelques secondes. Ce qu'il révéla fut si inquiétant que le cardiologue colla Depardieu sur une chaise roulante et l'envoya immédiatement faire une coronarographie.

Depardieu avait l'habitude d'avoir des caméras autour de lui, mais jamais dans lui. Celle-là était heureusement la plus petite de toutes, néanmoins les images qu'elle offrit aux médecins furent sans doute les plus impressionnantes de sa carrière. Ses deux coronaires étaient bouchées en plusieurs endroits, le sang qui arrivait au cœur se frayait un passage dans des étranglements dont le diamètre était à peine plus gros qu'un cheveu. On remit Depardieu sur sa chaise et on l'amena avec la même précipitation dans une chambre pour le préparer à l'opération.

Il n'était bien sûr pas du tout d'accord. Il devait se rendre le lendemain avec Carole Bouquet à un gala à Monte-Carlo, les maniaques qui voulaient le charcuter pouvaient bien attendre quelques jours. Le chirurgien employa alors les grands moyens, il fit venir tout son staff dans la chambre de l'acteur et demanda :

— Si vos coronaires étaient dans l'état de celles de Gérard Depardieu, quand souhaiteriez-vous qu'on vous opère ?

Et tout le staff répondit d'une seule voix :

— Tout de suite.

Depardieu grogna encore un peu, mais il était vaincu.

Les infirmières commencèrent à lui poser des électrodes sur la poitrine.

Nous sommes allés, Bertrand de Labbey et moi, lui rendre visite. Je ne peux pas oublier le spectacle de cet énorme type, allongé tout nu et bardé d'électrodes sur son lit d'hôpital. Son ventre versait sur le côté, il ressemblait à une baleine échouée. C'était Moby Dick qui allait être harponnée quelques heures plus tard par les chirurgiens. Il s'est éclairé en nous voyant, une joie enfantine. Pour un homme si peu habitué à l'inaction, ce repos forcé devait être insupportable.

J'étais très ému en m'approchant de lui pour l'embrasser. J'avais connu un ogre qui avalait la vie à pleine bouche, j'avais devant moi un géant terrassé, qui ne savait pas si la vie voulait encore de lui. J'ai pris sa tête dans ma main, ses cheveux trop fins étaient humides de sueur, on aurait dit un duvet d'oiseau. Je l'ai embrassé et il m'a dit, de cette voix qui donnait du talent à chaque mot :

– Attends-moi, mon Francis.

Ce qui m'a aussi frappé dans cette chambre, c'est qu'il y avait un ballet d'infirmières autour de lui et que toutes avaient l'air amoureuses. Il ne pouvait pas être moins à son avantage qu'à cet instant, et il n'avait apparemment pour elles rien perdu de son charme.

Il m'avait dit « Attends-moi », et je l'ai attendu. Pendant cinq semaines, et contre la volonté d'Alain Poiré qui, pour ne pas grever le budget du film, voulait le remplacer par Eddy Mitchell. On lui a fait quatre pontages, il a récupéré exceptionnellement vite et trente-cinq jours plus tard, il a fait irruption sur le plateau du *Placard,* de nouveau tonitruant, merveilleusement insupportable.

Il a été parfait sur le tournage, parce qu'il était en manque de cinéma. La chirurgie l'avait obligé à stopper cette boulimie qui abîmait l'immense acteur qu'il était. Face à Auteuil et Lhermitte, il a interprété Santini, la brute homophobe du film, avec une telle légèreté, une telle grâce, que *Le Placard*, malgré le lourd incident de parcours qui nous obligea à modifier le plan de travail de fond en comble, est un de mes films qui me touchent le plus.

J'étais en train d'écrire *Tais-toi!* quand j'ai été interrompu par un *jury duty* : l'obligation de me présenter à la Cour de Justice de Los Angeles pour être juré. C'est chose courante, dans ce pays où les gens passent leur temps à se faire des procès les uns aux autres, et où les tribunaux sont débordés. Ce devoir civique est accepté par tout le monde avec fatalisme, mais pour moi c'était une nouveauté excitante : l'occasion, après avoir si souvent entendu « Objection, Votre Honneur » au cinéma, de vivre ça en direct.

Je me suis présenté le jour dit dans un énorme bâtiment où on rendait la justice à tous les étages. Mon tribunal était au cinquième et c'était un procès civil. Ceux-là durent en général moins longtemps que les procès criminels. Un juré qui tombe sur un cas comme O. J. Simpson, par exemple, peut prévoir qu'il lui faudra plusieurs semaines, voire plusieurs mois avant de retrouver une vie normale.

Les convoqués attendaient devant les portes du tribunal en lisant des journaux ou en tripotant des portables. Moi, j'avais l'impression de faire la queue avant un spectacle.

Les portes s'ouvrirent enfin et je ne fus pas déçu. Le décorum, l'aigle américain, le drapeau étoilé, la jeune juge, jolie mais faisant des efforts pour avoir l'air austère, les avocats relisant leurs dossiers, tout était en place, le show pouvait commencer.

L'affaire opposait un vieil Iranien dans un état effroyable à une Coréenne d'une cinquantaine d'années, mince et glacée. Elle était propriétaire de quelques immeubles à peine salubres dans des quartiers déshérités et elle avait loué un logement au vieil Iranien. Il avait reçu un morceau de plafond sur la tête et il demandait un dédommagement.

L'expertise confirma qu'il y avait effectivement une fissure dans le plafond et que l'accident était prévisible. La Coréenne se défendit en affirmant qu'elle s'apprêtait à faire des travaux, mais que le vieil Iranien, qui dormait sur un matelas, le déplaçait tous les soirs pour être sûr que le plafond lui tombe bien sur la tête. Elle le soupçonnait même d'avoir volontairement agrandi la fissure afin d'obtenir au plus vite dix mille dollars de dommages et intérêts.

Les experts avaient pris des photos du logement où croupissait l'Iranien. Un gourbi invraisemblable, comparable à l'antre d'un receleur. Les objets les plus hétéroclites s'entassaient un peu partout, plusieurs télés obèses d'avant les écrans plats, des canapés, des fauteuils défoncés, des bibelots hideux et, au milieu de tout ça, le matelas itinérant, suiveur de fissure.

En voyant s'affronter ces deux stéréotypes, l'Iranien sordide et la Coréenne glacée, je me rendis compte que ça n'était pas leur différend que j'étais en train de juger, mais l'attitude de mes collègues jurés. Je sentais les a priori s'installer à toute vitesse dans le prétoire et je devinais de quel côté la balance de la justice allait pencher.

L'Iranien fut cité en premier. Il mit, pour faire les cinq mètres qui le séparaient de la barre, ce qui parut être une demi-journée. Il avançait au ralenti comme ces animaux de la forêt tropicale qu'on appelle les paresseux. Mes collègues jurés observaient son déplacement interminable d'un œil qui se réfrigérait de plus en plus. Je voyais dans leur expression que le vieil homme sortait du pathétique pour entrer dans le dégoûtant. Il faut dire qu'avec son visage émacié et son teint jaunâtre, il avait une tête de phase terminale et eux, je leur trouvais des têtes à dire : « Débranchez-le. »

Il arriva enfin à la barre et commença à raconter ses malheurs. Il avait eu une tumeur à la hanche, qui expliquait sa difficulté à se déplacer, et qui avait métastasé au cerveau. Je jetais des regards en coin à mes collègues, me demandant si le martyre du vieillard allait les attendrir. Pas du tout. Au contraire. Je voyais les lèvres se pincer, les regards se détourner, ils passaient devant les douleurs du vieil Iranien comme des touristes américains devant un mendiant couvert d'écrouelles dans un marché persan. Un léger sourire se dessinait sur les lèvres de la Coréenne glacée.

La jolie présidente austère donna la parole aux avocats, qui se lancèrent dans un débat passionné, mais sans intérêt. La cause était entendue. Dans ce match entre l'Iran et la Corée, c'est le plus prussien des deux pays, celui auquel les Anglo-Saxons pouvaient le mieux s'identifier, qui avait l'avantage.

Mes collègues et moi sommes allés dans la salle de délibération et je n'ai pas bien compris ce qu'on faisait là. On n'attendait pas de nous un avis personnel, nous devions fonder notre jugement sur des preuves concrètes. Or les preuves qui s'étalaient devant nous sur la table étaient les vieux morceaux de plâtre que l'Iranien avait reçus sur la tête. Ils sont passés de main en main, tout le monde avait l'air songeur et je me demandais à quoi ils pouvaient bien penser en tripotant ces bouts de plafond. Vint le moment de donner son avis et le leur ne me surprit pas : l'Iranien était un imposteur qui ne méritait aucun dédommagement.

Je n'ai pas pu me retenir d'avoir une réaction européenne : qu'est-ce qu'on en avait à foutre que les assurances déboursent dix mille dollars pour un vieil homme qui, imposteur ou pas, était dans un état aussi pitoyable ? Mais c'était trop européen pour eux. Ils s'interdisaient toute émotion dans cette affaire et je me demandais s'ils n'avaient pas, à la place du cœur, un morceau de plâtre. L'Iranien fut débouté à l'unanimité moins une voix, la mienne. Il doit être mort aujourd'hui, et la Coréenne continue sans doute à louer ses appartements insalubres dans les quartiers déshérités.

J'ai passé un mois à l'hôpital psychiatrique de Villejuif avec Depardieu et Reno. Nous tournions *Tais-toi!* et à la fin de chaque journée, je m'assurais que Depardieu repartait bien avec nous, j'avais peur que les psychiatres ne le gardent. Il était de loin le plus agité de l'hôpital. Entouré d'aliénés paisibles parce que sous calmants, il débordait d'une telle énergie que je doutais qu'il existât une camisole de force à sa taille.

Un malade passait régulièrement sur le tournage. Il mesurait au moins un mètre quatre-vingt-dix et aurait été inquiétant si un handicap moteur ne l'avait fragilisé. C'était un gentil garçon d'une vingtaine d'années qui arrivait en claudiquant devant la caméra, poussait un cri terrible et repartait satisfait. On s'était habitué et quand il apparaissait, je le laissais hurler et on se remettait au travail.

Un jour, il s'est trouvé face à Depardieu. Ils se sont pesés du regard un petit instant et le hurleur a hurlé plus fort que jamais. Depardieu a alors surpris tout le monde, il a hurlé plus fort que le hurleur qui a été visiblement décontenancé. Sans quitter Depardieu des yeux, il a poussé un deuxième cri qui avait perdu en puissance et gagné en perplexité. Un cri avec un point d'interrogation au bout. Depardieu lui a répondu par un gueulement à péter toutes les vitres de l'hôpital. Le malade mental s'est alors tourné vers l'équipe, et a dit, montrant Depardieu du doigt :

— Mais il est dingue, ce mec !

Nous avions besoin d'un mur pour la scène où Reno et Depardieu s'évadent de l'asile. Il y en avait un au Centre des malades difficiles.

Le Centre était une enclave particulière dans l'hôpital. Il accueillait des aliénés qui sortaient du cadre de la justice tant leurs crimes dépassaient l'entendement. Là, on n'était plus dans les histoires de fous qu'on troque contre les histoires belges en fin de banquet, ces malades-là étaient d'un autre monde, celui du *Silence des agneaux*. Ils faisaient peur.

Le bâtiment des hommes comme celui des femmes donnait sur un enclos dont il était impossible de s'échapper. À cause du saut-de-loup, une tranchée profonde qui rappelait celles qui isolent les animaux dangereux dans les jardins zoologiques. Tous les jours, à la même heure, les malades sortaient pour la promenade, ils arpentaient leur enclos, l'œil vide, bourrés d'Haldol, une camisole chimique qui pouvait transformer le plus violent des forcenés en légume, et quand apparaissaient ces malheureux qui, pendant leurs accès, avaient tué, démembré, éviscéré, dévoré leurs victimes, toute l'équipe s'assombrissait.

Sauf Depardieu. Il s'avançait joyeusement vers eux. Il les aimait. Et ils l'adoraient. Tous criaient : « Gérard ! Gérard ! » et Depardieu allait leur parler. Il achetait des bonbons pour les femmes, des cigarettes pour les hommes. Et moi, que la maladie mentale met si mal à l'aise, peut-être parce que je ne me sens pas très solide sur ce plan-là, j'étais ahuri de voir l'acteur être de plain-pied avec ces créatures que je me retiendrai de qualifier de monstres.

Il osait même entrer chez eux. Les gardiens lui ouvraient les six ou sept portes qui les emprisonnaient et

Depardieu débarquait, apparemment indifférent au danger – je serais mort de peur – et sympathisait un petit moment avec eux, avant de reprendre le tournage.

Il m'a raconté une scène qu'il avait vécue dans le réfectoire des hommes, une grande pièce où tous les objets, la télé, les tables, les chaises, étaient scellés dans le sol ou dans les murs parce que c'étaient des armes potentielles. Dans un coin de la salle, un malade faisait un test qui devait déterminer si on le gardait à l'asile ou si on l'envoyait en prison.

Hospitalisé deux ans auparavant, il n'avait pas ouvert la bouche depuis. Il était en train de griffonner sur un bout de papier quand Depardieu s'est approché. Il a levé la tête et il a reconnu « l'image », le visage de l'acteur qu'il voyait souvent à la télé. Depardieu lui a simplement demandé :

— Pourquoi t'es là, toi ?

Et le malade, qui n'avait pas prononcé un mot depuis deux ans, a répondu :

— Parce que j'ai tué mon copain.

Immédiatement, tout le personnel soignant qui se trouvait dans la pièce s'est rapproché sur la pointe des pieds. C'était la première fois qu'ils entendaient la voix de cet homme. Depardieu a continué le dialogue :

— Pourquoi tu l'as tué ?

— Je voulais savoir ce qu'il y avait après la mort.

— Et alors ?

— Je lui ai coupé la tête et je l'ai amenée dans ma cabane. Je l'ai posée sur la table.

Depardieu s'est tu, l'autre a enchaîné :

— Et puis j'ai tué ma copine.

Depardieu se taisait toujours. Un dernier aveu :

— Et puis, en prison, j'ai tué un maton.

Là, Depardieu a réagi. Il avait un peu tâté de la prison dans sa jeunesse, il connaissait les usages. Il a dit au malade :

— Eh ben, tu vois, t'as peut-être intérêt à rater ton test, parce que si tu retournes en taule, eux, ils ne te rateront pas.

Et Depardieu m'a dit en conclusion :

— Il s'est mis à gribouiller n'importe quoi pour rester à l'asile, il était peut-être fou, mais il n'était pas con.

Face à Depardieu, Jean Reno avait l'air encore plus normal que d'habitude, ce qui était un record en soi. Il faisait son métier avec sa sobriété et sa rigueur habituelles, et je ne l'ai vu perdre son sang-froid qu'une seule fois, suspendu à une quinzaine de mètres du sol au crochet d'une grue aux côtés d'un Depardieu déchaîné.

Les deux hommes devaient franchir le mur de l'asile, aidés par un complice grutier, joué par Ticky Holgado. Au moment où on répétait la scène, les femmes sont sorties de leur bâtiment pour la promenade.

Elles adoraient Gérard qui leur apportait des niniches, ces bonbons gélatineux de toutes les couleurs qui ont la forme d'un petit lapin ou d'un nounours. Quand elles l'ont vu planer dans les airs au-dessus de leur enclos, elles sont devenues complètement hystériques. Il faut rappeler que la plupart d'entre elles étaient des meurtrières et qu'il n'était pas recommandé de les exciter, mais Depardieu, tout heureux de les voir heureuses, s'est mis à se comporter comme un chauffeur de salle dans un concert rock. Il gueulait : « Elles vont bien mes petites chéries ? » et elles entraient en transe d'une manière de plus en plus alarmante. Les gardiens, affolés, tentaient de les ramener dans le bâtiment, mais elles couraient dans tous les sens, se bousculant, se percutant, en poussant des cris perçants, et l'autre abruti, dans sa nacelle, continuait à leur crier des mots d'amour sans se rendre compte qu'il était en train de foutre le feu à l'asile.

C'est alors que Jean Reno est intervenu. Il a posé une main de fer sur l'épaule de Depardieu et il a dit de sa belle voix grave qui porte à des kilomètres :

– Ta gueule.

Les gardiens sont parvenus à réintégrer les hystériques dans leurs cellules. On a ramené Reno et Depardieu au sol et je me suis approché de lui, furieux :

– T'es complètement malade de te conduire comme ça, on est dans un hôpital psychiatrique, ce sont des aliénées et tu les rends folles !

Il aurait pu me répondre que j'étais en plein pléonasme, si elles étaient aliénées, elles étaient déjà folles avant, mais il s'est contenté de me regarder, l'air penaud.

Le psychiatre en chef a demandé à me voir. J'avais peur qu'on soit obligés d'aller tourner ailleurs, il avait de bonnes raisons de nous virer de son asile. Mais il nous aimait bien, il m'a regardé avec ce qui m'a paru être de la compassion et m'a seulement dit :

– Vous ne pourriez pas calmer un peu M. Depardieu ?

J'ai eu envie de lui répondre qu'il n'y avait pas assez d'Haldol dans tout l'hôpital pour calmer Depardieu, mais je me suis engagé à faire de mon mieux. Gérard a joué le jeu et il n'y a plus eu d'émeutes dans le Centre des malades difficiles.

Si le psychiatre en chef ne nous avait pas virés, c'est parce qu'il savait que Depardieu, mis à part son débordement pendant la séquence de la grue, faisait du bien à ses patients. Il offrait à ces hommes, à ces femmes au psychisme en morceaux, une vraie chaleur, un regard qui ne les jugeait pas. À la fin du dernier jour de tournage dans le Centre, quand il est allé leur dire au revoir, j'ai cru voir dans leurs regards, derrière le rideau de fer des camisoles chimiques, quelque chose qui ressemblait à de la tristesse.

Il nous restait quelques plans à faire de l'autre côté du mur, dans l'asile psychiatrique « normal », là où les malades sont en principe moins dangereux. Il y avait beaucoup de jeunes dans cette partie de l'hôpital, à cause des ravages de la drogue. Je marchais dans la cour avec Depardieu et son chauffeur-garde du corps, surnommé Nounours, quand un gamin de seize, dix-sept ans a surgi devant nous. Il était en désintoxication et visiblement à plaindre. Il a dit à Depardieu :

– Gérard, achète-moi un appareil photo.

Depardieu l'a regardé, puis s'est tourné vers Nounours :

– Va lui acheter ça.

Le gamin a alors précisé :

– Je veux un Leica.

Depardieu s'est un peu figé, un Leica coûtait beaucoup plus cher que ce qu'il comptait investir. Mais il n'a pas hésité une seconde, il a dit à Nounours :

– Va lui acheter son Leica.

Si la règle veut que les acteurs soient radins, Gérard Depardieu en est l'exception.

Dans *La Doublure*, j'ai travaillé pour la première fois avec des comédiens qui venaient du one man show : Gad Elmaleh et Dany Boon. Mais le plus insolite des interprètes du film fut Karl Lagerfeld.

J'ai connu Karl à la piscine Deligny. C'était un tout jeune homme qui faisait ses débuts de designer chez Jean Patou, une des grandes maisons de couture de l'époque. Moi, je terminais mon service militaire et je venais de temps en temps me croire au bord de la mer dans cette péniche sur la Seine.

Il a immédiatement attiré mon attention, parce qu'il était accompagné par quelques-uns de ses mannequins. Je me dirigeais en reptations sournoises vers les filles, mon manège amusa Karl, nous fîmes connaissance et je découvris un type époustouflant d'intelligence et de culture. Nous nous liâmes d'amitié, une amitié qui s'est perpétuée au cours des années, même si nous ne nous voyons pas très souvent, et qui m'amena à lui demander de participer à l'aventure de *La Doublure*.

Il accepta de bonne grâce, m'autorisa à filmer sa collection et se laissa diriger avec une grande modestie. Si j'emploie le mot modestie, c'est parce que Karl est une des plus grosses vedettes mondiales actuelles. Il provoque les mêmes attroupements au Japon, en Russie, en Amérique, en Chine. Son talent et le personnage qu'il s'est créé font qu'il lui est impossible de passer inaperçu.

Le jeune homme que j'avais connu à la piscine Deligny était quelqu'un de séduisant, mais sans grande recherche d'originalité. Pour se fabriquer le physique qu'il a aujourd'hui, il a dû se livrer un combat dont on peut difficilement imaginer la violence.

Il avait trois ennemis contre lui : une alopécie héréditaire – son père était chauve comme un œuf –, un surpoids qui l'amenait progressivement à avoir de l'avenir dans le sumo, et enfin des mains qui, de ces trois handicaps, étaient le plus difficile à surmonter.

La calvitie, il a réussi à la mater au point d'avoir aujourd'hui, et sans perruque, la chevelure vigoureuse et poudrée d'un petit marquis. Le surpoids, il l'a combattu avec une telle énergie qu'il entre maintenant dans des vestes Dior taille 38 comme certains contorsionnistes dans des cartons à chapeau. Il est ainsi arrivé à sa silhouette actuelle et, pour la parfaire, il s'est infligé des cols de chemise si hauts qu'ils décourageraient les femmes girafes africaines.

Si certains parlent avec leurs mains, Karl, lui, les fait taire. Il les bâillonne avec des mitaines ou une armure de bagues fantaisie, parce qu'il les déteste. Il les considère comme la seule fausse note dans le physique qu'il s'est façonné. Je trouve qu'il a tort, ce sont des mains charnues, puissantes, qui soulignent la force de cet homme tout en finesse.

Un mot encore sur ses cheveux miraculés. Ne les aimant pas poivre et sel, il les poudre pour atteindre à la blancheur parfaite. Ce raffinement m'a permis d'assister à une scène étonnante. J'étais venu dans son studio pour lui demander de photographier Alice Taglioni, la vedette de *La Doublure*. Après l'avoir fait, et avec beaucoup de talent – c'est un très grand photographe –, il s'est tourné vers moi :

— Et maintenant, c'est à vous, mon petit Francis.

Je sortais d'une longue journée de travail, je n'avais pas envie d'être photographié.

— Non, Karl, je me sens fatigué et vieux, ce n'est peut-être pas la peine de fixer ça sur la pellicule.

— Ne discutez pas, allez vous faire maquiller, je vous attends.

Une créature au sexe mystérieux m'a amené dans une loge de maquillage et a tenté de camoufler mes misères sous du fond de teint, puis m'a ramené au Maître qui s'est mis à me mitrailler, visage contre visage, œil dans l'œil, comme s'il voulait me voler mon âme. Il y est parvenu. Je n'ai jamais été aussi « dévoilé » que sur ses photos.

Mais là n'est pas l'insolite de la scène. Pendant qu'il me photographiait, un assistant me faisait de temps en temps un raccord de fond de teint, tandis qu'un autre poudrait simultanément les cheveux de Karl. C'était la première fois que je voyais un photographe et son modèle passer en même temps entre les mains des maquilleurs.

Karl est un des personnages les plus originaux que j'ai rencontrés. Avec ses lunettes noires qui dissimulent ses yeux et ses tenues improbables qui lui font comme une seconde peau, il me fait penser à ces super-héros, Spiderman ou Batman, parce que, comme eux, il agit déguisé et masqué et, comme eux, il réussit tout ce qu'il entreprend.

Il me fallait un top model pour jouer le premier rôle féminin de *La Doublure*. Je pensais que ça ne poserait pas trop de problèmes à Françoise Menidrey, ma directrice de casting. Je me trompais. Elle avait déjà eu du mal à dénicher mon petit Indien Navajo du *Jaguar*, elle en eut bien davantage pour trouver une très belle fille qui sache jouer la comédie.

Je crois avoir vu, pendant quelques semaines, tout ce que l'Europe de l'Est avait en stock à Paris sur le plan séduction. De quart d'heure en quart d'heure, une extra-terrestre entrait dans mon bureau, s'asseyait en croisant des fémurs interminables, et malheureusement se mettait à parler. On devrait interdire aux gens de rouler les *r* à ce point-là. Ces filles étaient belles, elles avaient l'âge du personnage, mais comme les perroquets qui ont un plumage éblouissant, il valait mieux qu'elles se taisent.

Ce défilé de déesses m'amena à me poser deux questions Comment ces femmes avaient-elles pu développer en l'espace de quelques années une telle longueur de cuisses, et cette croissance ne leur avait-elle pas fait perdre une qualité qu'on prête aux Slaves : le don des langues ?

En désespoir de cause, Françoise Menidrey eut une idée toute simple :

— Et pourquoi pas une actrice ?

Alice Taglioni avait elle aussi l'âge et la beauté du personnage et, en plus, elle ne roulait pas les *r*. Je lui fis passer un bout d'essai qui dissipa ma dernière inquiétude : c'était une formidable comédienne.

Le tournage de *La Doublure* m'intéressa d'autant plus qu'il me permit d'assister à la rencontre de deux familles d'acteurs : d'un côté, ceux qu'on pourrait appeler les grands classiques, Daniel Auteuil et Richard Berry, de l'autre, Dany Boon et Gad Elmaleh, ces ludions milliardaires venus d'une nébuleuse que je connaissais mal, le one man show.

J'avais fait *Le Placard* avec Auteuil et *Tais-toi* avec Berry, je n'avais aucun doute sur leur talent. Mais n'ayant jamais vu ni Gad ni Dany en scène, je pouvais me poser des questions. Ils passaient à quelques jours d'intervalle à la Bourse du Travail, à Lyon, une salle de deux mille cinq cents places. C'est là que je les ai découverts.

J'ai commencé par Gad. La salle était comble. Il arrivait des coulisses, bondissant sur scène en grand écart comme un danseur. Je ne sais pas s'il s'en souvient, mais il a failli se casser la figure. Il s'est miraculeusement récupéré, s'est immobilisé face public et il a dit :

— Bonsoir Lyon !

Et là, j'ai eu un choc. Deux mille cinq cents spectateurs ont hurlé d'une seule voix :

— Bonsoir !

C'était d'une telle violence que j'ai cru voir Gad reculer sous l'impact. Il m'a confirmé par la suite que ce cri du public lui faisait l'effet d'un coup de poing au plexus. Il a ajouté qu'il s'amusait parfois à faire monter un spectateur sur scène pour qu'il ressente l'intensité du phénomène. Il demandait au spectateur de dire « Bonsoir », le public, complice, en rajoutait dans la violence, et le spectateur chancelait comme un boxeur sonné.

Dany Boon aussi a eu droit à une salle comble à Lyon, et il a connu le même triomphe que Gad. Mais ça ne m'a pas appris grand-chose sur leur potentiel d'acteur de cinéma. Le one man show est un genre où l'interactivité avec le public permet au comique de se lâcher au maximum. La difficulté dans le passage devant la caméra, c'est d'arriver à trouver l'équilibre entre le « trop » et le « pas assez », se retenir de surjouer, mais pas au point de devenir transparent.

J'ai commencé le tournage de *La Doublure* par les scènes entre Berry et Auteuil. Et comme le montage s'effectuait au fur et à mesure, j'ai invité Dany et Gad à visionner leur travail. Je n'aurais peut-être pas dû. Ils m'ont avoué avoir été terrifiés par la précision de leurs deux collègues. J'ai fait mon possible pour les rassurer mais et l'un et l'autre, en entrant sur le plateau, avaient plus le trac que devant les milliers de spectateurs de leur one man show.

Pour la première fois dans un film, j'avais deux Pignon face à face. Auteuil qui avait incarné le personnage dans *Le Placard* et Gad qui prenait la suite dans *La Doublure.* Auteuil m'a confié que ça lui avait posé quelques problèmes en apprenant son texte parce qu'il avait tendance à voler sans le vouloir les répliques de Gad.

Gad donne l'impression que chaque seconde de sa vie où il ne fait pas rire est une seconde perdue. C'est un homme en obligation permanente de comique, comme s'il avait depuis la naissance une dette à rembourser en rires.

Du petit garçon qui montait sur la table pour faire le clown dans les dîners de famille au Maroc à l'homme qui remplit pendant des semaines le palais des Sports, Gad n'a pas cessé de sécréter de la vanne à jet continu. Je ne peux pas imaginer que les gens qui l'entourent soient jamais tristes, même à son enterrement.

Quand je l'ai rencontré, il sortait de son premier film comme acteur-scénariste, *Chouchou,* un énorme succès. J'étais ravi de le voir prendre la relève de François Pignon, mais ce ne fut pas aussi simple que ça.

J'ignorais qu'il y eût sur le Net des « pignonistes » aussi intransigeants. Dès qu'ils apprirent que Gad allait tenir le rôle, le buzz se déchaîna : il ne serait pas un bon Pignon.

« Trop séduisant », pas assez « petit homme dans la foule », voilà les opinions qui revenaient le plus souvent chez les internautes qui le jouaient perdant face à ses prédécesseurs, Pierre Richard et Jacques Villeret.

Gad s'en inquiéta et tous les matins, avant de commencer la journée de tournage, il tentait, selon ses propres termes, de se « pignoniser », se coiffant avec une raie sur le côté d'enfant sage et choisissant les vêtements les plus ternes possible. Et il se mit à ressembler à Buster Keaton.

Les Américains qui visionnèrent le film le remarquèrent tout de suite et trouvèrent sa performance remarquable. Mais il ne parvint pas à désarmer les pignonistes les plus fervents qui continuèrent à lui casser le moral sur le Net, alors qu'il ne le méritait pas.

Le personnage de Gad dans *La Doublure* était un clown blanc, un rôle bien difficile, et je l'ai vu faire d'énormes progrès d'acteur pendant le film, sortant des excès de son one man show pour atteindre à la sobriété de ce Pignon si complexe à jouer.

Dany Boon eut moins de mal avec sa partition. Il n'avait pas à être sobre, il pouvait se déchaîner et il ne s'en priva pas. J'ai découvert alors un acteur prodigieux, dont on a dit tellement de bien depuis que je n'ai pas besoin d'en rajouter.

Il y a eu un mort sur le tournage de *La Doublure.* Ça s'est passé au pied du palais de Chaillot, sur une terrasse de restaurant créée de toutes pièces par le décorateur, Dominique André. Il n'y avait pas de restaurant derrière, mais la terrasse était tellement réaliste, avec sa vue sur la tour Eiffel, que des touristes japonais se succédaient sans arrêt pour réserver une table.

Des centaines de curieux s'étaient amassés pour voir Gad Elmaleh et Dany Boon jouer leurs rôles de voituriers devant le faux restaurant. Je me trouvais près de la caméra quand j'ai entendu un choc terrifiant. J'ai cru d'abord que c'était un des gros projecteurs qui avait explosé sur le sol, mais tous les figurants qui jouaient les consommateurs sur la terrasse se sont levés d'un même mouvement en hurlant : « Il est tombé ! Il est tombé ! »

C'était un suicidaire qui avait sauté du haut du palais de Chaillot et s'était écrasé une vingtaine de mètres plus bas sur les dalles en pierre. Un homme qui avait choisi de mourir dans le décor et les lumières d'une comédie. Les spectateurs, croyant à une cascade, se sont mis à applaudir.

J'étais trop de côté pour assister à la chute, mais un certain nombre de gens de l'équipe, dont Dany Boon et Virginie Ledoyen, n'ont pas eu cette chance. Ils ont vu le corps traverser les quelques mètres qui le séparaient de sa mort, et c'est un souvenir que je ne souhaite à personne.

Dany Boon a alors fait preuve d'un courage étonnant, il s'est précipité vers le type et a tenté de lui donner les premiers soins, mais il n'y avait plus rien à faire. La police est arrivée et a installé sur place une cellule psychologique pour traiter ceux qui avaient été traumatisés par le drame. Pour moi, la journée de travail était évidemment terminée, mais Virginie Ledoyen, qui devait tourner une scène importante du film, s'est approchée – elle n'avait pas eu recours à la cellule psychologique – et elle m'a dit :

— Laisse-moi tourner ma scène maintenant, si je rentre à la maison, j'aurai beaucoup de mal à reprendre le tournage demain.

Je savais qu'elle avait du talent, j'ai découvert ce jour-là sa force de caractère.

On a appris par la suite que le suicidé était un toxico qui avait déjà fait plusieurs tentatives. Je ne savais pas si mon film serait réussi, mais lui, en tout cas, ne s'était pas raté.

Si je parle aussi peu de mes enfants dans ce livre, c'est parce que je n'aurais que des mots d'amour à dire, et je ne pense pas que ça puisse intéresser qui que ce soit. J'aime mes deux fils. Je crois qu'ils m'aiment et cette relation est sans doute ma plus belle réussite.

Jean, l'aîné, est auteur-réalisateur. Il a fait un premier film qui aurait sans doute été mieux accueilli si son auteur n'avait pas eu un double handicap : être un fils Veber et avoir comme acteur principal le fils Depardieu.

C'est difficile pour un jeune scénariste d'être un « fils de »... Si ça vous ouvre des portes, elles se referment aussi vite. Les producteurs vous parlent de votre père, ils regrettent que ce ne soit pas lui qui ait écrit et qui mette en scène votre film, et ils vous rendent votre scénario en vous donnant rendez-vous le jour où vous serez à votre tour célèbre.

Guillaume Depardieu a travaillé avec Jean au moment où ses démons avaient largement pris le pas sur son talent. Je ne raconterai pas l'enfer que fut le tournage, la tragédie de Guillaume rendant caduque tout le mal qu'il a pu faire à lui-même et aux autres avant sa mort.

Jean continue à écrire des scénarios. Il a du talent et, je le dis franchement, sa réussite professionnelle m'importerait plus que tous mes succès.

Gilles, le cadet, est écrivain lui aussi. Il a publié chez Flammarion *Gauthier*, un roman dont je peux dire – et je ne pense pas être aveuglé par l'amour paternel – que je serais fier de l'avoir écrit. Gilles travaille sur un nouveau livre, mais cette époque où il y a de plus en plus de gens qui écrivent et de moins en moins de gens qui lisent est bien difficile pour un jeune auteur.

Je me surprends par moments à ressembler à mon père quand il me rêvait en médecin ou en pétrolier. J'avoue que je me sentirais beaucoup plus tranquille si mes enfants avaient un métier « avec un fixe ». Mais, en même temps, je suis fier de les voir perpétuer la malédiction et la bénédiction de la famille : la création littéraire.

À signaler que ma nièce, Sophie Audouin-Mamikonian, a été elle aussi touchée par le virus et qu'elle est sur le chemin des best-sellers, avec son héroïne Tara Duncan.

Jean est encore célibataire. Gilles s'est déjà marié deux fois et je ne crois pas qu'on puisse imaginer unions plus dissemblables.

Sa première femme était une jeune fille de la bonne bourgeoisie française. Le mariage eut lieu en grande pompe, d'abord dans une belle église, pour les hosties, puis dans le country club d'un club de golf, pour les petits fours.

Je n'avais jamais assisté à un mariage catholique et j'ai été surpris de voir le prêtre amener deux jeunes gens à se mettre en état de péché mortel en les poussant à jurer devant Dieu de vivre ensemble jusqu'à la fin de leurs jours, et ce dans la plus totale fidélité. Quand on sait la proportion de divorces dans les couples actuels, on peut se demander si ce prêtre avait toute sa tête.

Pour ce qui est du club de golf, ce fut très chic. Les hommes étaient en jaquette et les dames portaient des chapeaux qu'elles avaient sans doute achetés d'occasion à la reine Elizabeth. On se serait cru au prix de Diane.

Je me suis retrouvé à une table avec des notables. Visiblement, tout le monde sortait d'une grande école, sauf moi. J'appréhendais un peu la conversation de ces invités qui paraissaient si empesés et m'aperçus très vite que je me trompais. Ils étaient brillants, drôles et leur conversation était plus variée que celle du microcosme dans lequel j'évoluais habituellement. Bref, je me sentais de plus en plus le con du dîner. Heureusement, je découvris avec soulagement que je n'étais pas le seul.

Le deuxième était un grand type austère, cheveux en brosse, lunettes d'écaille, oreilles décollées et grosse pomme d'Adam sur un très long cou qui la mettait en valeur. Si je m'attarde sur son physique, c'est parce qu'en cours de repas on en est venu à parler cinéma, et notamment de la liaison de Mireille Darc avec Alain Delon. Et Pomme d'Adam a fait cette réflexion :

— Je me demande ce qu'elle lui trouve.

J'allais lui répondre que Delon n'avait effectivement rien pour lui à part le fait qu'il était intelligent, riche, beau et célèbre, mais je ne l'ai pas fait, parce que j'ai eu brusquement un fantasme de scénariste. J'ai imaginé Mireille Darc entrant à ce moment-là dans le country club, apercevant Pomme d'Adam et se précipitant sur lui pour dire :

— Mon Dieu, que je suis contente de vous rencontrer, vous êtes exactement mon type d'homme, quand je pense que j'ai pu perdre autant de temps avec l'autre !

En résumé, malgré mes préventions à l'encontre d'une bourgeoisie que j'avais tendance à trouver à la fois bien-pensante et malveillante, et malgré l'obligation de porter une queue-de-pie, je ne me suis pas ennuyé au mariage de Gilles. La cérémonie était réussie et mon fils et sa jeune femme avaient l'air heureux. Leur union a duré six ans, ce qui est une bonne moyenne à l'époque actuelle. Ils n'ont pas eu d'enfants et ils se sont remariés tous les deux, mais cette fois, pas ensemble.

Gilles a rencontré Carla à Lima, au Pérou. Il faisait un voyage en Amérique du Sud et tomba amoureux de cette jeune Indienne au point de lui demander, dans un espagnol hésitant, de l'épouser.

La noce eut lieu à Ambos, le village de la famille de Carla, dans la province de Huánuco, à une heure d'avion de Lima. Et il est difficile d'imaginer deux ambiances plus différentes que celle de ce country club de golf près de Paris et de cette salle de bal ouverte sur la forêt amazonienne.

Le premier mariage était réussi, le second fut émouvant. Tout le village s'était mis en quatre pour offrir au *gringo* une fête exceptionnelle. La limousine blanche traditionnelle avait été remplacée par une carriole toute simple, mais entièrement décorée de fleurs tropicales. Elle traversa le village, tirée par une mule et escortée par deux hommes qui avaient revêtu la tenue des conquistadors, avec casques et hallebardes. Carla dans sa robe de mariée était jolie comme Pocahontas, la petite Indienne de Walt Disney, et Gilles, dans son costume acheté à la va-vite pour la circonstance, ne paraissait pas souffrir de la chaleur accablante, tant il avait l'air heureux.

Le maire a fait son travail. Carla est devenue Mme Veber et leur petite fille, Nadia, est donc un mélange de Juif, d'Arménien et d'Indien. Là, ils ont fait fort.

Certains cinéastes croulent sous les récompenses. Leurs maisons sont encombrées d'Oscars, de César, de Lions d'or, d'Ours de Berlin. Il ne doit pas rester beaucoup de place pour les meubles.

Moi, de ce côté-là, ça va. Ni Hollywood, ni Cannes, ni Venise, ni Moscou ne sont venus encombrer mon logement, je vis une existence paisible d'homme peu honoré.

Et puis un jour, mon agent m'annonce que je suis lauréat du prix Cinéma Expo International.

J'ai d'abord pensé qu'il s'agissait d'une consolation comparable au prix de bonne camaraderie qu'on donne aux cancres en fin d'année scolaire pour qu'ils ne repartent pas les mains vides. Mais non, c'était une récompense sérieuse, attribuée par les producteurs et les distributeurs au cinéaste qui avait fait entrer le plus de spectateurs dans les salles cette année-là.

Et cette année-là, en Europe, c'était moi avec *Le Dîner*. Il y avait un deuxième lauréat, américain celui-là, James Cameron. C'était plutôt flatteur.

La manifestation avait lieu à Amsterdam et je fus d'autant plus convaincu de son importance que Nicolas Seydoux, le PDG de Gaumont, s'offrit de m'accompagner.

J'ai fait la plus grande partie de ma carrière avec Nicolas Seydoux. Il était le patron d'Alain Poiré quand j'ai réalisé *La Chèvre, Le Placard* ou *Le Dîner de cons* et il m'a permis de les faire dans le confort et l'amitié.

Nicolas est un homme qui a non seulement une passion pour le cinéma, mais qui, en plus, aime les artistes. C'est exceptionnel dans ce métier où il y a si peu de sentiments. Quand on sait qu'il mène de surcroît un combat courageux et difficile contre le piratage, on peut se dire qu'on a affaire à un honnête homme.

Nous sommes arrivés à Amsterdam dans une gigantesque kermesse où il n'y avait quasiment que des Américains. Tous les grands studios avaient envoyé leurs états-majors. Les sponsors, Coca-Cola en tête, étaient présents eux aussi. Le cinéma européen, face à cette invasion, ressemblait à ce qu'il est dans les faits : David contre Goliath, ou pour être plus actuel : Veber contre Cameron.

Gaumont m'avait préparé une petite démo avec quelques extraits de mes films et j'étais censé monter sur scène avec Nicolas Seydoux pour recevoir mon prix. Malheureusement, le présentateur appela d'abord Cameron.

Lui aussi avait apporté une démo, et j'ai très vite compris que c'était mal parti pour moi. Des scènes de *Terminator*, *Rambo*, *Alien* et *Titanic* se succédaient sur l'écran comme des coups de tonnerre – Cameron n'avait, Dieu merci, pas encore réalisé *Avatar* – mais ce qui précédait pouvait déjà m'amener à me demander de quoi j'aurais l'air avec mes pauvres Villeret et Lhermitte échangeant des propos feutrés sur un sofa.

À la fin de sa démo, Cameron a pris la parole, et il n'a pas été moins explosif que ses films. Il s'est mis à prédire l'avenir du cinéma à tous les bailleurs de fonds qui se trouvaient dans la salle, et ils écoutaient, tétanisés, cet imprécateur violent, mégalomane, dont on découvrirait par la suite qu'il était prophétique.

Moi, j'avais envie de rentrer chez moi, mais le discours de Cameron prenant fin, le présentateur demanda à Nicolas de monter sur scène pour me présenter au public.

Nicolas a courageusement fait face aux spectateurs encore sous le coup de la furie caméronienne, et il a parlé de mon délicat talent d'humoriste. Je me disais qu'en rampant sous les tables, je pourrais peut-être faire une sortie discrète. Mais j'ai été stoppé dans mon élan par un incident incroyable : Nicolas a lancé ma démo, les premières images de mes films sont apparues sur l'écran, mais sans le son. Un incident technique nous ramenait du cinéma futuriste de Cameron aux premiers temps du cinéma muet. Le présentateur a eu l'air navré, on allait remédier au problème et, pour faire patienter le public, il me demanda de venir dire quelques mots.

Je suis rarement fier de moi, mais je trouve qu'en la circonstance j'ai eu une inspiration brillante. Je me suis retrouvé devant ces Américains, qui se demandaient à juste titre ce que je foutais là, et je me suis mis à faire un discours, mais sans le son. Je bougeais les lèvres, je ponctuais avec les mains, mais j'étais aussi muet que l'avait été ma démo un instant plus tôt.

La salle s'est mise à rire, j'ai pris mon trophée et nous nous sommes enfuis comme des voleurs, Nicolas et moi, vers l'aéroport.

C'est un coup de fil de Michel Sardou qui m'a amené à la mise en scène de théâtre. Il avait acheté la Porte Saint-Martin avec son producteur Jean-Claude Camus, et il voulait jouer le tueur dans une reprise de *L'Emmerdeur*.

Je lui ai répondu que la pièce avait trente-cinq ans et qu'elle me paraissait un peu démodée.

— Eh bien, récris-la.

C'était tentant parce que j'avais déjà retravaillé la pièce en l'adaptant au cinéma pour Ventura et Brel. Je me suis donc mis au travail mais, entre-temps, Sardou s'était lassé d'être directeur de théâtre et avait revendu ses parts à Camus. Il n'était plus question pour lui de jouer ma pièce. Je me préparais à la remettre dans un tiroir quand Camus s'est manifesté : Sardou ou pas, il voulait monter *L'Emmerdeur*.

Comme tout le monde à Paris à ce moment-là, je me suis demandé ce que Jean-Claude Camus allait faire à la tête d'un théâtre. Connu pour ses tournées pharaoniques, des dizaines de camions chargés de matériel, sillonnant la France pour les plus grosses stars du showbiz, il passait tout à coup du cirque Barnum au Petit Guignol du jardin d'Acclimatation.

Et Jean-Claude Camus a surpris tout le monde en devenant un des meilleurs directeurs de théâtre de Paris.

Il a compris que si le théâtre passait aux yeux de certains pour un genre archaïque, le directeur n'avait pas besoin, lui, d'être archaïque. D'où une gestion résolument moderne de la Porte Saint-Martin, et des résultats à faire pâlir de jalousie tous ses confrères.

Il réinvestit ses bénéfices dans la rénovation de sa salle et dans la promotion de ses spectacles, il sait séduire et amener sur scène les acteurs les plus difficiles, bref, je ne pouvais pas tomber en de meilleures mains pour la reprise de mon *Emmerdeur*.

Après avoir convaincu Richard Berry et Patrick Timsit de se lancer dans l'aventure, Camus me demanda de faire la mise en scène. Le cinéma occupait à ce moment-là la majeure partie de mon temps et je ne me voyais pas passer cinq semaines de répétitions au théâtre. J'ai alors reçu un coup de fil de Patrick Timsit : il ne jouerait la pièce que si c'était moi qui la dirigeais. C'était la seule raison qu'il avait de faire une reprise.

Deux appels donc, l'un de Michel Sardou, l'autre de Patrick Timsit, m'ont conduit à découvrir un métier du spectacle que je ne connaissais pas : la mise en scène de théâtre.

Je ne le regrette pas.

Je n'avais pas tout à fait terminé de tourner *La Doublure* et, à la fin de la journée, je partais directement aux répétitions. Ce qui aurait pu être une fatigue supplémentaire m'apparaissait comme une régénération.

Diriger une pièce de théâtre est beaucoup moins frustrant que de réaliser un film. Au cinéma, on travaille en pointillés. L'interprète donne un petit bout de texte et repart dans sa loge, pendant qu'on change les lumières. Le réalisateur a l'impression d'assembler laborieusement les morceaux d'un puzzle dont la cohérence ne lui apparaîtra qu'une fois le tournage terminé. Sur scène, le sentiment de création est infiniment plus charnel, plus palpable. Les acteurs s'offrent à vous comme de la pâte à modeler qu'il est loisible de sculpter en continuité, sans être interrompu en permanence par la technique.

De jour en jour mes personnages prenaient corps sous mes yeux, mon tueur et mon emmerdeur venaient au monde en souplesse, en douceur, et ces répétitions que j'appréhendais ont été cinq semaines de bonheur.

La pièce a fait salle comble pendant deux ans et Richard Berry et Patrick Timsit ont eu un tel succès tous les soirs que ça explique ma calamiteuse idée d'en faire un film.

Ce retour au théâtre m'avait comblé, et quand Jean-Claude Camus me proposa de faire une reprise du *Dîner de cons*, j'acceptai d'autant plus volontiers que le rôle de Pignon serait tenu par Dany Boon.

Il y a certains acteurs dont on imagine mal les arrière-plans, parce qu'ils ont l'air tout en devanture. C'est le cas de Dany Boon. Quand il arrive avec ses oreilles décollées et son air naïf, on se dit c'est un nouveau Bourvil, et on pense avoir fait le tour du personnage.

En fait, Dany est beaucoup plus complexe qu'il n'en a l'air. Sa mère, une jeune fille du Nord, a aimé un chauffeur routier kabyle, ancien boxeur de surcroît. Un type que j'imagine bon, dur et cabossé. Il a été bienvenu chez la Ch'ti, mais pas chez les parents, qui les ont virés, leur fille et lui, de la maison, et amenés à vivre difficilement avec ce petit garçon qui allait devenir Dany Boon.

Ce métissage donne sans doute à Dany toute son ambiguïté. Dans la vie, il est la gentillesse même, mais passe parfois dans son regard le *killer instinct*, l'instinct de tueur que devait avoir son père entre les cordes d'un ring.

Et c'est sur un ring ou presque qu'il est monté en reprenant *Le Dîner de cons* au théâtre. Il devait faire face au plus redoutable des adversaires : un souvenir. Le Pignon créé par Villeret était encore présent dans toutes les mémoires et il fallait bien du courage pour affronter ce « champion du monde », et bien du talent aussi. Dany Boon avait les deux.

Je suis donc revenu chez Jean-Claude Camus pour mettre en scène la pièce et je me suis trouvé devant un problème récurrent : le choix du contrechamp. Après Claude Brasseur et Thierry Lhermitte, qui serait l'éditeur qui invitait le con à dîner ? Dany fit alors une suggestion surprenante : Arthur.

Arthur n'avait jamais fait de théâtre. Je connaissais comme tout le monde l'homme de radio et de télé, je lui trouvais à la fois de la présence et de l'humour, mais je le voyais mal s'attaquer, sans la moindre expérience, à un des rôles les plus difficiles du répertoire : le contrechamp de comédie. Dany proposa de le tester en faisant une lecture avec lui.

Arthur arriva au théâtre, incroyablement intimidé. Lui, qui avait tout réussi et au-delà, dans sa carrière de producteur et d'animateur, se retrouvait sur cette scène comme un jeune homme qui fait ses débuts dans la vie. Il s'assit en face de Dany et commença la lecture.

Elle fut catastrophique. Il ânonnait péniblement mon texte et je souffrais pour lui (et aussi pour moi). À la fin de l'épreuve, il y a eu un silence. Nous nous sommes regardés Dany et moi, et Arthur nous a dit avec sérénité :

– Je sais que j'ai été à chier mais faites-moi confiance, j'y arriverai parce que je suis un bosseur.

Arthur est pour moi une anomalie de la nature. Il fait énormément de choses et il arrive à les faire toutes à fond. Sans rien abandonner de ses autres activités, il s'est mis à « bosser » son rôle comme un fou, engageant un coach pour le faire répéter le matin, avant de venir travailler avec nous l'après-midi. Et je le voyais progresser de jour en jour, avec une rapidité que je n'aurais jamais pu imaginer.

La reprise a été un très gros succès pendant plusieurs mois et puis, brusquement, une tornade venue du Nord s'est abattue sur le théâtre : la sortie de *Bienvenue chez les Ch'tis*.

L'incroyable succès du film qui a failli battre *Titanic* a surpris tout le monde, y compris Dany. Avec ses vingt millions d'entrées, il était devenu un phénomène, et ce n'était plus Pignon qu'on venait voir, mais un héros national. Des cars entiers de Ch'tis se déversaient dans la salle, se foutant complètement de la pièce, et hurlant, à chaque réplique de Dany : « Biloute, hé ! » Il aurait fallu débaptiser la Porte Saint-Martin pour l'appeler Les Bouffes du Nord.

Dany lui-même, emporté par son public, s'est mis à jouer avec l'accent du pays. *Le Dîner de cons* devenait un *Dîner de Ch'tis* et je voyais le moment où mon Pignon allait devenir François Biloute.

La pièce s'est arrêtée plus tôt que prévu, mais ça reste un grand souvenir d'avoir pu diriger un acteur comme Dany Boon et un acteur en devenir comme Arthur.

En allant dans le Midi repérer des décors pour le tournage du remake de *L'Emmerdeur*, j'ai attrapé la grippe J'ai voulu la traiter par le mépris et ça m'a amené, quelques jours plus tard, en urgence à l'hôpital pour une pneumonie. L'inquiétude des médecins qui me prirent en main me donna un absurde sentiment d'importance que je gardai à ma sortie de l'hôpital. Il était dangereux à ce moment-là de me demander « Comment ça va ? » parce que j'y allais alors de mon épisode pulmonaire avec le lyrisme d'un rescapé qui raconte son épopée.

Mon ami Gérard Lauzier y eut droit. Il m'appela au téléphone et je me lançai joyeusement :

— J'ai failli mourir, on m'a donné des doses massives d'antibiotiques, je suis sur les genoux, je commence seulement à récupérer. Et toi, Gérard, tu vas bien ?

Il y a eu un petit silence au bout du fil et il m'a répondu d'une voix plate :

— Moi, j'ai une tumeur cancéreuse au poumon.

En boxe, on appelle ça « être cueilli en contre ». Ce dialogue avait tout à coup l'allure d'une compétition dans la tragédie où ma misérable pneumonie était largement surclassée par l'abomination d'une tumeur. J'ai tenté de dire à Gérard toutes les bêtises qu'on dit dans ces cas-là

« La médecine a fait d'énormes progrès, les rémissions sont de plus en plus fréquentes… » Il m'a gentiment arrêté, il paraissait détaché du problème, c'était l'affaire des spécialistes, il leur faisait confiance, je n'avais pas à m'inquiéter, tout se passerait très bien.

On les appelle maintenant des oncologues, pour éviter, je crois, le mot cancérologue. Ils s'occupèrent effectivement de mon ami avec l'énergie et la bonne volonté des pneumologues de *La Montagne magique* de Thomas Mann, qui ne savaient pas guérir la tuberculose mais faisaient de leur mieux pour sauver le malade.

On a chimiothérapisé Gérard Lauzier, on l'a radiothérapisé, je l'ai vu dépérir sous ces traitements de choc. Il est mort dix mois plus tard, il venait d'avoir soixante-seize ans.

Il me manque beaucoup. C'était un des rares hommes qui me donnait, dans la discussion, l'impression d'être intelligent. Il faut du talent pour ça. En cas de polémique, il se mettait légèrement en retrait et me regardait avec indulgence aligner des idées générales que je croyais brillantes.

Quand on a mis son cercueil dans un trou du cimetière Montparnasse, j'ai eu un véritable sentiment d'abandon. Je pensais qu'on ne pouvait ressentir ça qu'au moment d'une rupture amoureuse, non, ça peut aussi arriver avec un ami. J'ai souvent envie de l'appeler sur son portable pour lui reprocher son infidélité, mais je me retiens, le sachant aux abonnés définitivement absents.

Lauzier, Brel, Richard Caron, Alain Poiré, Jacques Villeret, Claude Berri, Jean-Paul Blondeau, Alain Bernheim, tous mes amis disparus, je leur en veux.

J'en veux aux morts que j'ai aimés d'être morts. Quand ils étaient vivants je pouvais me passer d'eux pendant des jours, des semaines, mais maintenant qu'ils sont partis, ils sont beaucoup plus exigeants. Ils m'habitent en permanence ou presque. J'ai le sentiment qu'ils s'ennuient dans l'au-delà et qu'ils préfèrent me squatter la tête.

Dans ma jeunesse, les morts avaient moins d'importance. J'étais trop vivant pour me sentir réellement concerné, mais maintenant que je me rapproche de ceux qui sont partis, je me dis que je préférerais que ce soit eux qui reviennent plutôt que moi qui les rejoigne. On devient casanier en vieillissant, j'ai mes habitudes sur terre et pas sous terre. J'ai bien envie de revoir mon frère, mes parents, mes amis, mais sans bouger de chez moi, en restant dans mes pantoufles. Alors, finalement, je ne suis pas mécontent que tous les morts que j'ai aimés me squattent. Pour l'instant, l'au-delà, c'est en moi que ça se passe, et c'est moins inquiétant comme ça.

Ils habitent aussi mon carnet d'adresses, je n'arrive pas à rayer leurs numéros de téléphone, j'aurais l'impression de les voir mourir une deuxième fois.

Une précision pour terminer, quand ce sera mon tour, j'ai décidé de me faire incinérer. Beaucoup de mes amis sont morts à cause du tabac, me retrouver en cendres ne peut pas vraiment les déconcerter. J'ai aussi trouvé une définition de l'incinération : « C'est un bon échauffement pour l'Enfer. »

Je voudrais exprimer mes regrets à tous les comédiens et les techniciens qui ont travaillé avec moi et que je n'ai pas cités dans ces Mémoires. Je craignais que trop de noms ne transforment ce livre en générique de film, que trop de remerciements ne fassent penser à une cérémonie des César.

J'aimerais tout de même mentionner trois de mes collaborateurs qui sont devenus des amis : Georges Klotz, mon monteur, qui rougirait si je disais ici tout le bien que je pense de lui, Yves Agostini, un grand cadreur, qui m'a beaucoup aidé à tenter de devenir un metteur en scène, et Jean-Claude Lebra, mon chef électro depuis mon premier film, et qui m'accompagnera, je le souhaite, jusqu'au dernier.

Un mot enfin pour saluer la naissance de mon dernier Pignon, Régis Laspalès qui, en face de son complice Philippe Chevallier, figure en très bonne place parmi les cons de mon *Dîner*.

Filmographie

Auteur-réalisateur

1976 – *Le Jouet*, avec Michel Bouquet, Fabrice Greco, Pierre Richard

1981 – *La Chèvre*, avec Gérard Depardieu, Pierre Richard

1983 – *Les Compères*, avec Gérard Depardieu, Pierre Richard

1986 – *Les Fugitifs*, avec Gérard Depardieu, Pierre Richard

1989 – *Three Fugitives* (remake des *Fugitifs*), avec Nick Nolte, Martin Short

1992 – *Out on a Limb*, avec Matthew Broderick, Jeffrey Jones

1996 – *Le Jaguar*, avec Patrick Bruel, Jean Reno

1998 – *Le Dîner de cons*, avec Thierry Lhermitte, Jacques Villeret

2001 – *Le Placard*, avec Daniel Auteuil, Gérard Depardieu

2003 – *Tais-toi !*, avec Gérard Depardieu, Jean Reno

2006 – *La Doublure*, avec Daniel Auteuil, Dany Boon, Gad Elmaleh, Virginie Ledoyen, Kristin Scott-Thomas, Alice Taglioni

2008 – *L'Emmerdeur*, avec Richard Berry, Patrick Timsit

Scénariste-dialoguiste

1969 – *Appelez-moi Mathilde*, réalisé par Pierre Mondy, avec Guy Bedos, Jacqueline Maillan, Michel Serrault

1972 – *Il était une fois un flic*, réalisé par Georges Lautner, avec Michel Constantin, Mireille Darc

1972 – *Le Grand Blond avec une chaussure noire*, réalisé par Yves Robert, avec Bernard Blier, Mireille Darc, Pierre Richard, Jean Rochefort

1973 – *La Valise*, réalisé par Georges Lautner, avec Michel Constantin, Mireille Darc, Jean-Pierre Marielle

1973 – *L'Emmerdeur*, réalisé par Édouard Molinaro, avec Jacques Brel, Lino Ventura

1973 – *Le Magnifique*, réalisé par Philippe de Broca, avec Jean-Paul Belmondo, Jacqueline Bisset

1974 – *Le Retour du grand blond*, réalisé par Yves Robert, avec Jean Carmet, Mireille Darc, Pierre Richard, Jean Rochefort

1975 – *Le Téléphone rose*, réalisé par Édouard Molinaro, avec Mireille Darc, Pierre Mondy

1975 – *Adieu poulet*, réalisé par Pierre Granier-Deferre, avec Patrick Dewaere, Lino Ventura

1975 – *Peur sur la ville*, réalisé par Henri Verneuil, avec Jean-Paul Belmondo, Charles Denner, Pierre Valdeck

1976 – *On aura tout vu*, réalisé par Georges Lautner, avec Miou-Miou, Pierre Richard

1978 – *La Cage aux folles*, réalisé par Édouard Molinaro, avec Michel Serrault, Ugo Tognazzi

1979 – *Coup de tête*, réalisé par Jean-Jacques Annaud, avec Patrick Dewaere, France Dougnac

1980 – *La Cage aux folles 2*, réalisé par Édouard Molinaro, avec Michel Serrault, Ugo Tognazzi

1980 – *Les Séducteurs*, film à sketches réalisé par Bryan Forbes et Édouard Molinaro, avec Catherine Salviat, Lino Ventura

1982 – *Partners*, réalisé par James Burrows, avec Ryan O'Neal, John Hurt

1985 – *Hold-up*, réalisé par Alexandre Arcady, avec Jean-Paul Belmondo, Kim Cattrall

Remakes américains

1981 – *Buddy Buddy* (*L'Emmerdeur*), réalisé par Billy Wilder, avec Jack Lemmon, Walter Matthau

1982 – *The Toy* (*Le Jouet*), réalisé par Richard Donner, avec Jackie Gleason, Richard Pryor

Que ça reste entre nous

1985 – *L'Homme à la chaussure rouge* (remake du *Grand Blond avec une chaussure noire*), réalisé par Stan Dragoti, avec Tom Hanks, Lori Singer

1991 – *Pure Luck* (*La Chèvre*), réalisé par Nadia Tass, avec Martin Short, Danny Glover

1996 – *The Birdcage* (*La Cage aux folles*), réalisé par Mike Nichols, avec Gene Hackman, Nathan Lane, Robin Williams

1997 – *Fathers' Day* (*Les Compères*), réalisé par Ivan Reitman, avec Billy Crystal, Robin Williams

2010 – *Dinner for Schmucks* (*Le Dîner de cons*), réalisé par Jay Roach, avec Steve Carell et Paul Rudd.

Théâtre

1968 – *L'Enlèvement*[1], créé au Théâtre Édouard-VII, mise en scène de Jacques Fabri, avec Yvonne Clech, Pierre Mondy, Pierre Vernier

1969 – *Le Contrat*[2], créé au Théâtre du Gymnase, mise en scène de Pierre Mondy, avec Jean Le Poulain et Raymond Gérôme

1971 – *Du côté de chez l'autre*, d'Alan Ayckbourn, adaptation de Francis Veber au Théâtre de la Madeleine, mise en scène de Jean-Laurent Cochet, avec Claude Brasseur, Darry Cowl, Marie Daëms, Claude Piéplu

1993 – *Le Dîner de cons*, créé au Théâtre des Variétés, mise en scène de Pierre Mondy, avec Claude Brasseur et Jacques Villeret

2005 – *L'Emmerdeur*, au Théâtre de la Porte Saint-Martin, mise en scène de Francis Veber, avec Richard Berry et Patrick Timsit

2007 – *Le Dîner de cons*, reprise au Théâtre de la Porte Saint-Martin, mise en scène de Francis Veber, avec Dany Boon et Arthur

---

1. Deviendra *Appelez-moi Mathilde* au cinéma.
2. Deviendra *L'Emmerdeur* au cinéma, puis dans sa reprise au théâtre.

Cet ouvrage a été composé et imprimé
en septembre 2010 par

CPI
FIRMIN-DIDOT

27650 Mesnil-sur-l'Estrée
N° d'édition : 50764/01
N° d'impression : 100469
Dépôt légal : septembre 2010

Imprimé en France